AF344882

JOHN STUART MILL

Autobiographie

Übersetzt und mit einer
Einleitung herausgegeben von
JEAN-CLAUDE WOLF

FELIX MEINER VERLAG
HAMBURG

PHILOSOPHISCHE BIBLIOTHEK BAND 629

Bibliographische Information der Deutschen Nationalbibliothek

Die Deutsche Nationalbibliothek verzeichnet diese Publikation in der Deutschen Nationalbibliographie; detaillierte bibliographische Daten sind im Internet abrufbar über ‹http://portal.dnb.de›.
ISBN 978-3-7873-4630-1

www.meiner.de

INHALT

Die Autobiographie zeigt Mill als Meister der englischen Prosa. Seine vielgerühmte gedankliche Klarheit hängt nicht unwesentlich mit seiner stilistischen Sicherheit zusammen. Diese sprachliche Meisterschaft besteht zum einen in dem ausgewogenen Verhältnis von »germanic« und »Latinate« Vokabular, zum anderen im kunstvollen und höchst wirksamen Wechsel von parataktischen und hypotaktischen Konstruktionen. Das lässt sich besonders eindrücklich belegen im Abschnitt über Mills »Epiphanie«, wo er die wichtigsten Erkenntnisse seiner »Crisis« in einfachste Satzstrukturen fasst: »But I now thought that this end was only to be attained by not making it the direct end.« Wirkungsvoll ist hier die rhetorische Figur der Wortwiederholung. Die Erkenntnis wird auch in schlichte Hauptsätze gekleidet wie z. B.: »Ask yourself whether you are happy, and you cease to be so.« Solche Sätze – es gibt zwischen den beiden zitierten noch ein paar andere – sind sehr geschickt eingebettet in längere hypotaktische Konstruktionen, die erklärenden Charakter haben. Gegen Schluss des erwähnten Absatzes aus dem fünften Kapitel ist es wiederum die Prägnanz der Parataxe, die das Ergebnis zusammenfasst: »This theory now became the basis of my philosophy of life.«[1] Der brillante Stil lässt sich in einer Übersetzung nur teilweise retten.

Mills Autobiographie gehört zu den großen Texten der Weltliteratur. Sie sei von kristalliner Transparenz, frei von Eitelkeit und Selbstgefälligkeit, der reinigende Effekt dieser Eigenschaften werde von allen künftigen Generationen

---

[1] Für die in diesem Abschnitt zusammengefassten Beobachtungen danke ich meinem Kollegen Dimiter Daphinoff.

empfunden werden; sie verliehen dem Werk einen höchsten
Grad von erzieherischem Wert. Dies schrieb Theodor Gomperz, der wichtigste Übersetzer von Mills Werken, der leider
nicht mehr dazu gekommen ist, die Autobiographie selber
zu übersetzen.[2] Der Lebensbericht ist frei von eitler Selbstbespiegelung, frommer Selbstzerknirschung[3] und den Ex-
zessen einer Selbstdarstellung, welche ihren Zeitkontext nur
dazu benutzt, sich selber zu rechtfertigen. Sie stimmt weitge-
hend mit den späteren Biographien überein, abgesehen von
Ergänzungen, geringfügigen Berichtigungen und kontroversen Gewichtungen der Bedeutung der Zusammenarbeit
mit Harriet Taylor, seiner Freundin und späteren Gattin.[4]
Mills Erzählung gibt Einblicke in die Freuden und Leiden
einer einzigartigen intellektuellen Karriere. Als kritischer
Reformer des Utilitarismus und Liberalismus gehört Mill in
jenen Prozess, den Hegel als »Aufklärung über die Aufklärung« bezeichnet hat, d.h. eine »zweite Aufklärung« oder
eine »reflexive Aufklärung«, die sich von einigen einseitigen Prämissen der Aufklärung distanziert, ohne das unvoll-
endete Projekt der Aufklärung preiszugeben. Über Mills
Schilderung des aufgeklärten Erziehungsexperiments, dem
er von seinem Vater unterworfen wurde, liegt ein Hauch von
Melancholie über die verlorene Kindheit und eine – meist
zurückhaltend geäußerte – Kritik am Vater, der keine offene
Rebellion seines Sohnes geduldet hätte. Entsprechend wird
die Loslösung vom Einflussbereich des Vaters den Charakter
einer Entfremdung haben, unterstützt durch das Anknüpfen

---

[2] Vgl. Weinberg 1993.

[3] Was als Selbstzerknirschung, aber auch als direkte Anklage des
Vaters gelesen werden kann, nämlich ein Hang zur Abhängigkeit
und zum unentschlossenen Abwarten, hat Mill im ersten Entwurf
notiert und später verworfen. Vgl. *Collected Works*, vol. 1, p. 613.

[4] Packe 1954; Narewski 2008. Zur Kontroverse vgl. die Beiträge
in Wood 1988, vol. 1, section 1; Smith 1998, vol. IV, part 14, 15, 16.

von Beziehungen mit Persönlichkeiten, die dem Utilitarismus und dem progressiven Liberalismus sehr distanziert bis feindselig gegenüberstanden.

Die Verarbeitung der Beziehung zu einem geistig überlegenen Vater wird für Mill aber nicht nur zum Auslöser eines seelischen Zusammenbruchs, der »crisis in my mental history«, von der er im fünften Kapitel berichtet, sondern auch zum »Erweckungserlebnis« und Wendepunkt für dessen Überwindung. Vom Vater lernt Mill nämlich nicht nur die Übung seiner intellektuellen Fähigkeiten, sondern auch die aktive Charakterbildung durch Selbsterziehung, die ihn unter anderem dazu befähigt, mit Niederlagen, Enttäuschungen und Verlusten produktiv umzugehen. Der Sohn hat früh gelernt, selber zu denken; was er nicht gelernt hatte (von wem hätte er es auch lernen sollen?), das war, selber zu fühlen und selber zu wünschen – hier setzt die Selbsterziehung ein. Das Porträt seines Vaters und ersten Lehrers wird überwiegend anerkennend gestaltet; es steht da und erscheint ein Jahr nach Johns Tod – als ein Monument zu Ehren eines Vaters, dessen Ruhm längst von jenem seines Sohns überschattet wurde. Der Spannungsbogen von der Erziehungsgeschichte mit ihren zahlreichen Lektüren und Begegnungen im Dunstkreis seines Vaters und dessen Freundeskreis, unterbrochen und belebt durch längere und im späteren Leben wiederholte Aufenthalte in Frankreich, bis zum Ausbruch des geistigen Zusammenbruchs, ist zugleich kunstvoll und nuanciert nachgezeichnet. Die Zuspitzung der Autobiographie zu einer »mental crisis« folgt scheinbar dem Schema, das seit Augustinus auf eine Entwicklungsgeschichte und einen Zusammenbruch mit anschliessender Bekehrung oder Richtungsänderung angelegt ist. Mills Werk steht im spezifischeren Zusammenhang der Viktorianischen Lebensläufe, die von Glaubensverlust und einer Mischung von Enttäuschung und Befreiung gekennzeichnet sind – mit der bezeichnenden Abweichung, dass Mill nicht den christlichen Glauben verlor, sondern den Benthamistischen Sektengeist. Aus dem jugendlichen Wahrheits- und Gerechtigkeitsfanatiker wird eine tolerante Persönlichkeit, mit einer reflexiven Offenheit für die Teilwahrheiten der antiken, christlichen und romantischen Traditionen. Die Aufgabe eines Vermittlers zwischen den Ideen des 18. und 19. Jahrhunderts wird bewusst erkannt und benannt.

Die Lebenserzählung ist auf Desillusionierung, aber nicht auf Resignation ausgerichtet. Die Bestimmung des Menschen besteht nach Mill nämlich nicht in der Ergänzung durch Gott, sondern in der Ergänzung des Intellekts durch eine Kultur der Gefühle und der Imagination, durch eine Ergänzung des selbständigen Individuums durch vertiefte Beziehungen zu anderen Menschen, durch scharfe Selbstkritik an den einseitigen Klasseninteressen (in seinem Falle jener der Bourgeoisie) und durch die Ergänzung von Theorie und Praxis. Mill hat stets nach öffentlicher Wirkung gesucht, und er hat bereits in jungen Jahren ein aktives Vereinswesen gepflegt. Die Debattierklubs und gelehrten Vereine suchten eine Form von demokratischer Partizipation, welche den Einfluss der grossen Parteien und der Interessengruppen durch Sachwissen und eine gehobene Argumentationskultur ergänzte und korrigierte.

Gleichwohl hat auch die von Mill geschilderte seelische Krise eine »religiöse« Konnotation, wird in ihr doch die »Lehre von der Notwendigkeit« oder der »harte Determinismus« (William James) als Alpdruck erlebt, als Hindernis auf dem Weg zu sich selber. Religion im weitesten Sinne betrifft die Frage nach dem Sinn des Lebens, insbesondere angesichts der Leiden und Fatalitäten, denen wir auch durch vermehrten Aktivismus und eine bessere Organisation der Gesellschaft nicht entgehen können. Blieb Mill gegenüber

der »religiösen Hypothese«[5] zeitlebens distanziert und un-
dogmatisch, eher untersuchend als bekennend eingestellt, so
verleiht er doch seiner Erzählung der existentiellen Sinnkrise
eine erlebnisnahe und bekennende Note. Mill hat eine entscheidende Testfrage gestellt: Wie würde es um mich stehen,
wenn meine wichtigsten Lebensziele erreicht wären? Und er
hat auch eine interessante Antwort gefunden. Die Lösung
des radikal individuellen Sinnproblems findet gerade nicht
durch Rückzug und fortwährende Selbstbespiegelung statt!
Wer das eigene Glück zu sehr und allzu direkt sucht, wird es
verfehlen. Das Plädoyer für indirekte Methoden wird auch
seine Neuformulierung des Utilitarismus bestimmen. Die
entsprechende *exhortatio* lautet: Lebe für andere (»Altruis-
mus«) und überindividuelle, ja sogar generationenübergrei-
fende Ziele (wie Tugend, Bildung und sozialnützliche Tä-
tigkeiten)! Das eigene Glück stellt sich oft beiläufig ein – ein
Gedanke, den Mill schon in der antiken Philosophie gefunden hatte, den er nun aber aktualisierte und auf sein eigenes
Leben anwandte. Die geforderte Herzensbildung steht also
nicht im Gegensatz zum sozialen und politischen Engagement; Mill bleibt nicht bei einer Flucht in die Poesie und die
privaten Gefühle stehen, sondern sucht eine Balance zwischen emotionaler und sozialer Intelligenz. Dass es trotz allem Engagement und Wirken in der Öffentlichkeit für den
Philosophen auch ein Leben im Verborgenen braucht, bleibt
selbstverständlich.

Die Unabhängigkeit seines Geistes verdankt sich auch der
Tatsache, dass Mill zwar eine Reihe öffentlicher Ämter gewissenhaft ausfüllte und von 1823 – 1858 für die Ostindien-
Kompanie arbeitete, aber nie an die Universitätsgaleere an-
geschmiedet war, nicht einmal in seiner Rektoratszeit an der

[5] Vgl. Mill 1984.

schottischen St. Andrews Universität von 1865–1868.[6] In der gleichen Periode vertrat Mill den liberalen Flügel von Westminster und die Ideen der philosophical radicals im Unterhaus [*house of commons*] des britischen Parlaments.

Mill berichtet über seine Herkunft – von seiner Mutter erfahren wir nichts (außer dass sie für ihre Kinder wie ein Arbeitstier schuftete[7]), von seinem Vater dagegen alles. Der Haupttenor im Portrait des Vaters ist nicht etwa Anklage oder Abrechnung, sondern Dankbarkeit für die konsequente Zuwendung und die intellektuelle Bereicherung, gepaart mit der väterlichen Einwirkung gegen die besonders in England strikte Verbindung von Bildung mit Standesdünkel. Der Sohn hat von seinem Vater gelernt, ohne Arroganz und Attitüde zu einem der umfassendsten Gelehrten und bedeutendsten Philosophen seiner Epoche zu werden. Er hat auf den Gebieten der Ökonomie und der Logik (genauer gesagt der Methodologie der Wissenschaften) Werke verfasst, die bis zum Ende des 19. Jahrhunderts als unübertroffen galten. Mills Ansehen im 19. Jahrhundert stützt sich vor allem auf diese beiden großen Werke, und in der deutschen Rezeption, die unter anderem über Wilhelm Dilthey führt, steht Mill nicht nur als Vollender des britischen (bzw. schottischen) Empirismus da, sondern auch als Begründer einer Methodologie der Geisteswissenschaften. Repräsentativ für diese Gewichtung der theoretischen Philosophie Mills ist etwa die Monographie von Samuel Saenger, die 1901 in der Reihe Frommanns Klassiker der Philosophie erschienen ist. In der an die Kritik von G. E. Moore anknüpfende Mill-Rezeption in der englischsprachigen Welt im 20. Jahrhundert werden

---

[6] Vgl. Kinzer / Robson / Robson 1992.

[7] Mill vermisste eine warmherzige Mutter und warf ihr auch vor, dass sie seinem Vater keine geistig ebenbürtige Partnerin war. Vgl. die Formulierungen aus dem ersten Entwurf der Autobiographie in *Collected Works*, vol. I, p. 612.

dagegen Mills Utilitarismus und Liberalismus im Zentrum stehen. Diese Gewichtung gilt noch für die jüngsten Publikationen, auch wenn eine gewisse Neubewertung und Aufwertung von Mills theoretischer Philosophie, vor allem der Sprachkritik und Erkenntnislehre, zu konstatieren ist.[8]

Mill hat den Utilitarismus der ersten Generation verteidigt, verfeinert und mit Elementen einer Tugendethik sowie einem philosophischen Liberalismus verknüpft und damit eine kontinuierliche Debatte ausgelöst, die bis heute andauert. Die Tugendethik ist zentral für die Autobiographie, geht es doch um die Darstellung und Entwicklung von Charakteren. Die Utilitarismusschrift, die er in der Autobiographie eher beiläufig erwähnt, ist zum Referenzwerk einer ethischen Theorie geworden, die – zumindest in der englischsprachigen Welt – neben Kants Ethik als echte und lebendige Option bis heute bestehen kann.[9] In seiner Theorie der Demokratie verbindet er die Gleichheitspostulate der Moderne mit elitären Ansprüchen der Bildung und staatsbürgerlichen Kompetenz. Seine Konzeption einer lernfähigen Demokratie durch Selbsterziehung und aktive Bürgerbeteiligung wurde nach ihm vor allem von John Dewey weitergeführt. Selbst scharfe Kritiker des Utilitarismus wie John Rawls, Ronald Dworkin und Joel Feinberg waren nachhaltig von Mill beeinflusst und beeindruckt. Er gehört seit 150 Jahren zu den wichtigsten Anregern der politischen Philosophie.[10] Mills Prophezeiung, dass sich unter seinen Schriften *On Liberty* als *longseller* bewähren werde, ist voll und ganz eingetroffen. Die Aufzählung von weiterführender Literatur würde mehrere Seiten in Anspruch nehmen.

---

[8] Vgl. Donner / Fumerton 2009; Sanchez-Valencia 2002. Dieser Band enthält auch drei Beiträge, welche die Psychologie und Methodenlehren von Comte und Mill vergleichen.

[9] Vgl. Wolf 2011/1992; West 2006.

[10] Vgl. Urbinati / Zakaras 2007.

Die Autobiographie wird häufig und auch am Schluss eine Denkschrift [Memoir] genannt; sie erinnert an die Humanität eines Philosophen, der den Auftrag zur Bildung des Geistes und des Herzens ernst nimmt und von den Früchten seines Fleißes möglichst viel mitteilen möchte – mit jener »beleidigenden Klarheit«, die ihm Nietzsche – mit hämischer Ironie – zugestanden hat.[11] Nietzsche irrt. Nicht Klarheit der Mitteilung ist beleidigend, sondern trüber Tiefsinn, der seine Mängel hinter hochtrabenden Phrasen versteckt. Der Wille zur klaren Mitteilung zeigt sich auch in der Erinnerung der eigenen Lebensgeschichte: Mill ist weit entfernt von jenem Schwanken zwischen Selbsterniedrigung und manischer Euphorie, die man bei Augustinus und Rousseau findet. Er ist nüchterner und vielleicht auch reifer und mag daher das Bedürfnis nach abenteuerlichen Formulierungen, rhetorischen Kaskaden und absurden Hypothesen nicht zu befriedigen. Er bringt seine Vorlieben für Literatur und Freundschaften zum Ausdruck und besticht gelegentlich auch durch das, was er nicht weiter ausführt – etwa die Komplexität in der Beziehung zu seinem Vater, der zumindest von aussen betrachtet als »Haustyrann« erscheinen mochte.

Die Versuchung zu tiefenpsychologischen Spekulationen über Mills Beziehung zu seinem Vater (und zu seiner späteren Frau) ist groß, doch braucht es hier ein ausgewogenes Urteil; der strenge Vater hat Mill nicht nur einen Teil einer unbeschwerten Kindheit geraubt, sondern er hat ihm auch fast alles mitgegeben, um mit Krisen und Niederlagen selber fertig zu werden und in neuen Einflüssen und Freundschaften Quellen der Bestätigung, Anregung und Selbstvervollkommnung zu finden. Doch das grundsätzliche Problem, dass der junge John, von einem »self made man« erzogen,

---

[11] Vgl. Nietzsche, *Götzen-Dämmerung*, Streifzüge eines Unzeitgemäßen I »Meine Unmöglichen«.

den Anschein eines »fabricated man« erweckte, ließ ihn nicht
unberührt. Mills innerer Konflikt ist groß und entsteht aus
dem Wunsch, dem Einfluss seines Vaters zu entkommen, und
dem Wunsch, einen symbolischen Vatermord zu vermeiden.
Die seelische Ablösung erfolgt gelegentlich indirekt, etwa dadurch, dass Mill einer Polemik von T.B. Macaulay aus dem
Jahr 1829 gegen die »utilitaristische Logik« seines Vaters teilweise recht gibt oder dass er in seinem Essay über Bentham
den Charakter von Bentham als »knabenhaft« bezeichnet.[12]
Diese von ihm nachträglich als überzogen empfundene Kritik
könnte stellvertretend für eine direkte Kritik an seinem Vater sein. Doch selbst in dieser delikaten Angelegenheit bleibt
Mill offen genug und zieht eine klare Stellungnahme einem
hinterlistigen Muckertum vor. Die dezidierte Stellungnahme
erfolgt auf der sachlich-argumentativen Ebene, insbesondere
in seiner Schrift über den Utilitarismus; der quantitative Hedonismus Benthams und seines Vaters wird erweitert und
ergänzt durch einen qualitativen Hedonismus, d. h. eine Ver-
knüpfung von Erfahrungen der körperlichen Lust mit »höheren Freuden«, die nicht nur in passiven Zuständen eines
empfangenden Bewusstseins, sondern auch in der aktiven
Ausübung geistiger Fähigkeiten bestehen. »Nutzen« im weitesten Sinne schließt alles ein, was zum Menschen als einem
emanzipatorischen Wesen gehört. Gleichzeitig gehen in Mills
qualitativen Hedonismus einige der wichtigsten Einsichten
ein, die er bereits in seiner Jugend bei Platon und der Stoa gefunden hatte: Die Hochschätzung der aktiven intellektuellen
Energien, der Selbstdisziplin und der Selbstachtung.

Der prominenteste englische Philosoph des 19. Jahrhunderts ist auch ein Selbstdenker. Zwar stellt er sich selber in

---

[12] Eine reiche historische Dokumentation des Utilitarismus, seiner Kritiker und der utilitaristischen Repliken findet sich in den vier
Bänden, die Andrew Pyle 1998 herausgegeben hat.

aller Bescheidenheit als Übersetzer und Vermittler zwischen den Genies und dem Publikum dar und insistiert darauf, wie sehr ihn andere inspiriert und unterstützt haben. Mill weist darauf hin, wie schwierig es ist, Einflüsse und eigene Ideen immer sauber zu trennen, und er maßt sich keine spezielle Originalität (oder gar Genialität) an. Doch er rühmt sich seiner Lernfähigkeit und damit einer Intelligenz, die im Prozess ist – nicht eines statischen Besitzes von Wissen. Diese Lernfähigkeit wird in Mills Philosophie beleuchtet durch die Reflexion über die Methoden der Erweiterung und Verbesserung des Wissens.

William James hat seine Vortragsreihe über Pragmatismus Mill gewidmet: »Dem Gedächtnis John Stuart Mills, von dem ich zuerst die pragmatische Offenheit des Geistes gelernt habe, und den ich mir in meiner Phantasie so gern als unseren Führer denke, wenn er heute am Leben wäre.«[13] James hat Mill offenbar als anregend und innovatorisch empfunden, und zwar durch dessen »open mindedness«, was eine andere Bezeichnung für die Grundhaltung der Lernfähigkeit ist. Wie später James hat bereits Mill den Lernvorgang als Einverleiben (incorporating) neuer Informationen in den bereits bestehenden Vorrat von Meinungen und Einstellungen charakterisiert. Diese Einverleibung oder Assimiliation erzeugt den Zusammenhang des Wissens. Mills Originalität besteht darin, dass er die Parolen seiner Vorläufer und Vaterfiguren nicht einfach nachplappert, sondern kritisch prüft, revidiert, revitalisiert und mit alternativen Auffassungen verknüpft. Aus der ersten Phase der Fremderziehung unter dem paternalistischen Regime wird eine Lebensgeschichte der Selbsterziehung, in der sich Mill seine Freunde und Lektüren selber aussucht; er findet neue Anregungen und Belehrungen bei einigen der heftigsten Kritiker des väterlichen

---

[13] James 1977; 1992.

Utilitarismus und liberalen Radikalismus: aus dem Kreis der Saint-Simonisten und von eminenten Autoren wie Auguste Comte, Samuel Coleridge, Thomas Carlyle und Alexis de Tocqueville, um nur einige der bekanntesten Namen zu nennen. Mill hat auch als liberaler Ökonom »nach Links« geschaut und Argumente der Frühsozialisten kommentiert und kritisch in sein Denken integriert, die Selbstorganisation und proportionale Repräsentation der Arbeiter befürwortet und einen Kapitalismus ohne Wachstum als ernsthafte, ja unvermeidbare Option in Erwägung gezogen. Er hat nicht gezögert, die Forderungen der gleichen und unparteiischen Rücksichtnahme auf alle Menschen anzuwenden, also auch auf Frauen (und nicht nur auf über vierzigjährige Männer, wie sein Vater), und er hat offen zugegeben, wieviel er von seiner langjährigen Freundin und späteren Gattin aufgenommen hat. Auch heute, unter völlig veränderten Bedingungen in der Auffassung von Ehe und Sexualität, kann man sich der Wirkung nicht entziehen, die von Mills Bericht über die Bekanntschaft mit seiner Frau, ihr Zusammenwirken und das tragische Ende ausgeht. Er hat die Beziehung zu Harriet Taylor vor und nach der Ehe als tiefe gegenseitige Freundschaft und seelische Verbundenheit verstanden. Er hat zahlreiche Werke, insbesondere sein Hauptwerk zur Ökonomie, *The Subjection of Women* und *On Liberty* als »joint work« bezeichnet. Aus seiner eigenen Kindheitsgeschichte und seinen eher negativen Beziehungen zur Mutter und den drei jüngeren Schwestern allein lässt sich sein Feminismus gewiss nicht ableiten; dieser ist vielmehr bereits in jungen Jahren und vor der Bekanntschaft mit Harriet ein Bestandteil seiner konsequenten Auslegung der Forderung nach Gleichheit. Mill ist, was den moralischen und rechtlichen Status von Männern und Frauen betrifft, Egalitarist, was nicht ausschließt, dass er auch über geschlechtsspezifische Differenzen und Rollenmodelle nachdachte. Der intensive Austausch und die enge Zusammenarbeit mit Harriet und deren Tochter Helen Taylor hat diese egalitaristische, für gender-Differenzen offene Einstellung nicht erst hervorgebracht, sondern befestigt und vertieft. Zum letzten Schliff in Mills Charakterbildung bedurfte es der »wichtigsten Beziehung in meinem Leben«. Wie weit hier Mill seine Frau idealisierte und ihre geistige Überlegenheit übertrieben hat, ist bis heute Gegenstand von Debatten in der Forschung. Die Bedeutung von Harriet Taylor Mill lässt sich heute angemessen einschätzen[14]; es gibt keinen sachlich begründeten Anlass, Mills Darstellung der intensiven Zusammenarbeit des Paares in Zweifel zu ziehen.

Mill repräsentiert wie nach ihm der pragmatistische Philosoph William James die »open mindedness« des guten Europäers, der frei ist von nationaler Borniertheit, von antisemitischen und antifeministischen Vorurteilen, die man sogar bei einem sonst so kritischen und vorausschauenden Zeitgenossen wie Pierre-Joseph Proudhon findet.

Ein Vergleich mit Proudhon in anderer Hinsicht wäre allerdings fruchtbar, versuchen doch beide in der gleichen Periode, in welcher der Marxismus noch nicht zur dominanten Parteiideologie geworden war, und in kritischer Anknüpfung an Gedanken der Saint-Simonisten und Auguste Comte eine Alternative zu bourgeoisen und sozialistischen, zentralistisch-autoritären und *laisser-faire-* Positionen zu finden. Neben den christlichen Sozialisten kannte Mill auch Louis Blanc, Robert Owen und Charles Fourier. Mit Proudhon verband ihn, ohne dass er es wusste, die entschiedene Kritik an Auguste Comte; Mill und Proudhon waren geprägt vom wissenschaftlichen und sozialreformerischen Bildungsideal Comtes, hatten aber beide Vorbehalte gegen Comtes politische Moral und dessen Polemik gegen die »exaltations de la personnalité«.

14 Vgl. Jacobs / Pain 1998; Jacobs 2002.

Mill und Proudhon verteidigten die Idee einer starken Persönlichkeit und Individualität mit sozialer Verantwortung vor dem Hintergrund einer Geschichtsphilosophie des Fortschritts (vgl. Proudhon 1853/1946). Solche Vergleiche sind natürlich immer mit Vorsicht zu genießen; es ist kaum sinnvoll, die Ähnlichkeiten und Berührungspunkte zu einer Seelenverwandtschaft zu stilisieren. Mill mochte wenig Verständnis haben für Proudhons scharfe Kritik an den Kampagnen für das allgemeine Wahlrecht, wenn er davon überhaupt wusste, doch er hätte erstaunliche Übereinstimmung gefunden im Geiste der Kritik von Proudhon, wonach sich die sozialen und ökonomischen Verbesserungen nicht allein durch eine politische Revolution herbeiführen lassen.

Brennpunkt von Proudhons Kritik war nicht das allgemeine Wahlrecht als solches, sondern die falschen Versprechen, welche liberale Politiker damit verbanden, als wäre ein Volk mit allgemeinem Stimmrecht nicht fähig, eine konservative, monarchistische oder jesuitische Regierung zu wählen. Proudhon misstraute den Massen ohne politische Bildung – Bildung nicht im Sinne von akademischer Gelehrsamkeit, sondern in Sinne seiner Soziologie der kollektiven Vernunft; er bestritt den Anspruch ehrgeiziger Parteipolitiker auf höhere Bildung und Unparteilichkeit. Ebenso heftig war seine Kritik an der Korruption und der *collusion avec le pouvoir*, der sich selbst in der Flut von mehr oder weniger radikalen Zeitschriften und Zeitungen abzeichnete. Er glaubte an eine gewaltlose Langzeitrevolution, die von unten aus ging, sozusagen als eine sich selber vollziehende und letztlich alle Autorität und Hierarchie aufhebende gegenseitige Selbsthilfe durch ökonomische und organisatorische Experimente. Proudhons Aufzeichnungen sprechen eine deutliche Sprache! Der Einblick in seine *Carnets* erlaubt es, die Hintergründe seiner Kritik am Liberalismus, an der Demokratie und den revolutionären Wirren der zweiten Republik angemessen zu würdigen. Was Proudhon nicht müde wird zu wiederholen, dass eine Wahlreform ohne integre Politiker nichts taugt, hätte auch Mill unterschreiben können.[15]

Bevor solche Vergleiche in die Tiefe führen können, geht es darum, zu erforschen, wie diese Autoren auf die dringenden Probleme ihrer Zeit antworten, mit allem, was Frankreich und das übrige Europa mit England verbindet und trennt. In Sinne der neueren Forschung ist es geboten, zunächst das eigene Profil von Mills sozialem Liberalismus genauer zu fassen.[16] Die Mill-Forschung wird jedoch auch künftig neue Wege finden, unter anderem in neuen Verknüpfungen mit den Positionen und Argumenten bedeutender Zeitgenossen – Verknüpfungen, die es erlauben, Mill noch besser im zeitgeschichtlichen Kontext zu verstehen.[17]

Die Autobiographie gehört zu den literarischen Glanzstücken des *genres* im 19. Jahrhundert und verdient es, wieder in einer (etwas entstaubten) deutschen Übersetzung zugänglich zu sein. Sie gehört in einen vollständigen Kanon der liberalen Erziehungsschriften, zusammen mit jenen von Alexis de Tocqueville, Benjamin Constant, Wilhelm von Humboldt und John Dewey. Mill steht auf dem Übergang der klassisch-humanistischen Auffassung von Bildung und einer philosophischen Vertiefung desselben durch die neuen Gedanken des Darwinismus. In Mills Geist wird Dewey den Gedanken der Evolution und Kontinuität der Natur und des

---

[15] Vgl. Proudhon 2004, 735; Chambost 2009.

[16] Vgl. Claeys 1987.

[17] Zu Mill und Proudhon vgl. Capaldi 2004, 211; Hauptmann 1980, 184 f. In einem Brief an Harriet Taylor vom 31. März 1849 äußerte sich Mill zwar sehr gehässig gegen die Person und den Einfluss von Proudhon. Doch – wie gut hat Mill Proudhons Schriften gekannt? Man lasse sich nicht irreführen von einen solchen Äußerung, die überdies im privaten Kontext der Korrespondenz steht und meines Wissens einmalig ist. Vgl. Mill, *Collected Works* vol. III [*Principles of Political Economy*, Appendix G, p. 1031].

Denkens sowie die Konzeption einer das Individuum bewahrenden und fördernden Demokratie zu den ersten Prinzipien der Philosophie machen.[18]

Die Juwelen in Mills Autobiographie sind notorisch: Die eindringliche Schilderung und nuancierte Evaluation des Erziehungsexperiments mit einem Kind, die mit verhaltener Erschütterung berichtete Lebenskrise des intellektuell überarbeiteten und hochsensiblen jungen Mannes, und die panegyrische Beschreibung einer seelischen und intellektuellen Verschmelzung mit der Geliebten. Wie Mill Harriet Taylor schildert und mit welchen Attributen er sie ausstattet, ist nicht völlig unabhängig vom Zeitgeist und Zeitgeschmack des ausgehenden viktorianischen Zeitalters, obwohl Mill Vorbehalte anmeldet gegen die damalige Auffassung von Ehe als einem goldenen Käfig für Frauen. Wenn Mill immer wieder beteuert, wieviel er seiner Frau zu verdanken hat und wie sehr sie ihm Vorbild und Orientierung war, so gibt es daran keine legitimen Zweifel, es sei denn die ewig gestrigen und sinistren Vorurteile gegen die Fähigkeiten und Qualitäten einer faszinierenden Frau. (Der Kampf gegen sinistre Interessen ist ein Erbe Benthams.)

Zweifellos ist das Porträt seiner Geliebten nicht frei von Projektionen und Deutungen, und es soll hier nur eine Besonderheit hervorgehoben werden. Während Mill in seiner Erkenntnislehre die Zuverlässigkeit von Intuitionen (des Intellekts und des Gefühls) im Anschluss an Bentham und insbesondere anlässlich der Kritik an Hamilton scharf attackiert und den methodischen Intuitionismus mit reaktionären Ideologien in Zusammenhang bringt, lobt er an seiner Geliebten unter anderem ihre treffsichere, fast unfehlbare Intuition. Man wird an die Maxime »quod licet Jovis, non licet bovis« erinnert. Was seiner Frau erlaubt ist, nämlich sich auf treff-

---

[18] Vgl. Popp 2007.

sichere Intuition zu verlassen, das ist Autoren wie Whewell und Hamilton verwehrt. Es gibt eine Neigung Mills, seine Frau und einige ausgewählte Personen zur Aristokratie des Geistes zu zählen, und diese Neigung wird sublimiert durch die Tatsache, dass die Mitglieder dieser Elite mit besonderem Taktgefühl und unbestechlichem Gerechtigkeitssinn ausgestattet sind. Vielleicht unterläuft hier Mill ein signifikantes Schwanken in der Beurteilung von Intuitionen, die auch bei seinen utilitaristischen Nachfolgern von Henry Sidgwick, G. E. Moore bis Richard Hare ein Streitpunkt bleiben wird. Es gibt in der großen Familie der utilitaristischen Ethiker zahlreiche Vorschläge, den Erkenntnisanspruch strenger Argumente mit der Anmutungsqualität einiger Intuitionen des common sense zu versöhnen. Es scheint, als hätte auch Mill beide Seiten vertreten: Die Skepsis gegen die Begründung von Wissensansprüchen oder Werturteilen in (gefühlsmäßigen oder vermeintlich rationalen) Intuitionen, und die positive These der Unverzichtbarkeit »guter« Intuitionen (und Traditionen) als Inspirationsquelle und vielleicht sogar gelegentlich als Prüfungsinstanz des moralischen Denkens. Dieses zweite Zugeständnis, das einige Intuitionen zu Axiomen oder Testinstanzen erhebt, bleibt bis heute umstritten. Was die Behauptung betrifft, der philosophische Glaube an *a priori* wahre Erkenntnisse (oder kurz: der Glaube an angeborene Ideen) begünstige *de facto* oder gar notwendigerweise eine reaktionäre politische Einstellung, so ist sie wahrscheinlich falsch. Die Beziehungen zwischen Epistemologie und Politik sind nicht so eng und zwingend, wie diese Polemik unterstellt.[19]

[19] Vgl. White 1986. Morton White nimmt explizit Stellung zu den einschlägigen Passagen in Mills Autobiographie, wo Mill offenlegt, dass seine Kritik am angeblich apriorischen Charakter der Mathematik und der Axiome der Geometrie politisch motiviert war.

Orientierungspunkt aller kontextualistischen Mill-Forschung, aber auch die beste Einführung in Mills Philosophie ist die Lektüre seiner Autobiographie. Sie rundet überdies ein Verständnis seiner philosophischen und ökonomischen Werke ab und verleiht ihnen lebensgesättigtes und zeitgeschichtliches Kolorit. Sie legt dar, wie sehr dieser moderne Philosoph, der auf ein *Zeitalter des Übergangs* (zur Industrialisierung) reagierte, unter anderem durch das Studium der »humanities«, seine Vertrautheit mit der Antike, namentlich den Dialogen Platons, den modernen Wissenschaften, sein politisches Engagement und seine Freundschaften zu dem wurde, der er war: ein wacher, abwägender und einfühlender Intellekt, der ohne rabiaten Bruch mit der Tradition dem Neuen (dem Ansehen der induktiven Methoden der Wissenschaften, aber auch der Bedeutung von klar formulierten Prinzipien und Argumenten in Philosophie und Politik) zum Ansehen verhalf und zugleich das Unabgegoltene im Alten (im Idealismus Platons und der Stoa ebenso wie in der Tradition des Epikureismus) in der Ethik und Sozialphilosophie zusammenführte. Wie lebendig und anregend diese Philosophie bleibt, beweist die Tatsache, dass Mill zugleich Eklektiker, Epigone und Wegweiser für zahlreiche künftige Diskussionen ist. Als Brücke von Mill zur modernen analytischen Philosophie dienen Bertrand Russell, Henry Sidgwick und Georg Edward Moore.[20]

Wie sehr Intellekt und Charakter bei Mill eine schöpferische Synergie erzeugen, beweist sein bereits erwähnter zugleich loyaler und souveräner Umgang mit dem Erbe des Utilitarismus. Aus der unparteiischen Rücksicht auf das Wohl aller von unseren Entscheidung Betroffenen (die auch

---

[20] Wertvolle ältere Darstellungen der Geschichte des Utilitarismus finden sich bei Stephen 1900 und Albee 1902. Unzählige Anthologien dokumentieren die Weiterentwicklung des Utilitarismus im 20. Jahrhundert. In deutscher Sprache vgl. Höffe 2003.

empfindungsfähige Tiere einschliesst) wird bei Mill ein philosophisch begründeter Liberalismus mit sozialem Gewissen; das Glück darf keiner mündigen Person aufgedrängt werden, sondern die Menschen sollen in einer repräsentativen Demokratie Rahmenbedingungen vorfinden, um an der Gestaltung der Zukunft mitzuwirken, ohne den »gesunden Egoismus« selbstbewusster Individuen preiszugeben. Mit seiner Kritik am Paternalismus wird die Agenda einer kontinuierlichen Debatte bis zur Gegenwart gesetzt.[21] Die Autobiographie veranschaulicht den lebensgeschichtlichen und emotionalen Hintergrund für Mills tiefe Abneigung gegen wohlwollende Bevormundung mit der wichtigen Zäsur, die darin besteht, sich nach einer langen und einseitigen Abhängigkeit von seinem Vater zum ersten Mal, und zwar im Umgang mit Charles Austin, als Mann unter Männern zu fühlen. Was lebensgeschichtliche Resonanzen hat, wird mutatis mutandis auf die Politik übertragen. Mill plädiert also nicht für einen »panoptischen« oder »totalitären« Utilitarismus, demgemäß alle Bürger von einer zentralen Regierung verwaltet, kontrolliert und versorgt werden, sondern für einen schlanken Staat, der seinen Bürgerinnen und Bürgern ein Maximum von Initiative, subsidiärer Verantwortung und Selbstverwaltung überlässt, demnach eine Theorie, welche – wie Proudhons Theorie des Föderalismus – für Dezentralisierung der Macht und eine Vielfalt der Lebensexperimente plädiert. Mills Werdegang kann auch »teleologisch«, nämlich im Blick auf seine reife Sozialphilosophie interpretiert werden, als Ausdruck der Erfahrung dessen, was es heißt, Vielfalt von Meinungen, Konflikte der Lebensstile und »Alterität« bewusst auszuhalten. Mill hat, wie ihm Fall von Gustave d'Eichtal, Frederic Maurice, John Sterling, Auguste Comte und Thomas Carlyle (um nur einige zu nennen), Freunde

---

21 Vgl. Wolf 2006.

und Briefpartner gesucht, die seiner liberalen Grundhaltung
fern standen und zu staatszentralistischen oder konservativen
Ordnungsvorstellungen neigten. Mill ist dem schmerzhaften
Erlebnis von Dissens und kritischer Ablehnung nicht ausge-
wichen. Bereits die ersten Kontakte mit Anti-Utilitaristen
haben ihm dazu gedient, sich der direkten Kontrolle seines
Vaters zu entziehen und eigene Wege zu gehen. Er hat es sich
nicht so leicht gemacht wie Bentham, der abweichende Meinungen sarkastisch als »Nonsens« oder Symptome von Ob-
skurantismus diffamierte. Ohne »moral distress« und ohne
echte Vielfalt gibt es keine Entwicklung und keine praktische Freiheit.[22] Eine liberale Streitkultur unterscheidet sich
von jener bösartigen Polemik, welche die Wahrheit eigener
Auffassungen permanent mit dem Nachweis der intellektuellen oder moralischen Inferiorität seiner Gegner zu beweisen trachtet. Mill wurde der, der er war, indem er sich dem
Widerstand und den Herausforderungen der lebendigen und
leidenschaftlich geführten Kritik aussetzte. Er hat sich nicht
mit künstlichen Disputationen und Scheindebatten begnügt;
es ist aufschlussreicher und anregender, eine abweichende
Meinung aus den Darlegungen eines überzeugten Anhängers statt aus zweiter Hand zu erfahren. Er hat sich allerdings
auch deutlich von Kompromissen an die politische Reaktion
abgegrenzt. Dies hat zur späteren Abkühlungen der Beziehungen zu Comte und Carlyle geführt.

Mill hat nach seiner Theorie gelebt, welche er im zweiten
Kapitel von *On Liberty* explizit begründet, und die besagt,
dass es ein Verbrechen an der Menschheit wäre, aus Sorge
um die Ordnung und den Zusammenhalt der Gesellschaft
die Äußerung einer Meinung oder Haltung zu unterdrü-
cken, auch wenn es sich bloß um Halbwahrheiten oder gar
Irrtümer handelt.

[22] Vgl. Waldron 1987.

Das brillante Selbstporträt von Mill als Politiker »innerhalb und außerhalb des Parlaments« zeigt ihn als Politiker, dem es nicht um die eigene Machtposition geht, sondern darum, seine Überzeugungen zur Verbesserung der Menschheit zu verbreiten. Er lässt sich nicht kaufen, verzichtet auf eine eigene Wahlkampagne, lässt sich nicht an ein Parteiinteresse oder Mandat binden und nimmt seine Abwahl nach drei Wahljahren gelassen zur Kenntnis. Er glänzt durch seine Direktheit und Aufrichtigkeit und wird deshalb sogar aus der Mitte der Arbeiterschaft gelobt – ein Lob, das Mill gerne als Beweis seiner philanthropischen, klassenübergreifenden Gesinnung zitiert: »they wanted friends, not flatterers«.

Mill teilt indirekt auch mit, dass eine dauerhafte Politikerkarriere mit der Bemühung um Wahrheit und Unparteilichkeit, wie sie der Philosophie ansteht, nicht vereinbar ist; der Aufenthalt in der offiziellen Politik ist notwendigerweise vorübergehend, ein lebenslängliches Lavieren zwischen Wissenschaft und hohen politischen Ämtern dagegen kaum eine glaubwürdige Option. Glaubwürdigkeit wird um einen hohen Preis erkauft, nämlich den Verlust an Macht und direktem Einfluss auf das politische Geschehen. Mill hat diesen Preis mit einer gewissen Wehmut und Würde gezahlt.

Die Autobiographie zeigt nicht nur den disziplinierten Denker und unbestechlichen Politiker, sondern auch den fehlbaren und scheiternden Menschen: Das Streben nach Selbständigkeit wird durch die Verstrickung in das Erbe seiner geistigen Herkunft erschwert; politische Ambitionen werden verhindert durch die gesetzlichen Bedingungen seiner Anstellung bei der Ostindien-Kompanie und seinen kompromisslosen Non-Konformismus, der zur Abwahl im Parlament führt; und die Erfüllung im eigenen Leben wird durchkreuzt durch die frühe und oft unmenschliche Arbeitsbelastung und die tragischen Erfahrungen des Verlusts geliebter Menschen. Mill kommt auf jene paradoxe Einstel-

lung zurück, die er in seinem Porträt des Vaters beschreibt:
Universaler Hedonismus im Streben nach gleichem Glück
für alle, und Stoizismus mit einem Hauch von Pessimismus
für das eigene Lebensglück. Die glänzende Erfolgsgeschichte
des geistigen Wunderkindes und späteren Erfolgsautors wird
durch die aufrichtige Lebenserzählung ins rechte Licht gerückt und relativiert. Es ist dieser melancholische Mill, der
gelegentlich bei den Dichtern Zuflucht findet und auch von
seinen gescheiterten Ambitionen Zeugnis ablegt, der den
Herzen seiner Leserinnen und Leser am nächsten steht.[23]

[23] Vgl. Carlisle 1991.

EDITORISCHE BEMERKUNG

John Stuart Mill schrieb und feilte in einem Zeitraum von siebzehn Jahren an seiner Autobiographie. Die ersten drei Viertel, entworfen und überarbeitet in den Jahren 1853 – 1854, als er 47 Jahre alt war, wurden im Jahr 1861 wiederaufgenommen, erweitert und im Winter 1869/1870 beendet. Mill starb am 7. Mai 1873, die Autobiographie erschien posthum noch im Todesjahr, herausgegeben von seiner Stieftochter Helen Taylor. Die definitive Ausgabe findet sich im ersten Band der *Collected Works*, herausgegeben von John M. Robson und Jack Stillinger, University of Toronto Press 1981. Eine leicht erschwingliche Ausgabe ist 1989 bei Penguin Books erschienen.

Der vorliegende deutsche Text entstand auf der Grundlage der ersten Übersetzung aus dem Englischen von Dr. Carl Kolb. Es handelte sich dabei um die (von Helen Taylor?) autorisierte deutsche Übersetzung, erschienen im Verlag Meyer & Zeller (Friedrich Vogel), Stuttgart 1874. Die von Helen Taylor gewünschten Streichungen wurden rückgängig gemacht. Offenbar war ihr das Lob ihres Stiefvaters peinlich. Die deutsche Erstübersetzung wurde vom Herausgeber überarbeitet. Anmerkungen in eckigen Klammern stammen vom Herausgeber. Zahlreiche stilistische Änderungen wurden vorgenommen und veraltete Ausdrücke sowie Satzkonstruktionen ersetzt und mit dem Originaltext verglichen. Damit wurde die Lesbarkeit im Deutschen, aber auch die Genauigkeit der Übersetzung beachtet.

Ich danke Linda Ackermann für die erste elektronische Erfassung und Christian Maurer für eine Durchsicht des gesamten Textes.

Für Anregungen und Hinweise danke ich Dimiter Daphinoff, Andreas Graeser und Isabelle Wienand. Für verbleibende oder neue Fehler zeichnet allein der Herausgeber verantwortlich.

Besançon, Juli 2011 *Jean-Claude Wolf*

JOHN STUART MILL

Autobiographie

ERSTES KAPITEL

KINDHEIT UND ERSTE ERZIEHUNG

Es dürfte angebracht sein, wenn ich der nachstehenden biographischen Skizze die Gründe vorausschicke, welche mich bewogen haben, einem so ereignisarmen Leben wie dem meinen ein derartiges Denkmal zu setzen. Ich bilde mir nicht ein, dass irgendetwas von dem, was ich zu berichten habe, sei es als Erzählung oder um der Beziehungen zu meiner Person willen, das Publikum sonderlich interessieren kann; allein ich dachte, dass es in einer Periode, in welcher die Erziehung und ihre Verbesserung sorgsamer und vielleicht auch gründlicher studiert werden als in irgendeiner anderen Periode der englischen Geschichte, nützlich sein dürfte, die Darlegung eines ungewöhnlichen und markanten Bildungsgangs zu geben, welcher immerhin den Beweis liefert, wie viel mehr, als man gewöhnlich glaubt, gelehrt, und zwar besser gelehrt werden könnte in jenen frühen Jahren, in welchen durch die hergebrachte Unterrichtsmethode eine wertvolle Zeit fast nutzlos verschwendet wird. Auch schien es mir ebenso interessant als nützlich zu sein, in einem Zeitalter des Übergangs der Meinungen an einem Geiste die Übergangsstufen zu kennzeichnen – an einem Geist, der immer vorwärts strebte und stets bereit war, zu lernen oder umzulernen, je nachdem er durch eigenes Denken oder die Gedanken anderer dazu Anlass fand. Der Hauptgrund lag jedoch im Wunsch, jenen meinen Dank auszusprechen, welchen ich für meine wissenschaftliche und moralische Entwicklung so sehr verpflichtet bin. Es befinden sich Personen von anerkannter hoher Stellung darunter, andere, die nicht nach ihren Verdiensten gewürdigt sind, und eine, welche die Welt gar nicht kennen zu lernen Gelegenheit hatte, obschon ich gerade dieser am meisten zu Dank verpflichtet bin. Der Leser, welcher für solche Dinge kein Interesse hat, möge es sich selbst zum Vorwurf machen, wenn er weiterliest, da ich ihm zum Voraus sagen muss, dass diese Blätter nicht für ihn geschrieben sind.

Ich wurde am 20. Mai 1806 in London geboren, als ältester Sohn von James Mill, dem Verfasser der *Geschichte von Britisch-Indien*. Mein Vater, der Sohn eines Kleinhändlers, der zugleich zu Northwater Bridge in der Grafschaft Angus eine kleine Bauernwirtschaft betrieb, wurde als Knabe um seiner Talente willen dem Sir John Stuart zu Fettercairn, einem der Barone der schottischen Schatzkammer, empfohlen und in Folge davon auf Kosten eines Fonds, den die Gattin seines Beschützers mit einigen anderen Damen zu Erziehung schottischer Theologen gegründet hatte, auf die Universität Edinburgh geschickt. Dort machte er seinen Lehrgang und erhielt die Lizenz als Prediger, ohne sie jedoch zu benützen, da seine Überzeugungen nicht mit den Dogmen der schottischen oder überhaupt einer Kirche im Einklang standen. Nachdem er einige Jahre in verschiedenen Familien Schottlands, darunter auch in der des Marquis von Tweeddale, als Hauslehrer gewirkt hatte, übersiedelte er nach London, um sich mit schriftstellerischer Tätigkeit zu befassen, die seine einzige Unterhaltsquelle war bis zum Jahr 1819, in welchem er eine Anstellung im India-House erhielt.

Aus dieser Periode im Leben meines Vaters muss ich zwei Umstände erwähnen, von denen der eine leider zu den alltäglichen Vorkommnissen gehört, der andere aber dafür selten genug zutrifft. Mit dem ersteren meine ich seine Verheiratung und die Erziehung einer großen Familie unter Verhältnissen, in welchen er sich bloß auf die unsicheren Hilfsquellen angewiesen sah, die ihm durch das Schreiben für periodische Blätter geboten wurden; als anderen nenne ich die außerordentliche Tatkraft, mit welcher er in solcher

Lage sich durchzukämpfen wusste. Es wäre schon nichts Geringes gewesen, wenn er sich mit seinem Hausstand während so vieler Jahre durch Schriftstellerei einfach durchgebracht hätte, ohne in Schulden oder überhaupt pekuniäre Schwierigkeiten zu geraten. Er hegte nämlich sowohl in der Politik als auch in der Religion Ansichten, die allen Personen von Einfluss anstößig waren und mehr als je vorher oder nachher der Anschauungsweise des wohlhabenden Engländers jener Periode zuwider liefen; dazu war er ein Mann, der nicht nur nie etwas gegen seine Überzeugung schrieb, sondern auch in alles, was aus seiner Feder floss, soviel von dieser seiner Überzeugung niederlegt, als die Umstände es irgendwie gestatten mochten. Überhaupt betrieb er alles, was er angriff, sei es im Bereich der Literatur, oder anderweitig, nie nachlässig, sondern widmete seinem Gegenstand gewissenhaft stets alle die Mühe, die zu einer tüchtigen Vollendung erforderlich war. Gleichwohl entwarf, begann und vollendete er trotz solcher Belastung die *Geschichte Indiens*, die in ungefähr zehn Jahren zustande kam, ein Werk von einem Umfang und einem auf gründliches Quellenstudium gestützten Gehalt, wie ein ähnliches wohl selten selbst von einem durch keinerlei andere Arbeiten behelligten Historiker in so kurzer Frist zutage gefördert worden ist. Dazu kommt noch, dass er fast jeden Tag einen ansehnlichen Teil seiner Zeit der Erziehung seiner Kinder widmete und dabei namentlich mir gegenüber, dem er in seinem Sinne die bestmögliche geistige Ausbildung zu geben trachtete, mit einer seltenen Mühe und Beharrlichkeit zu Werke ging.

Von einem Mann, der in seinem Leben so nachdrücklich am Grundsatz festhielt, keine Zeit zu verlieren, stand zu erwarten, dass er dieselbe Regel auch bei der Unterweisung seines Schülers betätigte. Ich kann mich nicht mehr erinnern, wann ich mit der Erlernung des Griechischen begann; ich soll damals drei Jahre alt gewesen sein. Meine früheste Erinnerung an diesen Gegenstand besteht darin, dass er mich die Vokabeln, wie er es nannte, auswendig lernen ließ, das heißt Reihen von gewöhnlichen griechischen Wörtern mit ihrer englischen Bedeutung, die er für mich auf Karten schrieb. Von der Grammatik lernte ich vorerst nichts weiter als die Beugung der Haupt- und Zeitwörter; aber nach dem Vokabelkurs ging es sogleich ans Übersetzen, und es dämmert noch matt in meiner Erinnerung, dass Aesops *Fabeln* das erste griechische Buch war, welches ich las; das zweite, dessen ich mich deutlicher entsinne, war Xenophons *Anabasis*. – Das Lateinische begann ich erst in meinem achten Jahre. Bis dahin hatte ich unter der Leitung meines Vaters eine Anzahl griechischer Prosaiker gelesen, darunter den ganzen Herodot, Xenophons *Kyropädie* und die *Denkwürdigkeiten des Sokrates*, einige Biographien der Philosophen von Diogenes Laertius, einen Teil des Lukian und die Reden des Isokrates an Demonikus und Nikokles. Im Jahr 1813 las ich auch die ersten sechs Dialoge Platons, vom *Euthyphron* bis zum *Theiatetos* einschließlich, obschon der letztere um des Verständnisses willen, das ich ihm entgegen brachte, wohl hätte wegbleiben können; allein mein Vater verlangte von mir bei seinem Unterricht nicht nur das Äußerste, was ich zu leisten vermochte, sondern auch viel, das weit über meinen Horizont ging. Was er selbst zu meiner Belehrung auf sich nahm, mag man aus der Tatsache ersehen, dass ich meine griechischen Vorbereitungen im selben Zimmer und am selben Tisch erledigen musste, an welchem er schrieb, und da ich, noch nicht eingeweiht ins Lateinische, von den damals üblichen lateinisch-griechischen Wörterbüchern keinen Gebrauch machen konnte, so musste ich mich wegen eines jeden mir noch nicht bekannten Wortes an ihn wenden. Obschon von Natur einer der ungeduldigsten Männer, ließ er sich doch diese häufigen Störungen gefallen und schrieb dabei nicht nur mehrere Bände seiner *Geschichte*, sondern auch alles andere, was in jenen Jahren aus seiner Feder hervorging.

Außer dem Griechischen lernte ich in dieser Periode meiner Kindheit nichts als Arithmetik, die mir gleichfalls von meinem Vater beigebracht wurde. Das war eine Aufgabe für die Abendstunden, und ich entsinne mich wohl, dass ich dabei viel Unlust empfand. Doch waren die Lektionen nur ein Teil des Unterrichts, den ich täglich erhielt. Vieles verdankte ich den Büchern, die ich las, noch mehr aber den Gesprächen mit meinem Vater während unserer Spaziergänge. Von 1810 an bis zum Ende des Jahrs 1813 lebten wir in Newington Green, einer damals noch fast ländlichen Gegend. Die Gesundheit meines Vaters forderte viel Bewegung im Freien, und er machte schon vor dem Frühstück seinen Gang, gewöhnlich über die grünen Weiden in Richtung Horsey. Bei solchen Gelegenheiten war ich stets sein Begleiter; die ersten Eindrücke also, welche grüne Felder und wilde Blumen auf mich machten, vermischen sich daher stets mit den Reminiszenzen an die Berichte, die ich täglich abgab über das, was ich Tags zuvor gelesen hatte. Soviel ich mich allerdings entsinne, war dies mehr eine freiwillige als eine vorgeschriebene Übung. Ich pflegte beim Lesen auf Papierstreifen Notizen zu machen, an welche ich die Unterhaltung beim Spaziergang anknüpfte. Meine Lektüre betraf nämlich vorzugsweise historische Schriften, die von Robertson, Hume und Gibbon, am meisten aber fühlte ich mich damals und noch lange nachher angesprochen von Watsons Geschichte Philipps des Zweiten und des Dritten. Der heldenhafte Kampf der Malteser gegen die Türken und der Abfall der Niederlande von Spanien weckte in mir ein tiefes und nachhaltiges Interesse. Neben Watson gehörte Hookes Geschichte von Rom zu meinen Lieblingsbüchern. Über griechische Geschichte hatte ich außer einem Schulleitfaden und den letzten zwei oder drei Bänden einer Übersetzung von Rollins

Geschichte des Altertums, die mit Philipp von Makedonien beginnen, noch nichts Systematisches in die Hände bekommen; doch las ich mit großem Vergnügen Langhornes Übersetzung des Plutarch. Über englische Geschichte außer der Zeit, mit welcher Hume abbricht, erinnere ich mich, Burnets Geschichte seiner Zeit gelesen zu haben, obschon sie mir außer den Kriegen und Schlachten wenig von Interesse bot, und der historische Teil der Jahreschronik vom Anfang an bis zum Jahr 1788, mit welchem die Bände, welche mein Vater für mich von Bentham geborgt hatte, abschlossen. Einen lebhaften Anteil nahm ich an Friedrich von Preussen in seiner Bedrängnis und am korsischen Patrioten Paoli; aber als ich an den amerikanischen Krieg kam, ergriff ich, bis mein Vater mich aufklärte, nach Knabenart für die falsche Seite Partei, weil man sie die englische nannte. In den Gesprächen über die von mir gelesenen Bücher pflegte mein Vater, je nachdem sich Gelegenheit bot, vor mir seine Ansichten über Zivilisation, Regierung, Moral und Geisteskultur zu entwickeln, die ich ihm nachher in meinen eigenen Worten wiedergeben sollte; auch musste ich auf sein Geheiß viele Bücher lesen, die mich sonst kaum interessiert hätten, und ihm darüber berichten: so Millars historischen Überblick über die englische Regierung, ein für seine Zeit sehr verdienstvolles Werk, das er hochschätzte, Mosheims Kirchengeschichte, McCrie's Leben des John Knox und sogar Sewells und Ruttys Quäkergeschichte. Ferner liebte er es, mir Schriften in die Hand zu geben, in welchen der Kampf und Sieg tatkräftiger Männer über ungewöhnliche Schwierigkeiten geschildert wurde, zum Beispiel die *Afrikanischen Denkwürdigkeiten* von Beaver und Collins Bericht über die erste Ansiedelung in Neusüdwales. Zwei Bücher, die zu lesen ich nie müde werden konnte, waren die den jugendlichen Geist so sehr ansprechenden Reisen von Anson und eine Sammlung von Reisen um die Welt (ich glaube von

Hawkesworth) in vier Bänden, die mit Drake begannen und mit Cook und Bougainville endeten. An Kinderbüchern, die über das Niveau der gewöhnlichen Bilderbücher hinausgingen, besaß ich nichts als einzelne Geschenke von Verwandten und Bekannten, darunter aber den *Robinson Crusoe*, der mir während meiner ganzen Knabenzeit Vergnügen bereitete. Mein Vater wollte Unterhaltungsliteratur nicht ganz aus seinem Erziehungsplan streichen, aber doch nur spärlich zulassen, und borgte dann einzelne Schriften für mich, soweit ich mich erinnere, *Tausend und eine Nacht*, Cazottes arabische Märchen, *Don Quixote*, Miss Edgeworths Erzählungen und ein Buch, das seiner Zeit viel gelesen wurde: Brookes *Narr von Stand*.

In meinem achten Jahr begann ich Latein zu lernen, zugleich mit einer jüngeren Schwester, die mir anvertraut wurde und die später ihre Lektionen dem Vater aufsagen musste. Von dieser Zeit an kamen der Reihe nach andere Schwestern und Brüder unter mein Schulregiment, so dass ein beträchtlicher Teil meiner Tagesarbeit in diesem Vorbereitungsunterricht bestand. Die Aufgabe war wenig nach meinem Geschmack, um so weniger, da ich für die Fortschritte meiner Schüler fast im selben Ausmaß wie für meine eigenen verantwortlich gemacht wurde; allerdings gewann ich aus dieser Beschäftigung den großen Vorteil, dass ich die Dinge, die ich lehren musste, besser und gründlicher lernte, abgesehen von der Gewöhnung, anderen eine schwierige Frage klar zu machen, welche mir vielleicht schon in diesem Alter zu statten kam. In anderer Beziehung sprechen die Erfahrungen meiner Knabenzeit nicht zugunsten des Plans, Kinder durch Kinder unterrichten zu lassen. Der Unterricht als solcher ist sicherlich sehr unwirksam, und ich bin überzeugt, dass die zu nahe Beziehung zwischen Lehrer und Schüler weder auf den einen, noch auf den anderen Teil fördernd einwirkt. Ich ackerte zwar in dieser Weise die lateinische Grammatik wie auch einen beträchtlichen Teil des Kornelius Nepos und der Kommentare des Julius Cäsar durch, doch ich brauchte aber danach viel längere Beaufsichtigung des von mir selbst Erlernten.

In selben Jahr, in welchem ich das Lateinische begann, machte ich auch meinen Anfang im Studium der griechischen Dichter, und zwar mit der *Ilias*. Nachdem ich darin einige Fortschritte gemacht hatte, gab mir mein Vater die Übersetzung von Pope in die Hand. Dies waren die ersten englischen Verse, die mich ansprachen, und sie haben mir für viele Jahre einen Hochgenuss bereitet; ja, ich denke, dass ich das Werk zwanzig- bis dreißigmal durchgelesen habe. Eine derartige Liebhaberei scheint freilich für dieses Alter so natürlich zu sein, dass ich diesen Umstand hätte übergehen können; jedoch meine ich bemerkt zu haben, dass der Genuss, den die brillante Behandlung und Versifikation zu bereiten geeignet ist, sich unter den Knaben nicht so allgemein findet, als ich a priori und aus eigener Erfahrung erwartet hätte. Bald nachher ging ich zum Euklid und etwas später zur Algebra über, beides unter Anleitung meines Vaters.

So viel ich mich erinnere, waren die lateinischen Bücher, die ich von meinem achten bis zu meinem zwölften Jahre las, die *Bucolica* des Vergil und die ersten sechs Bücher der *Aeneïs*, der ganze Horaz mit Ausschluss der Epoden, die Fabeln des Phädrus, die ersten fünf Bücher des Livius, welchen ich aus Liebe für den Gegenstand freiwillig in meinen Mußestunden den Rest des ersten Teils widmete, der ganze Sallust, ein beträchtlicher Teil von Ovids *Metamorphosen*, einige Komödien des Terenz, zwei oder drei Bücher von Lukrez, mehrere Reden des Cicero und seine Schriften über Beredsamkeit, auch seine Briefe an den Attikus, die mein Vater mir aus dem Französischen der historischen Erklärungen in Mingaults Noten zu übersetzen so freundlich war. Im Griechischen las ich die ganze *Ilias* und *Odyssee*, einige Stücke von Sophokles,

Euripides und Aristophanes, aus denen ich jedoch nicht viel Nutzen zog, den ganzen Thukydides, die *Hellenika* des Xenophon, einen großen Teil des Demosthenes, Aeschines und Lysias, den Theokrit, den Anakreon, einen Teil der Anthologie, ein wenig von Dionysius, mehrere Bücher des Polybius und zuletzt die *Rhetorik* des Aristoteles. Dies war die erste ausdrücklich wissenschaftliche Abhandlung über moralische und psychologische Gegenstände, die ich je las, und da sie viele von den besten Beobachtungen der Alten über menschliche Natur und Leben enthielt, so empfahl sie mir mein Vater zu besonders sorgfältigem Studium und veranlasste mich, das Material in übersichtliche Tabellen zusammenzustellen. In denselben Jahren machte ich mir die Elementargeometrie und die Algebra zu eigen; auch versuchte ich mich in der Differentialrechnung und in anderen Zweigen der höheren Mathematik, obschon nicht mit dem gleichen günstigen Erfolg, da mein Vater, der in diesen Disziplinen selbst nicht fortgearbeitet hatte, kaum Zeit übrig hatte, um sich für die Beseitigung der Schwierigkeiten, die mir im Weg standen, vorzubereiten, so dass ich mir also fast ausschließlich mit Büchern forthelfen musste. Meine Unfähigkeit, die schwierigen Probleme zu lösen, erregte dabei oft seinen Unwillen, denn er konnte sich nicht klar machen, dass mir dafür die erforderlichen Vorkenntnisse fehlten.

Was meine Privatlektüre betrifft, so hatte ich, soweit ich mich erinnere, stets eine entschiedene Vorliebe für Geschichte, namentlich die des Altertums. Eine Schrift, die ich mit besonderem Eifer las, war Mitfords *Griechenland*; doch warnte mich mein Vater vor den aristokratischen Vorurteilen [Tory prejudices] dieses Schriftstellers, der so gerne die Tatsachen verkehrte, wenn es galt, die Despoten weiß zu waschen und die volkstümlichen Institutionen anzuschwärzen. Diese Punkte besprach er mit Beispielen aus den griechischen Rednern und Historikern mit solchem Nachdruck, dass wenn ich

Mitfords Werk las, meine Sympathien nie auf der Seite des Autors waren und ich ziemlich scharf mit ihm hätte disputieren können; doch war dies dem Vergnügen, das mir sein Buch stets von neuem bereitete, nicht abträglich. Auch die römische Geschichte von Hooke, einem alten Liebling von mir, und jene von Ferguson las ich beide gerne. Ein Buch, das mir trotz der Trockenheit seines Stils viel Spaß machte, war die alte Universalgeschichte, obschon das viele Lesen darin mir den Kopf mit historischen Details über die unbedeutendsten Völker des Altertums überfüllte, während ich außer einzelnen abgerissenen Zügen, dem niederländischen Unabhängigkeitskrieg zum Beispiel, von der neueren Geschichte vergleichsweise wenig wusste und mich auch wenig darum bekümmerte. Unter die freiwilligen Übungen, mit denen ich mich während meiner ganzen Knabenzeit gerne beschäftigte, gehörten auch Versuche in der Geschichtsschreibung, wie ich es nannte. So brachte ich allmählich unter Zugrundelegung des Werkes von Hooke eine römische Geschichte zu Stand, ferner einen Auszug aus der alten Universalgeschichte, eine Geschichte von Holland aus meinem Liebling Watson und einer anonymen Kompilation, und in meinem elften und zwölften Jahr beschäftigte ich mich mit der Behandlung eines Themas, das, wie ich mir schmeichelte, schon etwas Bedeutendes war. Diese Arbeit bestand in nichts geringerem als in einer Geschichte der römischen Regierungsgrundsätze, die ich, unter Benützung von Hooke, aus dem Livius und Dionysius zusammentrug und bis zur Epoche der lizinischen Gesetze fortführte. Die Schrift würde wohl einen Oktavband gefüllt haben, denn sie enthielt einen ausführlichen Bericht über die Kämpfe der Patrizier und Plebejer, die jetzt meinen Geist ebenso in Anspruch nahmen wie früher die Kriege und Eroberungen der Römer. Ich behandelte alle Fragen der Verfassung von ihrer Entstehung an, verteidigte, ohne etwas von Niebuhrs Untersuchungen zu wissen, anhand der mir von meinem Vater gegebenen Erklärungen die agrarischen Gesetze nach dem Zeugnis des Livius und redete nach meinen besten Kräften der römischen demokratischen Partei das Wort. Einige Jahre später vernichtete ich in halber Verachtung meines kindischen Treibens all dies Geschreibsel, denn ich dachte nicht, dass es einst Interesse für mich haben könnte, zu sehen, wie meine Erstlingsversuche in Schriftstellerei und Räsonnement ausgefallen waren. Mein Vater ermutigte mich in dieser nützlichen Unterhaltung, obgleich er (und ich denke, mit Recht) nie zu sehen verlangte, was ich schrieb; ich war daher von keiner Verantwortlichkeit beengt und von keinem Gefühl, kritisch beobachtet zu werden, in meinem Enthusiasmus abgekühlt.

Diese historischen Übungen waren im Lehrplan meines Vaters nicht obligatorisch, wohl aber eine andere, der ich gar wenig Geschmack abgewinnen konnte, ich meine das Versemachen. Griechische und lateinische Verse schrieb ich nie, ja ich lernte nicht einmal die Prosodie dieser Sprachen, weil mein Vater dies für verlorene Zeit hielt; er begnügte sich damit, dass ich ihm vorlesen musste, wobei er die falschen Versmaße verbesserte, die ich mir zu Schulden kommen ließ. Griechische Schreibübungen verfasste ich nie, nicht einmal in Prosa, und auch lateinische nur wenig. Nicht dass mein Vater den Wert solcher Übungen für die gründliche Bewältigung einer Sprache nicht anerkannt hätte, aber es war in der Tat keine Zeit dazu vorhanden. Dagegen musste ich englische Verse verfassen. Nachdem ich zum ersten Mal Popes Homer gelesen hatte, kitzelte mich der Ehrgeiz, etwas Ähnliches zu machen, und ich brachte auch richtig ein Buch als Fortsetzung der *Ilias* zu Stande. Damit hätte wahrscheinlich die Sache ein Ende gehabt, aber was ich freiwillig begonnen hatte, musste ich nun auf Kommando fortsetzen. Mein Vater pflegte mir soweit als möglich die Gründe für das, was er von mir verlangte, anzugeben, nur in diesem Fall nannte er mir zwei, die für ihn sehr charakteristisch sind. Einige Dinge, sagte er, ließen sich besser und nachdrücklicher in Versen als in Prosa ausdrücken, und dies sei ein wirklicher Vorteil; sodann werde im Allgemeinen von den Leuten mehr Wert auf die Verse gelegt, als sie es verdienten, die Mühe lohne sich daher wohl, Verse verfassen zu lernen. Gewöhnlich überließ er mir die Wahl des Gegenstandes, und wenn ich mich recht erinnere, griff ich dabei meist zu Ansprachen an mythologische Personen oder zu allegorischen Abstraktionen; doch gab er mir auch auf, viele von den kleinen Gedichten des Horaz in englische Verse zu übertragen. Einmal musste ich aus Thomsons *Jahreszeiten* den Winter lesen und nachher etwas Ähnliches über dasselbe Thema ausfertigen. Die Verse, die ich schrieb, waren natürlich der reinste Schund, und ich habe es nie zu einiger Fertigkeit im Versbau gebracht; trotzdem mag mir die Übung in so weit zu statten gekommen sein, dass ich es in einer späteren Periode leichter fand, meinen Gedanken Ausdruck zu verleihen.[1] Bis zu dieser Zeit hatte ich noch sehr wenig englische Poesie gelesen. Shakespeare gab mir mein Vater hauptsächlich wegen der historischen Stücke, von denen ich jedoch auch zu den anderen überging. Mein Vater war nie ein großer Bewunderer Shakespeares und ließ sich oft scharf über den Götzendienst aus, der mit ihm getrieben wurde. Überhaupt kümmerte er sich nicht viel um englische Poesie und machte nur mit Milton, den er hoch verehrte, mit Goldsmith, Burns und Grays *Bard*, welchen er seiner *Elegy* vorzog, vielleicht noch mit Cowper und Beattie

---

[1] In einer späteren Periode meiner Knabenzeit, nachdem diese Übungen nicht mehr obligatorisch waren, schrieb ich, wie die meisten jugendlichen Autoren auch, Tragödien. Die Inspiration dazu ging nicht so sehr von Shakespeare als vielmehr von Johanna Baillie aus, in deren Constantine Paleologus ich eines der schönsten Meisterwerke des menschlichen Geistes sah. Noch jetzt halte ich dieses Drama für eines der besten aus den letzten zwei Jahrhunderten.

eine Ausnahme. Auch auf Spenser legte er einiges Gewicht, und ich erinnere mich, dass er gegen seine sonstige Gewohnheit, indem das Vorlesen in der Regel an mich kam, mir das erste Buch der *Feen-Königin* vorlas, doch gewann ich daran wenig Geschmack. Die Poesie des gegenwärtigen Jahrhunderts fand in seinen Augen keine Gnade, und ich war fast zum Manne herangereift, ohne von ihr mehr zu Gesicht zu bekommen als die metrischen Romanzen von Walter Scott, die ich auf seine Empfehlung las, und zwar mit demselben Hochgenuss, den mir stets eine lebhafte Erzählung bereitet hat. In der Bibliothek meines Vaters befanden sich auch die Gedichte Drydens, und er gab mir viele davon zu lesen, doch sprach mich nie etwas davon an, außer *Alexander's Feast*, das ich neben vielen von Walter Scotts Gesängen innerlich zu einer von mir selbst erfundenen Musik sang; ja ich ging so weit, von letzteren einige sogar in Arien zu fassen, deren ich mich noch erinnere. Cowpers kleine Gedichte las ich mit viel Vergnügen, in den größeren aber kam ich nie vorwärts, und in den beiden Bänden interessierte mich nichts so sehr als die prosaische Erzählung von den drei Hasen. In meinem dreizehnten Jahre kamen mir Campbells Gedichte zu Gesicht, unter denen *Lochiel*, *Hohenlinden*, *Exile of Erin* und einige andere Gefühle in mir weckten, wie nie zuvor Poesie. Auch hier sprachen mich die längeren Gedichte wenig an, mit Ausnahme des herrlichen Anfangs der *Gertrude of Wyoming*, den ich lange als ein unerreichtes Muster von Pathos betrachtete.

In dieser Periode meiner Kindheit fand ich mein größtes Vergnügen an den Experimentalwissenschaften, jedoch nicht im praktischen, sondern nur im theoretischen Sinne des Worts, das heißt, ich experimentierte nicht selbst oder sah experimentieren (leider fand sich dazu für mich nie eine Gelegenheit), sondern las eben darüber. Nie hatte mich ein Buch so hingerissen wie Joyces wissenschaftliche Dialoge,

und ich nahm es meinem Vater sehr übel, dass er so gering-
schätzig sprach vom schlechten Grübeln über die ersten
Grundsätze der Physik, das im ersten Teil dieses Werks allerdings vorherrscht. Ferner verschlang ich Abhandlungen
über Chemie, namentlich die des Doktor Thomson, eines
Freundes und Schulkameraden meines Vaters, schon Jahre
vorher, ehe ich eine Vorlesung hörte oder einem Experiment
beiwohnte.

Um das zwölfte Jahr trat ich in ein höheres Stadium meiner Bildungslaufbahn ein, in welchem nicht länger die Hilfsmittel des Denkens die Hauptaufgabe bildeten, sondern das
Denken selbst. Dies begann mit der Logik, zunächst mit
dem *Organon* bis und mit der *Analytik*, obschon ich aus den
späteren Abschnitten der letzteren nicht viel Nutzen zog,
da sie einem Zweig der Spekulation angehörte, für den ich
noch nicht reif war. Gleichzeitig mit dem *Organon* musste
ich die ganzen oder Teile aus mehreren der lateinischen Abhandlungen über die scholastische Logik lesen, auf unseren
Spaziergängen ausführlich Rechenschaft über das Gelesene
ablegen und seine zahlreichen Prüfungsfragen beantworten.
Dann ging es in ähnlicher Weise an die *Computatio sive Logica*
von Hobbes, ein Werk, das an Gedankenschärfe viel höher
steht als die gewöhnlichen Schullogiken und von ihm sehr
geschätzt wurde, meiner Ansicht nach über Gebühr, obschon
ich das Gute darin bereitwillig anerkenne. Es war seine unabänderliche Gewohnheit, bei jedem Studium, das er mir
auferlegte, mich nach Möglichkeit über dessen Nutzen aufzuklären, und dies schien ihm der syllogistischen Logik gegenüber um so mehr am Platz zu sein, da ihre Bedeutung
von so vielen hochstehenden Autoritäten angefochten worden ist. Ich erinnere mich noch, wie er auf einem Spaziergang in der Umgebung von Bagshot Heath (wir waren eben
bei seinem alten Freund Wallace, einem der Mathematikpro-
fessoren in Sandhurst, zu Besuch) zum ersten Mal versuchte,

durch seine Fragen meine Gedanken diesem Gegenstand zu-zuwenden und mir einen Begriff beizubringen vom wirkli-chen Nutzen der syllogistischen Logik. Seine Erklärungen sollten mir allerdings die Sache verständlicher machen; allein obschon dies damals nicht in ausreichender Weise gelang, blieben sie doch nicht ohne Nutzen, sondern bildeten einen Kern, um den sich meine Beobachtungen und Reflexionen kristallisieren konnten, indem die Tragweite seiner allge-meinen Bemerkungen mir später so vielseitig an speziellen Beispielen zur Anschauung gebracht wurde. Selbstbewusst-sein und Erfahrung lehrten mich schließlich, den Wert ei-ner frühzeitigen praktischen Vertrautheit mit der Schullogik ebenso hoch anzuschlagen wie er; denn ich kenne in mei-nem Erziehungsgang nichts, was in gleich hohem Grade zur Denkfähigkeit, die ich erreicht habe, beigetragen hätte. Die erste intellektuelle Operation, in welcher ich einige Fertig-keit gewann, bestand in der Zergliederung eines falschen Schlusses, um herauszufinden, wo der Fehler steckte, und dies verdankte ich eben der Tatsache, dass ich von meinem Vater in der beharrlichsten Weise dazu angehalten worden war, da er in der Schullogik und in der geistigen Tätigkeit, die durch ihr Studium in Bewegung gesetzt wird, einen der Haupthebel seines Erziehungsplanes sah. Ich bin überzeugt, dass in der modernen Erziehung bei richtigem Gebrauch nichts so geeignet ist, exakte Denker zu bilden, welche den Worten und Sätzen eine präzise Bedeutung beilegen, ohne sich durch unbestimmte, verschwommene oder zweideutige Ausdrücke beirren zu lassen. Der gerühmte Einfluss der ma-thematischen Studien ist nichts dagegen, denn in den ma-thematischen Verfahren kommen keine der echten Schwie-rigkeiten einer korrekten Schlussfolgerung vor. Auch eignet sich die Schullogik vortrefflich als Vorstufe eines jeden phi-losophischen Studiums, da sie nicht den langsamen Prozess, durch Erfahrung und Reflexion wertvolle eigene Gedanken zu erringen, zur Voraussetzung hat. Sie befähigt den Schüler, das verstrickte Garn eines wirren, widerspruchsvollen Gedankens zu entwirren, ehe noch sein eigenes Denkvermögen weit vorangeschritten ist – eine Kunst, die vielen sonst tüchtigen Menschen, welche diese Kultur nicht gepflegt haben, vielleicht ganz und gar abgeht; kommt er aber in die Lage, Opponenten antworten zu müssen, so braucht er, ohne sich viel um eine Widerlegung des gegnerischen Räsonnements zu bemühen, seine eigene Schlussfolgerung bloß aus Argumenten, deren er sicher ist, abzuleiten, um im äußersten Falle die Frage, sofern sie von einer Kontroverse [argument] abhängt, in der Schwebe zu lassen.

Die lateinischen und griechischen Bücher, welche ich während dieser Zeit mit meinem Vater las, waren hauptsächlich solche, die sich nicht bloß um der Sprache, sondern auch um der Gedanken willen zum Studium empfahlen. Darunter befanden sich viele von den Rednern; hauptsächlich war es Demosthenes, dessen bedeutendere Reden ich mehrmals mit der analysierenden Feder in der Hand durcharbeitete. Die Erklärungen, die mein Vater dazu gab, waren für mich sehr belehrend. Er lenkte meine Aufmerksamkeit nicht bloß auf die athenischen Institutionen und die Grundsätze der Gesetzgebung und Regierung, die sie illustrierten, sondern hob auch das Geschick und die Kunst des Redners hervor – wie er stets das Wichtigste, was er sagen wollte, seinem Publikum genau in jenem Augenblick vorführte, in welchem es für die Aufnahme am empfänglichsten war, und wie er ihm allmählich und auf suggestive Weise dieselben Gedanken einflößte, die – auf direkte Weise ausgedrückt – auf Ablehnung gestoßen wären. Die meisten dieser Reflexionen wusste ich damals freilich nicht voll zu würdigen; doch ließen sie in mir Keime zurück, die mit der Zeit aufgingen. Damals las ich auch den ganzen Tacitus, Juvenal und Quintilian. Der letztere wird wegen seines dunklen Stils und der scholastischen Details in vielen Teilen seiner Abhandlung nur wenig gelesen und selten nach Gebühr geschätzt; doch ist sein Buch eine Art Enzyklopädie dessen, was die Alten im ganzen Gebiet der Erziehung und Geistesbildung dachten, und ich habe mein ganzes Leben über viele wertvolle Ideen bewahrt, die ich selbst jetzt noch auf die Lektüre des Buches zurückbeziehen kann. In jener Periode las ich zum ersten Mal einige der wichtigsten Dialoge Platons, namentlich den *Gorgias*, den *Protagoras* und die *Republik*. Keinem Autor war mein Vater, wie er erklärte, für seine geistige Ausbildung so verpflichtet, wie diesem, den er jungen Studenten nicht nachdrücklich genug empfehlen konnte. Dasselbe Bekenntnis muss auch ich ablegen. Die sokratische Methode, die in Platons Dialogen eine musterhafte Illustration gefunden hatte, hat nicht ihres Gleichen als Disziplin zu Verbesserung von Irrtümern und zu Sichtung der Wirrnis, in welche der *Intellectus sibi permissus* [der sich selber überlassene Geist, vgl. Bacon: *Novum Organum* I, II, XX, XXI], so leicht verfällt, wenn er sein ganzes Bündel von Assoziationen unter der Leitung einer populären Phraseologie zusammengetragen hat. Der bündige schneidige Elenchus, durch welchen der Mann der unklaren Allgemeinheiten gezwungen wird, entweder seiner Ansicht einen bestimmten Ausdruck zu geben oder zu bekennen, dass er nicht weiß, wovon er spricht; das stetige Prüfen aller allgemeineren Sätze durch besondere Beispiele; der förmliche Belagerungszustand, in welchen die Bedeutung abstrakter Ausdrücke dadurch versetzt wird, dass man noch abstraktere Klassennamen daneben stellt, unter welchen sie und viele andere stehen, und dann Unterscheidungen macht bis zum gesuchten Gegenstand hinunter, wobei man seine Grenzen durch eine Reihe von scharf gezogenen Distinktionen zwischen ihm und den allmählich davon unterschiedenen verwandten Objekten feststellt – alles dies ist bei der Erziehung für ein präzises Denken unschätzbar und ging bei mir trotz meiner Jugend so in Fleisch und Blut über, dass es ein Teil meines Ichs wurde. Seitdem habe ich stets das Bewusstsein in mir getragen, dass die Bezeichnung »Platoniker« mit weit mehr Berechtigung jenen gebührt, welche die platonische Untersuchungsmethode sich zu eigen gemacht haben und pflegen, als jenen, die sich nur dadurch auszeichneten, dass sie sich gewisse dogmatische Folgerungen aneigneten, die meist den am wenigsten verständlichen Schriften Platons entnommen sind und von denen man in Anbetracht des Geistes seiner Schriften nicht weiß, ob nicht vielleicht er selbst sie bloß als poetische Ergüsse oder philosophische Konjekturen auffasste.

Da ich jetzt Platon und Demosthenes, soweit die Sprache in Frage kam, mit vollkommener Leichtigkeit lesen konnte, so fiel natürlich das Konstruieren Satz für Satz weg; aber ich musste meinem Vater laut vorlesen und Rede stehen, wenn er mich fragte – eine Aufgabe, die mir oft reicht leid wurde, da er ein großes Gewicht auf einen guten Vortrag legte und an meinem stets etwas auszusetzen wusste. Er hatte viel über die Grundsätze der Vorlesekunst nachgedacht, namentlich über den am meisten vernachlässigten Teil derselben, die Modulation der Stimme (im Gegensatz zur Artikulation einerseits und dem Ausdruck andererseits) und aufgrund der logischen Analyse eines Satzes in Regeln gebracht. Diese Regeln schärfte er mir streng ein und ahndete jede Verletzung derselben unerbittlich; doch entging mir schon damals, obgleich ich es mir nicht anmerken ließ, nicht, dass er, wenn er mein schlechtes Lesen tadelte und mir sagte, wie ich es hätte machen sollen, mir nie durch eigenes Vorlesen ein illustrierendes Beispiel gab. So bewundernswert auch sonst seine Erziehungsmethode war, litt sie doch, wie überhaupt alle seine Denkoperationen, am Mangel, dass er allzusehr auf die Verständlichkeit des Abstrakten auch ohne die Verkörperung durch das Konkrete baute. Erst viel später, als ich mich selbst oder im Verein mit Altersgenossen in der Beredsamkeit übte, lernte ich den Zweck seiner Regeln verstehen und ihre psychologischen Gründe würdigen; wir verfolgten dann das Thema in seinen Verzweigungen, und ich hätte damals auf Grundlage der Prinzipien meines Vaters eine sehr nützliche Abhandlung schreiben können. Leider habe ich dies in der Zeit, als ich noch warm war vom Gegenstand, verabsäumt und bedaure dies um so mehr, als mein Vater selbst nichts darüber niedergeschrieben hat.

Ein Buch, das im besten Sinne des Worts sehr viel zu meiner Erziehung beitrug, war die *Geschichte Indiens*, die anfangs 1818 im Druck erschien. Das Jahr vorher pflegte ich mit ihm die Korrektur zu lesen, das heißt, ich las das Manuskript vor, während er die Fahnen korrigierte. Die neuen Ideen, welche ich aus diesem bemerkenswerten Buche schöpfte, und der Ansporn sowie die Führung, die meine Gedanken durch die kritischen Untersuchungen über die Gesellschaft und Zivilisation der Hindus einerseits und die Institutionen und Handlungen der englischen Regierung andererseits gewannen, kamen meinen späteren Fortschritten sehr zu statten. Die Schrift mag ihre Mängel haben; aber dennoch halte ich sie wo nicht für die lehrreichste, so doch für eine der lehrreichsten Geschichten, die je gedruckt wurden, da nicht leicht ein Buch sich in so hohem Grade dazu eignet, zur Bildung eigener Ansichten beizutragen.

Die Vorrede, in welcher sich neben dem Gedankenreichtum der Charakter meines Vaters deutlicher ausspricht als in irgendeiner anderen seiner Schriften, gibt ein treues Bild von den Gesinnungen und Erwartungen, unter deren Einfluss er die *Geschichte* schrieb. Die damals als extremer politischer Radikalismus verschriene Richtung der darin vertretenen Ansichten und Urteile und die ungewohnte Strenge, mit welcher er die englische Verfassung, Gesetzgebung und alle Parteien und Klassen behandelte, welche einen nennenswerten Einfluss im Lande besaßen, ließen ihn von der Veröffentlichung vielleicht Ansehen, aber sicherlich keine Vorteile im Leben erwarten, da er wohl einsah, dass er sich damit in den Reihen der Machthaber nur Feinde schuf. Am wenigsten hätte er wohl auf eine Begünstigung von Seiten der ostindischen Kompanie gezählt, deren Handelsprivilegien er als unbedingter Gegner gegenüberstand, obschon er an verschiedenen Stellen Zeugnis zugunsten der Gesellschaft ablegte und namentlich hervorhob, dass im Ganzen keine Regierung ihre gute Absicht gegenüber den Untertanen in so hohem Grad umgesetzt habe oder überhaupt umsetzen würde, wenn sie nicht im selben Maße im Licht der Öffentlichkeit stünde.

Als jedoch im Frühling 1819, etwa ein Jahr nach Veröffentlichung der *Geschichte*, die Direktoren der indischen Kompanie jenem Teil der Verwaltung, welcher die Korrespondenz mit Indien besorgte, eine frische Kraft einzuverleiben wünschten, trat mein Vater als Kandidat an und erhielt, zur Ehre der Direktoren sei es gesagt, die Stelle eines Assessors, in welcher Eigenschaft es ihm zufiel, in den Hauptzweigen der Verwaltung Depeschen für Indien auszufertigen und der Prüfung der Direktion zu unterbreiten. Diese und seine spätere Stellung als Chef der Prüfungskommission befähigten ihn, mit dem Einfluss, welchen er durch seine Talente, seinen Ruf und seine Charakterfestigkeit bei aufrichtig um die Wohlfahrt Indiens bekümmerten Vorgesetzten gewonnen hatte, in seinen Depeschen seinen wahren Ansichten zum Thema Indien Ausdruck zu verleihen und dieselben durchzusetzen, ohne dass sie durch das höchste Gerichtsurteil des Direktorenkollegiums und der Kontrollkommission wesentlich abgeschwächt worden wären. In seiner *Geschichte Indiens* hatte er zum ersten Mal viele der richtigen Grundsätze einer indischen Administration aufgestellt, und da er bei Ausfertigung seiner Depeschen diesen Grundsätzen folgte, so leistete er für den Aufschwung Indiens und für die Verbesserung des Verwaltungsreglements mehr als je zuvor geschehen war; wenn man eine Auswahl daraus veröffentlichen wollte, so bin ich überzeugt, man würde in ihm ebensogut den tüchtigen praktischen Politiker wie den gründlichen spekulativen Philosophen erkennen.

Die neue Anstellung tat der Aufmerksamkeit, die er meiner Erziehung widmete, keinen Abbruch; denn im selben Jahr (1819) machte er einen vollständigen Kurs der politischen Ökonomie mit mir durch. Sein hochgeschätzter Freund Ricardo hatte kurz vorher das Buch über politische Ökonomie, das so großes Aufsehen machte, drucken lassen. Das Werk wäre wohl nie geschrieben oder veröffentlicht worden ohne das beständige Drängen meines Vaters; denn Ricardo war ein äußerst bescheidener Mann, der, trotz seiner festen Überzeugung von der Wahrheit seiner Lehren, sich selbst so wenig für befähigt hielt, ihnen in der Darlegung und im Ausdruck gerecht zu werden, dass er schon vor dem Gedanken an eine Publikation zurückschrak. Dieselbe freundliche Ermutigung bewog ein oder zwei Jahre später Ricardo, ins Unterhaus zu treten, in welchem er während der leider ihm nur kurz zugemessenen Lebensfrist seinen Ansichten und jenen meines Vaters zur politischen Ökonomie und anderen Gegenstände in hohem Maße Anerkennung verschaffte.

Obgleich Ricardos großes Werk sich bereits in den Händen des Publikums befand, fehlte es doch noch an einer didaktischen Abhandlung, welche die darin enthaltenen Lehren auch für den Anfänger fasslich machte; mein Vater begann daher, mich in der betreffenden Wissenschaft durch eine Art von Vorträgen zu unterweisen, die er mir bei Gelegenheit unserer Spaziergänge hielt. Er erklärte mir jeden Tag einen Teil des Gegenstandes, über den ich am anderen einen schriftlichen Bericht abgeben und dann diesen wieder und wieder umschreiben musste, bis er klar, präzis und leidlich vollständig war. In dieser Weise machte ich das ganze System durch, und der Umriss, der aus meinem täglichen *Compte rendu* hervorging, diente ihm später als Notizen zu seinen *Elementen der politischen Ökonomie*. Nachdem dieser Lehrgang absolviert war, las ich die Schrift Ricardos, legte täglich Rechenschaft ab über das Gelesene und knüpfte daran, so gut es eben gehen mochte, meine Betrachtungen über die zusätzlichen Themen, die im Verlauf auftauchten.

Zum schwierigsten Abschnitt, jenem über Geld, musste ich in derselben Weise die bewundernswerten Abhandlungen lesen, welche Ricardo während der sogenannten Bullion-Kontroverse geschrieben hatte. Dann kam Adam Smith an die Reihe, wobei mein Vater hauptsächlich darauf aus war, dass ich die oberflächlichere Anschauungsweise dieses Autors anhand der gediegeneren Lehren Ricardos prüfe und so das Irrtümliche in Smiths Sätzen oder Folgerungen aufdecke. Eine solche Unterrichtsmethode war in ganz besonderem Maße dazu geeignet, einen Denker zu bilden; aber sie musste auch von einem so scharfen Denker, wie es mein Vater war, angewendet werden. Es war für ihn so gut wie für mich ein Dornenpfad, trotz des lebhaften Interesses, das ich für den Gegenstand fühlte. Wie oft zeigte er sich, und zwar ohne Grund, ungehalten über mein Ungeschick in Fällen, in welchen mein Unvermögen am Tage lag; aber in der Hauptsache war seine Methode richtig und führte zum Ziel. Ich glaube nicht, dass ein wissenschaftlicher Unterricht je gründlicher war oder sich besser dazu eignete, die Fähigkeiten zur Entwicklung zu bringen, als die Art, wie mein Vater mich Logik und politische Ökonomie lehrte. Vielleicht übertrieb er es darin, dass er die Tätigkeit meiner Vermögen anspornen wollte, indem er das Auffinden stets mir selbst überließ und seine Erklärungen nie vorher, sondern erst nachher dazu gab; allein ich begriff die Schwierigkeiten wohl, mit denen er zu kämpfen hatte, und verdanke seiner Methode nicht bloß eine genaue Kenntnis des einschlägigen Materials, soweit es damals benutzt wurde, sondern auch den weiteren Vorteil, dass ich darüber selbständig denken lernte. Für letzteres hatte ich nun fast von Anfang an einen Hang, und gelegentlich führten mich auch meine Gedanken auf andere Bahnen als die seinigen, obschon lange Zeit nur in untergeordneten Punkten, da mir seine Anschauungen doch die volle Höhe ihres Standpunktes einzunehmen schienen; in einer späteren Periode jedoch überzeugte ich ihn hin und wieder und gewann ihn für eine etwas andere Ansicht, was ich hier zu seiner, nicht zu meiner Ehre bemerkt haben will, da es nicht bloß seine vollkommene Redlichkeit, sondern auch den wirklichen Wert seiner Lehrmethode beweist.

Mit dieser Periode schließen die eigentlichen Lektionen, wie ich sie nennen möchte, ab. In meinem vierzehnten Lebensjahr verließ ich England für mehr als ein Jahr, und nach meiner Rückkehr war der Vater, obschon ich meine Studien unter seiner allgemeinen Leitung fortsetzte, nicht mehr mein Schulmeister. Ich will daher hier inne halten und auf Gegenstände von allgemeinerer Beschaffenheit zurückgreifen, welche mit dem bisher behandelten Abschnitt meines Lebens und Bildungsganges in Verbindung stehen.

Im bisher Gesagten dürfte zunächst auffallen, dass man einem Kind eine Summe von Kenntnissen beizubringen gesucht hatte, die gewöhnlich unter die höheren Zweige der Erziehung gezählt und, wenn überhaupt, erst im reifen Alter erlernt werden. Das Resultat des Versuches zeigt, mit welcher Leichtigkeit sich dies durchführen lässt und wie kläglich man die vielen kostbaren Jahre verschwendet, während welcher man der Schuljugend ihr bisschen Lateinisch und Griechisch einpaukt – eine Verschwendung, welche manchen Schulreformer zum übereilten Vorschlag verleitet hat, man solle die Erlernung dieser Sprachen ganz aus dem Erziehungsplan streiche. Wäre ich von Natur aus mit einem besonders raschen Fassungsvermögen, einem sehr guten Gedächtnis oder einer ausgezeichneten Energie des Charakters begabt gewesen, so hätte das Gelingen des Experiments keine Beweiskraft; allein in allen diesen natürlichen Vorteilen stand ich eher unter als über dem Durchschnitt, und was ich zu leisten vermochte, hätte sicherlich ebensogut von jedem Knaben oder Mädchen, das mit einer gesunden physischen Konstitution nur ein durchschnittliches Fassungsvermögen besitzt, geleistet werden können. Wenn ich es vorwärts gebracht habe, so verdanke ich es neben anderen glücklichen Umständen der Tatsache, dass ich durch die frühe Bildung, die mein Vater an die Hand genommen hatte, einen Ausgangspunkt gewann, der mich meinen Zeitgenossen gegenüber um ein Vierteljahrhundert vorausbrachte.

In meiner Erziehung ist, wie bereits angedeutet, ein Hauptpunkt hervorzuheben, dem ich vornehmlich alles Gute, das daraus hervorgegangen ist, zuschreibe. Bei den meisten Knaben oder Jünglingen, die man tüchtig einschult, werden die geistigen Vermögen nicht gestärkt, sondern überbürdet. Man stopft sie voll mit kahlen Tatsachen und mit den Ansichten oder Phrasen anderer Leute, welche einen Ersatz bieten sollen für das Vermögen, eigene Ansichten zu bilden. So werden denn die Söhne ausgezeichneter Väter, an deren Erziehung nichts gespart worden ist, so oft zu bloßen Papageien dessen, was sie gelernt haben, und vermögen nicht, ihren Geist anders zu brauchen als in den ihnen vorgezeichneten Geleisen. Bei mir handelte es sich nicht um ein solches Vollstopfen, sofern mein Vater nie duldete, dass irgendein Lehrstück zu einer bloßen Gedächtnisübung verkümmerte. Er war darauf bedacht, dass das Verständnis nicht bloß Schritt für Schritt dem Gegenstand folgte, sondern wo möglich demselben vorausging. Was durch Denken gefunden werden konnte, wurde mir nie gesagt, wenn ich nicht zuvor meine Kräfte daran erschöpft hatte. Soweit ich mich entsinne, benahm ich mich sehr schwach in diesem Punkt, da das Fehlschlagen nur allzu häufig, das Gelingen selten war. Allerdings betraf es meist Dinge, bei denen in jenem Stadium meines Fortschreitens ein Erfolg fast unmöglich war. So erinnere ich mich beispielsweise, dass ich in meinem dreizehnten Jahre mich des Ausdrucks ›Idee‹ bediente, worauf er mich fragte, was eine Idee sei, und ziemlich unwillig wurde, als ich mich vergeblich abmühte, eine Definition des Wortes zu finden. Ein andermal entrüstete er sich über mich, als ich die so oft benützte Phrase äußerte, es könne etwas in der Theorie richtig sein, aber doch die Probe der Erfahrung nicht bestehen. Ich sollte ihm das Wort ›Theorie‹ definieren; da es mir nicht gelang, so setzte er mir die Bedeutung desselben auseinander und zeigte mir, wie grundfalsch die vulgäre Redensart sei, deren ich mich bedient habe. Daraus gewann ich dann allerdings die Überzeugung, dass man eine beispiellose Unwissenheit verrät, wenn man von einem Widerspruch zwischen Theorie und Praxis spricht und nicht einmal sagen kann, was unter Theorie zu verstehen sei. In diesem Fall hatte er vielleicht nicht ganz recht, ich denke nur darin, dass er über mein Ungeschick unwillig wurde. Ein Schüler, von dem man nie Dinge fordert, die er nicht tun kann, wird auch nie all das leisten, was er wirklich zu leisten vermag.

Gegen einen Übelstand, der so oft frühe Fortschritte begleitet und nicht selten ihre schönsten Blüten knickt, war mein Vater ängstlich auf der Hut – ich meine den Dünkel [self conceit]. Er sorgte dafür, dass ich mich nie loben hörte oder eitle Vergleiche zwischen mir und andern anstellen konnte. In seinem Verkehr mit mir sah ich mich stets auf eine sehr bescheidene Würdigung meiner Person hingewiesen, und der Höhenpunkt des Vergleichs, zu dem er mich aufschauen ließ, bestand nicht darin, was andere Leute leisteten, sondern darin, was der Mensch tun könne und solle. Es gelang ihm vollständig, mich vor den Einflüssen zu bewahren, die er so sehr fürchtete. Ich wusste gar nicht, dass ich mehr gelernt hatte, als in meinem Alter gewöhnlich ist. Wenn ich zufällig die Wahrnehmung machte, dass ein Knabe weniger wusste als ich (es kam weniger oft vor, als man denken sollte), so folgerte ich daraus nicht, dass ich viel, sondern nur, dass der andere aus irgendeinem Grunde wenig wisse, oder vielleicht in anderen Zweigen als den meinigen Kenntnisse besitze. Ich kann meine Einstellung zwar nicht Demut nennen, aber sie war jedenfalls nicht Hochmut. Es fiel mir nie ein, zu mir zu sagen, ich sei dies und dies, oder ich könne das und das leisten, und meine Person schätzte ich, wenn ich je dazu kam, weder hoch noch niedrig ein. Wenn ich mir Gedanken über mich machte, so liefen sie regelmäßig darauf hinaus, dass ich in meinen Studien etwas zurück sei, was denn auch im Vergleich mit dem, was mein Vater von mir erwartete, seine Richtigkeit hatte. Ich kann mit gutem Gewissen diese Versicherung abgeben, obschon manche Personen, die mich in meiner Jugend kannten, das Gegenteil bemerkt haben wollten. Wenn ich in diesem Lichte beurteilt wurde, so liegt der Grund wahrscheinlich im Umstand, dass ich streitlustig [disputatious] war und keinen Anstand nahm, gegen Dinge, die ich hörte, direkten Widerspruch einzulegen. Die üble Gewohnheit entsprang wohl daraus, dass ich in ungewöhnlichem Grad ermutigt worden war, mit erwachsenen Personen über Dinge, welche über mein Alter gingen, zu sprechen, ohne dass man mir je die Achtung, die ich ihnen schuldete, eingeschärft hatte. Mein Vater tat dieser Ungezogenheit keinen Einhalt, wahrscheinlich weil er nichts davon wusste, denn ich fürchtete ihn zu sehr, um mich nicht in seiner Gegenwart stets sehr schüchtern und ruhig zu benehmen. Gleichwohl war nichts von einem Überlegenheitsgefühl in mir, und dies war gut für mich. Ich erinnere mich noch des Platzes im Hyde Park, wo mein Vater am Vorabend des Tages, an welchem ich in meinem vierzehnten Jahr die

Heimat auf längere Zeit verließ, zu mir sagte, ich werde in dem mir bevorstehenden Verkehr mit neuen Leuten finden, dass ich viele Dinge gelernt habe, von denen die Jungen meines Alters gewöhnlich nichts wüssten; es dürften deshalb viele Personen geneigt sein, mit mir darüber zu sprechen und mir Komplimente zu machen. Was er sonst noch über diesen Gegenstand äußerte, haftet nur noch unvollkommen in meinem Gedächtnis, wohl aber der Schluss, welcher darauf hinauslief: wenn ich mehr als andere wisse, so dürfe ich es nicht dem eigenen Verdienst, sondern nur dem sehr ungewöhnlichen Vorteil zuschreiben, dass ich einen Vater habe, der mich zu unterrichten imstande und auch geneigt sei, diesem Werk die erforderliche Mühe und Zeit zu widmen; wenn ich daher besser unterrichtet sei als diejenigen, welchen es nicht so gut ergangen war, so gereiche mir dies keineswegs zum Lobe, wohl aber würde das Gegenteil mir eine unauslöschliche Schande bereiten. Ich erinnere mich noch deutlich, dass ich der zum ersten Male gegen mich gemachten Anspielung, ich wisse mehr als andere Jungen, die für gut erzogen galten, wie allem, was mir mein Vater sagte, unbedingten Glauben schenkte, aber auch, dass ich die Sache nicht persönlich auf mich bezog. Ich fühlte keine Veranlagung, mich dessen zu rühmen, dass es andere Personen gab, die nicht wussten, was ich wusste, noch hatte ich mich jemals dessen geschmeichelt, dass meine Kenntnisse, welche auch immer, meine Verdienste seien; aber nun, als meine Aufmerksamkeit auf das Thema gelenkt wurde, fühlte ich, dass mein Vater in dem, was er über die mir zu gut gekommenen Vorteile gesagt hatte, exakt der Wahrheit und dem gesunden Menschenverstand entsprach und meine Meinung und mein Gefühl fortan festigte.

Es leuchtet ein, dass nebst manchem anderen im Erziehungsplan meines Vaters dieser Zweck nicht erreicht werden konnte, wenn er mich nicht sorgfältig von jedem näheren Verkehr mit anderen Knaben abgeschnitten hätte. Er nahm dabei nicht nur Bedacht, den verderblichen Einfluss, den Knaben auf Knaben üben, abzuwehren, sondern auch der Ansteckung durch eine vulgäre Denkweise vorzubeugen. Allerdings musste ich dafür in all den Fertigkeiten, die anderwärts von der Schuljugend ausgebildet werden, zurückbleiben. Das Mangelhafte in meiner Erziehung betraf hauptsächlich Dinge, die sich von selbst geben, wenn die Jungen in großer Anzahl mit einander verkehren, ohne einem peinlichen Zwang unterworfen zu werden. Der Mäßigkeit und dem vielen Spazierengehen verdankte ich wohl einen gesunden, aber nicht einen muskelkräftigen Körper, aber von Turnerkünsten, ja selbst von den gewöhnlichen Leibesübungen wusste ich nichts. Nicht dass mir nicht Zeit zum Spiel gegönnt worden wäre; diese blieb mir immerhin jeden Tag, obschon mir keine Ferien zugestanden wurden, damit ich mich nicht der Arbeit entwöhne und einen Geschmack am Müßiggang gewinne. Allein ich hatte keine Kameraden, und da sich das leibliche Bedürfnis nach physischer Tätigkeit mit den Spaziergängen zufrieden gab, meine anderweitigen Liebhabereien aber im Allgemeinen mehr stiller, der Bücherwelt zugekehrter Natur waren und meinen Geist eben auch wieder in der durch meine vorläufigen Studien bedingten Weise anregten, so blieb ich lange, ja ich möchte sagen, einigermaßen bis auf den heutigen Tag sehr ungeschickt in allem, wozu eine gewisse Handfertigkeit gehört. Kopf und Hände arbeiten sehr lahm, wenn es sich um die praktischen Einzelheiten handelte, die für die Mehrheit der Menschen das Hauptinteresse des Lebens bilden und in denen auch ihre geistigen Fähigkeiten sich vorzugsweise konzentrieren, und ich wurde ohne Unterlass getadelt wegen meiner Achtlosigkeit, Unaufmerksamkeit und Trägheit in Dingen des täglichen Lebens. Mein Vater war hierin gerade das Gegenteil von mir und legte in all seinem Tun die Energie und Entschiedenheit seines Wesens an den Tag; daher kam es denn auch, dass er, abgesehen von seinen Talenten, einen so mächtigen Eindruck auf diejenigen machte, die in persönlichen Verkehr mit ihm kamen. Freilich werden die Kinder energischer Elter häufig energielos, weil sie sich auf ihre Eltern stützen und diese für sie einstehen. Die Erziehung, die mein Vater mir gab, zielte mehr auf das Wissen als auf das Können ab. Meine schwachen Seiten entgingen ihm allerdings nicht, und er ließ es sowohl dem Knaben als auch dem Jüngling gegenüber nicht an scharfen Ermahnungen fehlen; aber während er mich vor den demoralisierenden Einflüssen des Schullebens bewahrte, versäumte er es, mir einen ausreichenden Ersatz für die praktische Umsetzung zu geben. Die Eigenschaften, welche er in dieser Richtung selbst besaß, hatte er wahrscheinlich ohne Schwierigkeit und spezielle Weisung erworben; so mag er denn gemeint haben, es werde bei mir eben so leicht gehen. Diesem Punkte scheint er nicht dasselbe Maß an Nachdenken und Aufmerksamkeit gewidmet zu haben wie den meisten anderen Zweigen der Erziehung, und so kam es denn, dass er hierin wie in einigen andern Hinsichten Wirkungen ohne die Ursachen erwartete.

In meiner, wie überhaupt in jeder Erziehung, sind die moralischen Einflüsse, welche den Vorrang haben vor allen andern, auch die wichtigsten und nicht leicht auch nur annäherungsweise vollständig darzulegen. Ich verzichte auf die hoffnungslose Aufgabe, alle die Umstände auseinander zu setzen, durch welche in dieser Beziehung schon früh mein Charakter Form gewonnen haben mag, und beschränke mich auf einige leitende Züge, die einen unerlässlichen Teil in jedem wahren Bericht über meine Erziehung bilden.

Ich wuchs auf ohne irgendeinen religiösen Glauben im gewöhnlichen Sinne des Worts. Mein Vater, nach den Dogmen des schottischen Presbyterianismus erzogen, war durch seine Studien und Reflexionen früh dahin gelangt, nicht nur den Glauben an eine Offenbarung, sondern auch die Grundlagen der sogenannten natürlichen Religion abzulehnen. Ich habe ihn sagen hören, dass der Wendepunkt dieser seiner Geistesrichtung aus der Lektüre von Bischof Joseph Butlers *Analogy of Religion* (1736) stamme. Dieses Werk, von dem er stets mit großer Achtung sprach, erhielt ihn, wie er erklärte, lange beim Glauben an einen göttlichen Ursprung des Christentums, weil er darin den Beweis gefunden hatte, dass dieselben und noch größere Schwierigkeiten, welche der Annahme im Weg stehen, das Alte und Neue Testament gehe von einem unendlich weisen und guten Wesen aus, dessen Taten darin geschildert würden, sich auch gegen den Glauben erhöben, ein solches Wesen könne das Weltall geschaffen haben. Butlers Beweisführung schien ihm den einzigen Opponenten gegenüber, auf die sie zielte, zwingend zu sein. Wer einen sowohl allmächtigen als auch allgerechten und allgütigen Schöpfer und Lenker einer Welt wie die unsrige zugibt, kann wenig gegen das Christentum aufbringen, was sich nicht wenigstens mit gleicher Kraft ihm entgegenhalten ließe. Da ihm sonach der Deismus keinen Halt bot, so blieb er in einem Zustand von Verwirrung, bis er ohne Zweifel nach vielen Kämpfen der Überzeugung Raum gab, dass man über den Ursprung der Dinge nichts wissen könne. Dies ist die einzige richtige Darlegung seiner Anschauungsweise, denn den dogmatischen Atheismus hielt er ebenso für absurd wie die meisten von denen, welche die Welt für Atheisten hielt. Diese Einzelheiten sind von Belang, weil sie zeigen, dass mein Vater zur Verwerfung alles dessen, was man religiösen Glauben nennt, nicht primär durch den logischen Denkakt verleitet wurde; seine Gründe dafür waren weit mehr moralischer als intellektueller Natur. Er fand es unmöglich, zu glauben, dass eine Welt so voll Übel das Werk eines Urhebers sei, der mit der Allmacht eine unendliche Güte und Gerechtigkeit verbinde, und sein Verstand wies die Spitzfindigkeiten zurück, durch welche die Menschen sich gegen diesen offenen Widerspruch zu verblenden suchen. Die sabäische oder manichäische Theorie von einem guten und einem bösen Prinzip, die miteinander um die Oberhand ringen, würde er nicht in gleicher Weise verurteilt haben, und ich hörte ihn einmal seine Verwunderung aussprechen, dass noch niemand in unseren Tagen sie wieder eingeführt habe. Er hätte sie allerdings bloß als eine Hypothese aufgenommen, aber als solcher ihr wenigstens keinen verderblichen Einfluss beigemessen. Seine Abneigung gegen die Religion in jenem Sinn, in welchem man den Ausdruck gewöhnlich nimmt, war etwa von der Art wie die des Lukrez; er betrachtete sie mit den Gefühlen, welche man nicht gegen ein bloßes geistiges Trugbild, sondern gegen ein moralisches Übel hegt. In seinen Augen war sie der größte Feind der Moral: erstens weil sie sich auf erkünstelte Tugenden stütze, auf den Glauben an Dogmen, auf andächtige Gefühle und Zeremonien, die in keiner Beziehung zum Wohl der Menschheit stehen, und diese als einen Ersatz für wahre Tugenden werte; zweitens aber vor allem, weil sie das Richtmaß der Moral zu einem falschen mache, indem sie das Ziel derselben in die Erfüllung des Willens eines Wesens setze, das sie zwar mit allen Phrasen der Schmeichelei überhäufte, in nüchternem Ernst aber als in hohem Grade hassenswert schildere. Ich habe ihn hundertmal sagen hören, alle Zeitalter und Nationen hätten in fortlaufender Steigerung ihre Götter als boshaft dargestellt, und so sei Zug um Zug ein Inbegriff alles erdenklichen Hassenswerten entstanden, das dann die Menschheit seinen Gott nannte und sich anbetend vor ihm niederwarf. Dieses non plus ultra von Hassenswertem sah er verkörpert in dem, was der Menschheit im sogenannten Glauben des Christentums vorgeführt wird. Denke dir, pflegte er zu sagen, ein Wesen, das eine Hölle schaffen konnte und daneben bei seiner Allwissenheit, folglich mit vorbedachter Absicht die große Mehrzahl der von ihm geschaffenen Menschen einer schrecklichen, endlosen Qual anheimgab. Ich glaube, die Zeit rückt heran, in welcher diese furchtbare Vorstellung von einem Gegenstand der höchsten Verehrung aus dem Begriff des Christentums weichen muss und jedermann, der einen Sinn für das Gute und Schlechte in der Moral hat, mit demselben Unwillen auf sie zurückschauen wird wie mein Vater. Allerdings verkannte mein Vater nicht, dass im Allgemeinen die Christen nicht in der Art und in der Ausdehnung, als man erwarten konnte, die einem solchen Glauben inhärierenden moralischen Folgen zum Ausdruck bringen. Dieselbe Denkträgheit, dieselbe Unterordnung des Verstandes unter ihr Lieben, Fürchten und Hoffen, welche sie veranlasst hat, eine widerspruchvolle Theorie anzunehmen, hindert sie auch, die logischen Folgen dieser Theorie zu erkennen. Der Mensch nimmt es mit der Konsequenz nicht genau, und es gibt nicht viele, welche aus dem, was sie für wahr angenommen haben, andere Folgerungen ziehen als die, welche ihnen durch ihre Gefühle an die Hand gegeben werden; daher kommt es denn, dass die Massen den Glauben an einen allmächtigen Schöpfer der Hölle als zweifellos festhalten und in diesem gleichwohl ein Wesen sehen, das ihnen auch die unendliche Güte repräsentiert. Ihre Verehrung gilt nicht dem Dämon, der ein solches Wesen wirklich sein würde, sondern eben ihrem Ideal von Vollkommenheit. Das Schlimme ist nun freilich, dass ein derartiger Glaube sein Ideal kläglich niedrig schraubt und allem Denken, welches dasselbe höher stellen möchte, den starrsinnigsten Widerstand entgegenbringt. Die Gläubigen schrecken zurück vor jedem Gedankengang, welcher sich zum Ziel setzt, ihnen einen klaren Begriff und einen höheren Standpunkt von Vollkommenheit beizubringen, weil sie, wenn auch nicht einsehen, fühlen, dass ein solcher Standpunkt in Konflikt geraten würde mit so manchem, was um sie vorgeht, vor allem aber mit vielem von dem, was sie für christlichen Glauben zu halten gewöhnt sind. Und so bleibt die Moral eine Sache blinder Überlieferung, die eines leitenden konsistenten Grundsatzes entbehrt, ja sich nicht einmal auf ein konsistentes Gefühl stützen kann.

Es hätte sich mit den Ideen meines Vaters von Pflicht nicht vertragen, wenn er es mir erlaubt hätte, Eindrücke zu erwerben, die seinen Überzeugungen und Gefühlen bezüglich der Religion widersprochen hätten; darum ließ er auch und vermittelte mir von Anfang an den Eindruck, dass man über die Art, wie die Welt ins Dasein gekommen sei, nichts wisse und auf die Frage, ›Wer machte mich?‹, nicht antworten könne, weil wir darüber weder Erfahrung noch authentische Berichte hätten; jeder Versuch rücke nur die Schwierigkeit um einen Schritt weiter zurück, weil sich so unmittelbar die Frage einstelle ›Wer machte Gott?‹. Zugleich trug er Sorge, mich mit dem bekannt zu machen, was die Menschen über diese unerforschlichen Probleme gedacht habe. Ich habe bereits erwähnt, wie früh ich schon Kirchengeschichte lesen musste; auch flößte er mir das stärkste Interesse ein für die Reformation, da mit ihr der große und entscheidende Kampf des freien Gedankens gegen priesterliche Tyrannei begonnen hatte.

So bin ich denn eines der sehr wenigen Beispiele in England, die den religiösen Glauben nicht etwa abgestreift, sondern gar nie gehabt haben, da ich im Zustande der Verneinung heranwuchs. Die neuen Religionen erschienen mir im selben Lichte wie die alten, als Dinge, die mich nichts angingen, und es dünkte mich nicht befremdlich, wenn Engländer glaubten, was ich nicht glaubte, denn dasselbe war ja auch bei den Menschen, von denen ich im Herodot gelesen hatte, der Fall. Aus der Geschichte kannte ich die Verschiedenheit und Wandelbarkeit der menschlichen Meinungen, und so ging es eben auch jetzt noch fort. Dieser Punkt in meiner frühen Erziehung hatte jedoch eine nachteilige Seite, die ich erwähnen muss. Mein Vater hatte es für nötig gehalten, mich bei Gelegenheit einer mit der Anschauung der Welt im Widerspruch stehenden Bemerkung darauf aufmerksam zu machen, dass es nicht klug sei, dergleichen Ansichten offen auszusprechen. Diese Lehre, meine Gedanken für mich zu behalten, war in jenem unreifen Alter nicht ohne moralischen Nachteil, obschon mein beschränkter Verkehr mit Fremden, namentlich mit solchen, von denen sich ein Gespräch über religiöse Dinge erwarten ließ, mir die leidige Wahl zwischen Offenheit oder Heuchelei ersparte. Ich erinnere mich aus meiner Knabenzeit nur an zwei Fälle, welche mich in diese Lage brachten, und jedes Mal bekannte und verteidigte ich meinen Unglauben. Meine Gegner waren auch Knaben, obschon beträchtlich älter als ich. Der eine davon ließ sich damals durch mich verblüffen, aber der Gegenstand wurde nie wiederaufgenommen; der andere entsetzte sich und tat geraume Zeit sein Bestes, um mich zu überzeugen, aber ohne Erfolg.

Der große Fortschritt in der Redefreiheit, durch welchen sich die Gegenwart so sehr von der Periode meiner Kindheit unterscheidet, hat den ethischen Charakter dieser Frage mächtig verändert, und ich glaube, dass heutzutage wenig Männer vom Geist und der Philanthropie meines Vater mit ihren unpopulären Überzeugungen sowohl über Religion als auch über andere große Probleme des Denkens sich zurückhalten würden, es sei denn in den immer seltener werdenden Fällen, in welchen jemand durch seine Offenheit entweder seine Subsistenzmittel gefährden oder sich eine Wirkungssphäre abschneiden würde, für die er persönlich eine besondere Befähigung besitzt. Namentlich scheint mir im Punkte der Religion die Zeit gekommen zu sein, in welcher es allen wissenschaftlich gebildeten Männern, sofern sie sich nach reiflichem Nachdenken von der Falschheit und Schädlichkeit der landesüblichen Ansichten überzeugt haben, zur Pflicht wird, ihrer Überzeugung Ausdruck zu geben, wenigstens wenn sie ihrem Ruf eine Stellung verdanken, welche ihrer Anschauung Beachtung in Aussicht stellt. Ein solches Zugeständnis würde ein für allemal dem vulgären Vorurteil ein Ende machen, dass mit dem fälschlich so betitelten Unglauben alle erdenklichen schlimmen Eigenschaften des Kopfs und des Herzens in Verbindung stehen. Die Welt würde staunen, wenn sie wüsste, wie viele von ihren glänzendsten Zierden, selbst solche, die um ihrer Weisheit und Tugend willen in allgemeinem Ansehen stehen, in der Religion ausgemachte Skeptiker sind und von einem offenen Bekenntnis sich weniger durch persönliche Rücksichten als durch die meiner Ansicht nach unbegründete Furcht abhalten lassen, sie könnten dadurch die bestehenden Glaubensbekenntnisse abschwächen und durch Lockerung des vermeintlich heilsamen Zaumes mehr Schlimmes als Gutes stiften.

Unter den sogenannten Ungläubigen gibt es, wie unter den Gläubigen, viele Unterarten mit den verschiedensten moralischen Schattierungen; doch die besten darunter sind, wie niemand ableugnen wird, der Gelegenheit hatte, sie näher kennen zu lernen, weit religiöser im besten Sinne des Worts, als diejenigen, welche diesen Titel ausschließlich für sich in Anspruch nehmen. Die Freisinnigkeit des Zeitalters oder, mit anderen Worten, die Abschwächung des Vorurteils, welches die Menschen unfähig macht, die Augen aufzutun, wenn etwas gegen ihre Erwartung geht, hat schon sehr allgemein zum Zugeständnis geführt, dass ein Deist wahrhaft religiös sein könne; aber wenn man an die Stelle des religiösen Dogmas die Vorzüge des Charakters setzt, so könnte diese Behauptung auf viele angewendet werden, deren Glauben noch nicht bis zum Deismus gediehen ist. Ihnen erscheint vielleicht der Beweis nicht vollständig erbracht, dass das Universum das Werk eines Plans sei, und wenn sie allerdings nicht glauben, dass es einen Urheber und Leiter von vollkommener Macht und unendlicher Güte haben könne, so besitzen sie dafür (und dies bildet doch den Hauptwert in allen Religionen) eine ideale Vorstellung von einem vollkommenen Wesen, in welchem sie stets die Führung für ihr Gewissen suchen. Dieses Ideal des Guten steht aber gewöhnlich der Vollkommenheit weit näher als die objektive Gottheit derjenigen, welche sich für gebunden halten, absolute Güte im Schöpfer einer Welt zu finden, in der es so viel Elend und Ungerechtigkeit gibt wie in der unsrigen.

Die moralischen Grundsätze meines Vaters, die mit der Religion nichts zu schaffen hatten, waren so ziemlich wie die der griechischen Philosophen und wurden mit der Kraft und Entschiedenheit vorgetragen, welche sein ganzes Wesen kennzeichneten. Schon im frühen Alter, in welchem ich mit ihm die *Memorabilien* des Xenophon las, sog ich aus dieser Schrift und seinen Bemerkungen darüber eine hohe Achtung ein für den Charakter des Sokrates, in welchem ich ein Musterbild idealer Vortrefflichkeit sah, und ich erinnere mich noch wohl, wie mir mein Vater damals die Lehre vom »Herkules am Scheideweg« einschärfte. Etwas später wirkte die hohe Moral, die in Platons Schriften zum Ausdruck kommt, mit nicht minderer Macht auf mich. Die moralischen Lehren meines Vaters waren stets hauptsächlich die der *Socratici viri* – Gerechtigkeit, Mäßigkeit, welchen er ein sehr umfassendes Gebiet anwies, Wahrheitsliebe, Beharrlichkeit, die vor keinem Schmerz, keiner Arbeit zurückschrickt, Eifer für das Gemeinwohl, Würdigung der Personen nach ihren Verdiensten und der Dinge nach ihrem innerlichen Wert, ein Leben der Tätigkeit im Gegensatz von jeder verweichlichenden Ruhe und Trägheit. Diese und andere Moralvorschriften fasste er in kurze Sätze zusammen, die er je nach den Umständen zum Zweck ernster Ermahnung, strenger Rüge oder als Ausdruck der Verachtung in Anwendung brachte.

So viel ein direkter Unterricht in der Moral auch leistet, geht doch der indirekte noch weiter, und der Einfluss, den mein Vater auf meinen Charakter übte, hing nicht bloß von dem ab, was er auf Grund dieses Themas sagte oder tat, sondern noch weit mehr von seiner Persönlichkeit selbst.

In seinen Lebensanschauungen kam der Charakter des Stoikers, des Epikuräers und des Zynikers (nicht im modernen, sondern im antiken Sinne des Worts) zum Ausdruck. Seine persönlichen Eigenschaften waren vorzugsweise stoisch, und seine Moral gipfelte in der Epikurs, sofern sie utilitaristisch war und den ausschließlichen Probierstein des Guten und Schlechten in der Tendenz der Handlungen erkannte, Freude oder Schmerz zu bereiten. Er hatte jedoch (und dies war das zynische Element) kaum einen Glauben an Freuden, mindestens nicht in seinen späteren Jahren, von denen ich allein über diesen Punkt mit Zuversicht sprechen kann. Er war allerdings nicht unempfänglich für Freude, doch schien sie ihm nur selten den Preis wert zu sein, den man wenigstens bei dem gegenwärtigen Zustand der Gesellschaft dafür bezahlen müsse. Die meisten Verirrungen im Leben, meinte er, rühren davon her, dass man den Genuss zu hoch anschlage. Darum war auch Mäßigkeit im weiten Sinn, wie sie von den griechischen Philosophen aufgefasst wurde, nämlich die Beschränkung aller Leidenschaften, für ihn fast der Hauptpunkt, auf den man in jeder Erziehung hinsteuern müsse; und die Ermahnungen zu dieser Tugend nehmen einen beträchtlichen Platz ein in den Erinnerungen meiner Kindheit. Das menschliche Leben betrachtete er im besten Falle als ein klägliches Ding, nachdem die Frische der Jugend und der unbefriedigten Wissbegier vorüber war. Er sprach nicht oft über dieses Thema, namentlich nicht, wie man sich denken kann, im Beisein von jungen Personen; aber wenn es geschah, so sah man ihm an, dass er es aus tiefster Überzeugung tat. Er pflegte bisweilen zu sagen, wenn das Leben das wäre, was es durch gute Regierung und gute Erziehung werden könnte, so lohnte es sich schon der Mühe, sich dessen zu freuen; aber selbst von dieser Möglichkeit sprach er nie mit Begeisterung. Am höchsten stellte er unabänderlich die geistigen Freuden, sogar um der Freuden willen, die sie gewährten, abgesehen von ihrem letztlichen Nutzen. Auch die Freude des Wohlwollens schlug er sehr hoch an, wie ich ihn denn oft sagen hörte, er habe nie einen glücklichen Greis gekannt, der nicht imstande gewesen wäre, in der Teilnahme an den Freuden der Jugend neu aufzuleben. Gegen leidenschaftliche Aufregungen aller Art und alles, was zu ihrem Lobe gesagt oder geschrieben worden, hegte er eine gründliche Verachtung, da sie nichts seien als eine Form von Verrücktheit. Den Ausdruck ›das Intensive‹ brauchte er nur, um seine Geringschätzung gegen eine Sache kund zu tun, und im Nachdruck, den man auf die Gefühle lege, sah er eine moderne Verirrung vom antiken Höhepunkt der Moral.

Die Gefühle als solche seien keine geeigneten Gegenstände für Lob oder Tadel. Recht und Unrecht, das Gute und das Schlechte erkannte er nur in den Eigenschaften des Handelns oder des Unterlassens; es gebe kein Gefühl, das nicht häufig entweder zu guten oder zu schlechten Taten führe, indem sogar das Gewissen selbst, der Wunsch, recht zu handeln, die Menschen bisweilen irre leite. Lob und Tadel seien allerdings Ansporne für ein richtiges Handeln, aber er weigerte sich, Lob und Tadel von der Absicht der handelnden Person beeinflussen zu lassen. Eine seiner Ansicht nach schlechte Handlung erklärte er für eine solche, selbst wenn das Motiv dazu aus reinem Pflichtgefühl hervorgegangen war, und der Inquisitor, der aus Gewissensrücksichten Ketzer verbrennen ließ, erschien in seinen Augen ebenso verantwortlich wie der aus freier Willkür wütende Tyrann. Obgleich er übrigens der guten Meinung keinen Einfluss auf die Beurteilung der Handlungen gestattete, ließ er ihr doch volle Geltung bei Würdigung des Charakters. Niemand schätzte Gewissenhaftigkeit und Redlichkeit höher oder war entschiedener im Verurteilen des Gegenteils; doch war ihm ein Mensch um irgendeines anderen Mangels willen nicht weniger zuwider, vorausgesetzt er hielt es gleichermaßen für wahrscheinlich, dass dieser sie zu schlechtem Handeln verursachte. So konnte er zum Beispiel einen Fanatiker in einer schlechten Sache nicht oder vielleicht noch weniger leiden als jemand, welcher derselben Sache aus Eigennutz diente, weil er vom Fanatiker in praktischer Beziehung den größeren Schaden voraussah. Seine Abneigung gegen viele intellektuelle Fehler oder solche, die er dafür hielt, hatte demnach in gewissem Sinne bei ihm den Charakter eines moralischen Gefühls, oder mit anderen Worten, er übertrug in einem sonst sehr häufigen, jetzt aber sehr ungewöhnlichen Grad seine Gefühle auf seine Ansichten, was bei einem Mann von seiner geistigen und seelischen Begabung kaum zu verwundern ist. Nur Personen, die sich nicht um Ansichten kümmern, werden dies mit Intoleranz verwechseln. Wer immer Ansichten hat, die er hochhält, während ihm die gegenteiligen im Lichte schwerer Schädigung des Gemeinwohls erscheinen, muss sich notwendig abgestoßen fühlen von denen, welche für unrecht halten, was ihm recht dünkt, und umgekehrt; dies schließt aber, wie bei meinem Vater, nicht in sich, dass er unempfindlich sei gegen die guten Eigenschaften eines Gegners oder sich in der Bewertung derselben durch eine allgemeine Vorannahme statt durch das Ganze seines Charakters bestimmen lasse. Ich gebe zu, dass ein ernster Mann, der nicht weniger unfehlbar als andere Leute ist, wegen Ansichten, die es nicht verdienen, gegen gewisse Personen einen Groll fassen mag; wenn er aber weder selbst ihnen einen schlimmen Streich zu spielen sucht, noch anderen dabei Vorschub leistet, so ist er nicht intolerant. Die Nachsicht, welche ihre Quelle in einer gewissenhaften Würdigung der hohen Bedeutung hat, die einer gleichmäßigen Freiheit aller Ansichten im Interesse der Menschheit zusteht, ist die einzige Toleranz, welche Lob verdient oder überhaupt Männern auf einer hohen sittlichen Stufe möglich ist.

Man wird leicht begreifen, dass ein Mann vom geschilderten Charakter einen mächtigen moralischen Eindruck machen musste auf einen Geist, der hauptsächlich durch ihn gebildet wurde, und dass von ihm kaum zu erwarten stand, er dürfte sich zu einer übergebührlichen Nachsicht verirren. Was ihm in der Beziehung zu seinen Kindern hauptsächlich abging, war Zärtlichkeit. Ich glaube nicht, dass dieser Mangel in seiner Natur lag, sondern im Gegenteil, dass er viel mehr Gemüt besaß, als er gewöhnlich zeigte; aber es erging ihm dabei wie den meisten Engländern, die sich der äußeren Kundgebung schämen und durch Unterdrückung derselben die Gefühle selbst verkümmern lassen. Ziehen wir weiter in Betracht, dass er sich in der Experimentierphase [trying position] des alleinigen Lehrers befand, und fügen wir bei, dass sein Temperament von Natur aus sehr reizbar war, so kann man sich eines Gefühls aufrichtigen Mitleids nicht erwehren gegen einen Vater, der so viel für seine Kinder tat und zu tun sich mühte, auch ihre Liebe zu schätzen wusste, aber zugleich stets das peinliche Gefühl in sich trug, dass die Furcht vor ihm diese Liebe in ihrer Quelle ersticke. In seinem späteren Leben und seinen jüngeren Kindern gegenüber war dies nicht mehr der Fall; sie liebten ihn zärtlich, und wenn ich auch nicht das Gleiche von mir behaupten kann, war ich ihm doch stets loyal ergeben. Was meine Erziehung betrifft, so zögere ich, mich auszusprechen, ob ich durch seine Strenge mehr verlor oder gewann; jedenfalls war sie nicht so, dass sie mich gehindert hätte, ein glückliches Kind zu sein. Auch glaube ich nicht, dass Knaben durch die bloße Kraft der Überredung und guter Worte bewogen werden können, sich mit Kraft und, was noch viel schwieriger ist, mit Beharrlichkeit auf trockene, mühsame Studien zu verlegen. Kinder müssen viel tun und viel lernen, wofür strenge Zucht und die Aussicht auf bevorstehende Züchtigung als Ansporne nicht umgangen werden können. Es ist ohne Zweifel anerkennenswert, dass man in den neueren Erziehungsmethoden bemüht ist, der Jugend das Lernen möglichst leicht und interessant zu machen; allein wenn man diesen Grundsatz dahin überzieht, dass sie nur das zu erlernen brauchen, was man ihnen leicht und interessant gemacht hat, so wird eines der Hauptziele der Erziehung geopfert. Ich freue mich über den Untergang des alten brutalen, tyrannischen Unterrichtssystems, das jedoch den Vorteil hatte, die Gewohnheit des Fleißes einzuschärfen; allein ich fürchte, das neue laufe darauf hinaus, dass ein Geschlecht herangezogen wird, welches unfähig ist, in Dingen, die ihm nicht angenehm sind, etwas zu leisten. Ich glaube nicht, dass man in der Erziehung das Element der Furcht entbehren kann, nur

muss man es nicht zum Hauptelement machen; denn wenn
dieses in einem Grad überwiegt, dass es auf Seite des Kindes
die Liebe und das Vertrauen gegen diejenigen abtötet, auf
deren Rat es sich auch noch in späteren Jahren rückhaltlos
sollte verlassen können, und vielleicht die in der kindlichen
Natur liegenden Quellen einer offenen und spontanen Mit-
teilungslust [communicativeness] zum Versiegen bringt, so
wird ein Übel geschaffen, welches den moralischen und intellektuellen Wohltaten, die aus irgendeinem andern Teil der
Erziehung hervorgehen, schweren Abbruch tut.

Während dieser ersten Periode meines Lebens kamen in
das Haus meines Vaters nur wenige Besucher, meist Männer, von denen die Welt noch nicht viel wusste, aber von
persönlichem Wert und (was damals seltener zu finden war,
als jetzt) auf politischem Boden von einer verwandten Geistesrichtung, welche ihm die Pflege solcher Bekanntschaften
wünschenswert erscheinen ließ; ihren Unterhaltungen mit
ihm gewann ich viel Interesse und Belehrung ab. Da ich das
Studierzimmer meines Vaters teilte, so lernte ich auch dessen
liebsten Freund David Ricardo kennen, der durch sein wohl-
wollendes Gesicht und sein freundliches Wesen einen besonders günstigen Eindruck auf junge Leute machte und mich,
als ich mich später auf das Studium der politischen Ökonomie verlegte, nach seinem Hause einlud, um auf Spaziergängen mit mir die einschlägigen Gegenstände besprechen zu
können. Vom Jahr 1817 oder 1818 an kam ich auch häufig in
Berührung mit [Joseph] Hume, einem Landsmann und früheren Schulkameraden meines Vaters, der, als er von Indien
zurückkehrte, die alte Bekanntschaft wiederaufnahm und
sich durch den geistigen Einfluss und die Charakterenergie
meines Erzeugers bestimmen ließ, in das Parlament einzutreten, in welchem er durch seine Haltung einen ehrenvollen
Platz in der Geschichte Englands gewonnen hat. [Jeremy]
Bentham sah ich viel häufiger, wegen der innigen Vertraut-

heit, die zwischen ihm und meinem Vater bestand. Ich weiß nicht, wie bald nach seiner Übersiedelung auf englischen Boden diese Bekanntschaft begann, wohl aber, dass mein Vater der erste Engländer von Bedeutung war, der Benthams allgemeine Ansichten über Ethik, Regierung und Gesetzgebung von Grund aus verstand und in der Hauptsache zu den seinigen machte. Dies bildete für sie einen natürlichen Boden der Sympathie, und so entspann sich zwischen ihnen ein vertraulicher Verkehr in einer Periode, in welcher Bentham noch viel weniger mit Menschen umging als in seinem späteren Leben. Zu dieser Zeit verbrachte er jedes Jahr einen Teil seiner Zeit in Barrow Green House, das nur ein paar Meilen von Godstone entfernt lag, und ich begleitete meinen Vater jeden Sommer zu einem langen Besuch dorthin. Im Jahre 1813 machten Bentham, mein Vater und ich einen Ausflug, der Oxford, Bath und Bristol, Exeter, Plymouth und Portsmouth einschloss. Diese Reise gab mir viel belehrenden Stoff an die Hand, namentlich brachte sie mich auf den Geschmack für natürliche Szenerie in der elementaren Form der »schönen Aussicht«. Im darauffolgenden Winter bezogen wir ein in der Nähe von Benthams Wohnung gelegenes Haus in Queen Square, Westminister, das mein Vater seinem Freund abgemietet hatte. Von 1814 bis 1817 verbrachte Bentham je die Hälfte des Jahres zu Ford Abbey in Somersetshire (oder vielmehr in einem Teil von Devonshire, der eine Enklave von Somersetshire bildet), wodurch ich Gelegenheit erhielt, mich auch an diesem Ort aufzuhalten, ein Vorteil, der nicht ohne wichtigen Einfluss auf meine Erziehung blieb. Im Menschen trägt nichts mehr zur Hebung seiner Stimmung bei als der weite und freie Charakter seiner Wohnorte. Die mittelalterliche Architektur, die Ritterhalle und die geräumigen hohen Gelasse dieses alten Herrenhauses wirkten ganz anders auf mich als die schäbigen und zusammengepferchten englischen Mittelstandswohnungen;

mein Geist fühlte sich größer und freier, und namentlich verdankte ich der lachenden abgeschiedenen Umgebung der Abtei mit ihrem Schatten und dem Geräusch der fallenden Wasser eine gewisse poetische Kultur.

Ein anderer glücklicher Umstand, der für meine Erziehung förderlich wurde, war mein einjähriger Aufenthalt in Frankreich bei dem General Sir Samuel Bentham, einem Bruder des Freunds meines Vaters, den ich während meines zuvor erwähnten Reiseausflugs mit seiner Familie in seiner Wohnung in der Nähe von Gosport kennenlernte (er war damals Vorstand des Docks von Portsmouth) und bei einem mehrtägigen Besuch, welchen er kurz nach Unterzeichnung des Friedens vor seinem Umzug nach dem Festland seinem Bruder in Ford Abbey erwiesen hatte. [Gemeint ist der Friedensvertrag anlässlich der Beendigung des Napoleonischen Krieges, als der Kontinent für Reisende aus England wieder zugänglich war.] Im Jahre 1820 lud er mich auf sechs Monate zu sich nach dem südlichen Frankreich ein, und der Güte der Familie verdanke ich, dass aus dem halben fast ein ganzes Jahr wurde. Sir Samuel Bentham war ein ganz anderer Charakter als sein berühmter Bruder, aber gleichwohl ein Mann von vielem Wissen, scharfem Urteil und entschiedenem Talent für Mechanik. Seine Gattin, eine Tochter des berühmten Chemikers Fordyce, war ebenfalls eine willensstarke und energische Persönlichkeit, die viele allgemeine Kenntnisse und einen guten praktischen Verstand im Edgeworthschen Sinne besaß und als waltender Geist im Haushalt herrschte, der sie auch zu sein verdiente. Ihre Familie bestand aus einem Sohne (dem ausgezeichneten Botaniker) und drei Töchtern, von denen die jüngste ungefähr zwei Jahre vor mir voraus hatte. Ich verdanke diesen trefflichen Menschen, welche ein fast elterliches Interesse an meiner Wohlfahrt nahmen, viel nützliche Belehrung. Als ich im Mai 1820 zum ersten Mal zu ihnen kam, bewohnten sie das Schloss Pompignan, das noch immer einem Abkömmling von Voltaires Feind gehörte, auf den Höhen, von denen man die Ebenen der Garonne zwischen Montauban und Toulouse überschaut. Ich begleitete sie auf einem Ausflug in die Pyrenäen, einschließlich eines längeren Aufenthalts in Bagnères de Bigorre, auf einer Reise nach Pau, Bayonne und Bagnères de Luchon, und bei einer Besteigung des Pic du Midi de Bigorre.

Jene erste Einführung in eine Hochgebirgslandschaft machte einen tiefen Eindruck auf mich und gab meinem Geschmack Farbe für das ganze Leben. Im Oktober legten wir den schönen Bergweg von Caftres und St. Pons zurück, von Toulouse nach Montpellier, in dessen Nähe Sir Samuel das an der einzelnen Felsenkuppe St. Loup gelegene Gut Restinclière gekauft hatte. Während meines Aufenthalts in Frankreich erwarb ich mir eine ziemliche Vertrautheit mit der französischen Sprache und mit der gewöhnlichen französischen Literatur, nahm Unterricht in verschiedenen körperlichen Übungen, ohne es jedoch zu besonderer Vollkommenheit zu bringen, und wohne in Montpellier den trefflichen Wintervorträgen der Faculté des Sciences bei, so z. B. denen von Anglada über Chemie, von Provençal über Zoologie und den Vorlesungen über die Philosophie oder Logik der Wissenschaften, in welchen Gergonne einen klaren Überblick über die Metaphysik des achtzehnten Jahrhunderts gab. Auch nahm ich Privatunterricht über höhere Mathematik bei Lenthéric, einem Professor am Lycée de Montpellier. Jedoch der größte Vorteil, welchen ich aus jener Episode in meiner Erziehung gewann, lag vielleicht im Umstand, dass ich ein ganzes Jahr die freie, fröhliche Atmosphäre des Lebens auf dem Kontinent geatmet hatte, obschon ich damals dessen Wert noch nicht gehörig zu schätzen wusste. Die Erfahrung vom englischen Leben half mir wenig, und die kleine Zahl von Personen, die ich kannte, waren so sehr von großen öffentlichen Interessen, welche sie persönlich gar nicht berührten, in Anspruch genommen, dass ich nichts vom niederen moralischen Ton der sogenannten englischen Gesellschaft wusste – nichts von der, wenn auch nicht zugestandenen, so doch gewohnheitsmäßigen Richtung, sein Verhalten nur durch niedere, kleinliche Zwecke beeinflussen zu lassen, nichts vom Mangel allen Hochgefühls, welcher sich gegen jegliche Äußerung des letzteren entweder in spöttischer Nörgelei oder in einfachem Todschweigen kund gibt, einige wenige strenge Ordensleute ausgenommen, wenn es sich nicht etwa um Belange handelte, in denen der Brauch oder die Förmlichkeiten des Anlasses den Ausschlag geben. Von diesem Unterschied im englischen und französischen Leben wusste ich natürlich nichts, und wenn auch das letztere seine wirklichen Mängel hat, so liegen sie jedenfalls in einer anderen Richtung, sofern bei den Franzosen sowohl in der Literatur als auch im Privatleben der vergleichsweise erhabenere Ton die Währung der Kommunikation bildet; zwar verdampft er oft in Phrasen, wird aber doch bei der Nation im Ganzen durch stetige Übung aufrecht erhalten und durch Sympathie angespornt, so dass er für eine große Zahl von Personen zu einem Lebenselement sich steigert, das in diesem Sinn bei allen Verständnis und Anerkennung findet. Ebensowenig vermochte ich die Kultur des Geistes im Allgemeinen zu würdigen, welche aus der gewohnten Übung der Gefühle hervorgeht und daher auf dem Kontinent vielfältig bis in die ungebildetsten Klassen hinunter getragen wird, in einem Grade sogar, wie man dies in England selbst bei den Gebildeten nur selten findet, wenn nicht etwa eine ungewöhnliche Gewissenhaftigkeit zu einer stetigen Übung des Verstandes an Fragen über Recht oder Unrecht Anlass gibt. Gewöhnlich, oder höchstens da und dort bei irgendeiner besonderen Gelegenheit, zeigt der Engländer kein Interesse für Dinge, die ihn nicht selbst angehen; dazu kommt noch die Gewohnheit, auch gegen andere sich nicht oder kaum auszusprechen über Sachen, für die man sich wirklich interessiert; ich begriff nicht, dass diese beiden Momente Ursachen seien, welche verkümmernd einwirken müssen auf seine Gefühle und auch seinen anderen geistigen Vermögen nur eine sehr einseitige, begrenzte Ausbildung gestatten, so dass er als geistiges Wesen nur eine Art negativen Daseins führt. All dies wurde mir erst viel später klar; doch fühlte ich schon damals, ohne mir darüber Rechenschaft geben zu können, den Gegensatz zwischen der offenen, liebenswürdigen Geselligkeit im persönlichen Verkehr der Franzosen und der englischen Zugeknöpftheit, in welcher jedermann handelt, als habe er in jedermann sonst (mit weniger oder keiner Ausnahme) einen Feind oder einen langweiligen Menschen sich gegenüber. In Frankreich liegen allerdings die schlimmen wie die guten Merkmale sowohl im Nationalcharakter als auch im Charakter des Individuums mehr an der Oberfläche und manifestieren sich furchtloser im gewöhnlichen Umgang; doch ist es eine generelle Gewohnheit in der Bevölkerung, eine freundliche Gesinnung zu zeigen oder zu erwarten, sofern es keinen positiven Grund zum Gegenteil gibt. Etwas Ähnliches trifft man in England nur bei den sehr gebildeten Mitgliedern der Mittel- oder Oberschicht.

Auf meiner Reise nach Paris verbrachte ich sowohl auf dem Hinweg als auch auf dem Rückweg einige Zeit im Hause des Ökonomen [Jean-Babtiste] Say, eines Freundes und Korrespondenten meines Vaters, welchen dieser ein oder zwei Jahre nach dem Frieden bei Gelegenheit eines Besuchs in England kennengelernt hatte. Er gehörte der späteren Periode der französischen Revolution an und war das Musterbild eines Republikaners, der sich trotz der ihm gemachten Anträge nie vor Bonaparte gebeugt hatte, dazu ein wahrhaft aufrichtiger, tüchtiger und gründlich gebildeter Mann, der, hochgeachtet von seinem Volk, im Kreis seiner Familie ein stilles, den Studien gewidmetes Leben führte. Da er mit vielen Häuptern der liberalen Partei verkehrte, so wurde ich während meines Aufenthalts in seinem Hause mit verschiedenen angesehenen Persönlichkeiten bekannt, namentlich auch mit Saint-Simon, der allerdings damals noch keine Philosophie oder Religion gegründet hatte, sondern nur als ein geistreiches Original betrachtet wurde. Den hauptsächlichen Ertrag, den ich aus jener Gesellschaft mit fortnahm, war ein lebhaftes, bleibendes Interesse am kontinentalen Liberalismus, über den ich mich auch später stets so gut auf dem Laufenden zu erhalten suchte wie über die englische Politik – ein Gebiet, welches damals in England sehr spärlich gepflegt wurde und einen sehr vorteilhaften Einfluss auf meine Entwicklung übte, indem es mich frei erhielt von dem in England so allgemeinen Vorurteil, dem sogar mein Vater bei all seiner sonstigen Vorurteilslosigkeit sich nicht zu entziehen vermochte, allgemeine Fragen bloß vom englischen Standpunkt aus zu beurteilen. Nachdem ich einige Wochen bei einem alten Freund meines Vaters in Caen zugebracht hatte, kehrte ich im Juli 1821 nach England zurück, wo meine Erziehung wieder den alten Gang nahm.

Die ersten zwei Jahre nach meinem Besuch in Frankreich setzte ich meine früheren Studien fort und begann einige neu. Als ich nach Haus kam, war mein Vater eben mit dem Schluss seiner *Elemente der politischen Ökonomie* beschäftigt, und ich musste nun in der Weise, wie es Bentham in allen seinen Schriften zu tun pflegte, den »Inhalt am Rand« dazu schreiben, das heißt jeden Abschnitt in einem kurzen Umriss geben und dadurch den Autor in die Lage versetzen, die Ordnung der Gedanken und den Gesamtcharakter der Darstellung leicht zu überschauen und die geeigneten Verbesserungen anzubringen. Bald nachher gab mir mein Vater auch Condillacs *Traité des Sensations* und die logischen und metaphysischen Bände von dessen *Cours d'Etudes* in die Hände, erstere (trotz der oberflächlichen Ähnlichkeit zwischen Condillacs und seinem psychologischen System) ebensogut zur Warnung als zum Beispiel. Ich weiß nicht mehr gewiss, ob ich in jenem, oder erst im darauffolgenden Winter zum ersten Mal eine Geschichte der französischen Revolution las. Da erkannte ich nun mit Staunen, dass die Grundsätze der Demokratie, welche damals so unbedeutend waren und durch ganz Europa sich in hoffnungsloser Minderheit befanden, dreißig Jahre früher in Frankreich alles vor sich niedergeworfen und das Glaubensbekenntnis einer Nation gebildet hatten. Wie man sich denken kann, waren meine Ansichten über jene gewaltige Bewegung sehr nebelhaft gewesen; ich wusste nur, dass die Franzosen die absolute Monarchie eines Ludwigs XIV. und XV. abgeschüttelt, ihren König und ihre Königin guillotiniert, außerdem noch viele Personen, darunter Lavoisier, dem Henkerbeil überantworte und sich schließlich dem Despotismus Bonapartes unterworfen hatten. Es war natürlich, dass fortan dieser Gegenstand einen mächtigen Eindruck auf meine Gefühle machte und allen meinen jugendlichen Bestrebungen den Charakter eines Vertreters der Demokratie verlieh. Was so kürzlich erst geschehen war, konnte sich ja leicht wiederholen, und ich vermochte mir nichts Rühmlicheres zu denken, als in einem englischen Konvent einer Gironde anzugehören, die entweder siegte oder mit Ehren unterging.

Im Winter 1821/22 hatte mir John Austin, dessen Bekanntschaft mein Vater während meines Besuchs in Frankreich gemacht, freundlich erlaubt, an seinen Studien über römisches Recht Teil zu nehmen. Obschon mein Vater eine Abscheu hegte vor dem barbarischen Chaos, das da englisches Recht heißt, so hatte er doch nichts dagegen, wenn ich das Recht als Beruf wählte; daher schien ihm auch das gemeinsame Studieren mit Austin, der sich viele von Benthams besten Ideen angeeignet und noch außerdem aus anderen Quellen, wie auch durch selbständiges Denken erweitert hatte, nicht nur eine wertvolle Einführung in die Jurisprudenz, sondern auch ein wichtiger Teil in meiner Allgemeinerziehung zu sein. So las ich denn mit Austin den Heineckius über Institutionen, dessen römische Altertümer und einen Teil seiner Erklärung der Pandekten, wozu noch eine ansehnliche Portion aus Blackstone kam. Ich hatte diese Studien kaum begonnen, als mein Vater als einer notwendigen Beigabe dazu mich auf Benthams Hauptspekulationen hinwies, wie sie dem Kontinent und in der Tat der ganzen Welt von [Étienne] Dumont im *Traité de la Législation* klar gemacht worden waren. Die Lektüre dieses Buches bildete eine Epoche in meinem Leben, einen der Wendepunkte in der Geschichte meines Geistes.

Meine bisherige Erziehung war in einem gewissen Sinne bereits ein Kurs in Benthamismus gewesen, da man mich stets gelehrt hatte, an das »höchste Glück« das Benthamsche Richtmaß anzulegen; ja ich war sogar mit einer abstrakten Auseinandersetzung desselben vollkommen vertraut aus einer Episode in einem nicht veröffentlichten Dialog über Regierung, den mein Vater über den platonischen Musterstaat geschrieben hatte. Als ich die ersten Blätter von Bentham las, brach dies mit der vollen Kraft der Neuheit auf mich herein; einen besonderen Eindruck aber machte auf mich das Kapitel, in welchem Bentham den Stab bricht über die gewöhnlichen Arten des Nachdenkens in der Moral und der Gesetzgebung, die man aus Phrasen, wie »Naturrecht«, »richtiger Verstand«, »moralisches Gefühl«, »natürliches Rechtsgefühl« und dergleichen ableiten will und darin eben einen verhüllten Dogmatismus erkennt, der anderen die eigenen Gefühle unter dem Deckmantel wohlklingender Ausdrücke aufzwingt, die für diese Gefühle keinen Grund angeben, sondern die Gefühle zu eigenen Gründen erheben. Früher war mir nie aufgefallen, dass Benthams Prinzip alle dem ein Ende macht; aber jetzt stand es klar vor mir, dass alle anderen Moralisten überboten seien und mit diesem Buch eine neue Ära des Denkens beginne. Der Eindruck wurde noch verstärkt durch die Art, wie Bentham die Anwendung seines Glücksprinzips auf die Moral der Handlungen in eine wissenschaftliche Form brachte, indem er die verschiedenen Klassen und Ordnungen ihrer Folgen analysierte. Am meisten fiel mir damals die Klassifikation der Verstöße [Offences] auf, die unter Dumonts Redaktion sich weit klarer, bündiger und zwingender gestaltet als in Benthams Originalwerk, welchem sie entnommen ist. Die Logik und Didaktik Platons, die vorher einen so bedeutenden Abschnitt in meiner Erziehung ausgemacht hatte, hatte mir eine besondere Liebhaberei für eine sorgfältige Klassifikation beigebracht, und diese war noch verschärft und gekräftigt worden durch das Studium der Botanik nach der sogenannten natürlichen Methode, das ich während meines Aufenthalts in Frankreich, obschon nur zur Unterhaltung, eifrig betrieben hatte. Als ich nun anhand des ethischen Prinzips von den angenehmen und den unangenehmen Folgen in Benthams detaillierter Methode eine wissenschaftliche Klassifikation auf das große und verwickelte Thema der strafbaren Handlungen angewendet sah, fühlte ich mich auf eine Höhe gestellt, von der aus sich mir ein endloses geistiges Gebiet auftat, mit intellektuellen Resultaten von unschätzbaren Dimensionen, und im Verlauf gesellten sich zur intellektuellen Klarheit die höchst ermutigenden Aussichten auf eine praktische Verbesserung der menschlichen Angelegenheiten. Mit der Benthamschen Allgemeinansicht von der Konstruktion eines Gesetzeskörpers war ich nicht völlig unvertraut, da ich den Artikel meines Vaters über Jurisprudenz aufmerksam gelesen hatte, freilich mit wenig Nutzen und kaum mit einigem Interesse, ohne Zweifel wegen seines ungemein generellen und abstrakten Charakters, und wohl auch deshalb, weil er mehr die Form als das Wesen des Corpus Juris, eher die Logik als die Ethik der Gesetze behandelte. Benthams Thema war jedoch die Gesetzgebung, von der die Jurisprudenz nur den formellen Teil bildet, und auf jeder Seite schien mir deutlicher und klarer zu werden, wie menschliche Ansichten und Institutionen sein sollten, wie sie zu dieser Höhe gehoben werden könnten und wie weit sie zur Zeit noch davon entfernt waren. Als ich den letzten Band des *Traité* niederlegte, war ich ein ganz anderer Mensch. Das »Nützlichkeitsprinzip«, wie es Bentham verstand und in diesen drei Bänden zur Anwendung brachte, bildete nun den Schlussstein, der alle die abgerissenen fragmentarischen Teile meines bisherigen Glaubens und Wissens zusammenhielt, und verlieh meinen Vorstellungen von den Dingen eine Einheit. Ich hatte jetzt Ansichten, einen Glauben, eine Doktrin, eine Philosophie und (in einer von den besten Bedeutungen dieses Worts) eine Religion, deren Predigt und Verbreitung zur äußeren Hauptaufgabe eines Lebens gemacht werden konnte. Große Gedanken – welche Veränderungen ließen sich nicht durch diese Doktrin in der Lage der Menschheit bewirken! Der *Traité de Législation* schloss, wie mich dünkte, mit einem höchst eindrucksvollen Bilde des menschlichen Lebens ab, wie es durch die in der Abhandlung niedergelegten Ansichten und Gesetze gemacht werden konnte. Die Mutmaßungen auf praktische Verwertbarkeit waren allerdings sorgfältig gemäßigt und behandelten viele Dinge, welche eines Tages dem Menschen so natürlich scheinen werden, dass man wahrscheinlich denen unrecht tut, welche sie einmal für chimärisch hielten, als Träume einer unklaren Schwärmerei; doch in meiner geistigen Verfassung erhöhte diese Manifestation von Überlegenheit über Illusionen die Wirkung von Benthams Lehren auf mich, indem sie der geistigen Macht einen stärkeren Nachdruck verlieh und die Aussicht auf die zu erzielenden Verbesserungen hinreichend weit und glänzend war, sowohl um mein Leben zu erhellen, als auch um meinem Streben eine definitive Gestalt zu verleihen.

Fortan las ich von Zeit zu Zeit die wichtigsten anderen Werke Benthams, die bisher durch ihn selbst oder durch Dumont veröffentlicht worden waren, für mich, denn unter Leitung meines Vaters galten jetzt meine Studien vornehmlich den höheren Zweigen der analytischen Psychologie. Ferner las ich die Abhandlung von Locke und schrieb Reflexionen dazu, einen vollständigen Auszug aus jedem Kapitel mit Bemerkungen, die von meinem Vater gelesen oder ihm vorgelesen und dann nach allen Teilen besprochen wurden. Ebenso hielt ich es mit der Schrift des Helvetius *De l'Esprit*, zu deren Lektüre ich aus freien Stücken gegriffen hatte. Dieses Anfertigen von Auszügen, bei denen mein Vater das Amt des Zensors übte, kam mir sehr zu statten, weil es mich zwang, bei Bildung und Formulierung psychologischer Doktrinen, mochten sie nun als wahr angenommen oder bloß als Anschauungen von anderen betrachtet werden, mit Präzision zu Werk zu gehen. Nach Helvetius musste ich Hartleys Beobachtungen über den Menschen studieren, die er für ein Meisterwerk der Philosophie des Geistes hielt. Obschon diese Schrift nicht wie der *Traité de Législation* meinem Dasein eine neue Färbung verlieh, machte sie doch im Hinblick auf den unmittelbaren Gegenstand einen ähnlichen Eindruck auf mich. So unvollständig auch Hartleys Erklärung der verwickelteren Geistesphänomene durch das Gesetz der Assoziation in vielen Punkten ist, fand ich doch darin eine reale Analyse, welche mir durch den Gegensatz das Ungenügende in Condillacs bloß verbalen Verallgemeinerungen oder sogar in Lockes lehrreichem Umhertasten und Aufspüren von psychologischen Erklärungen deutlich machte. In dieser Zeit begann mein Vater seine *Analyse des Geistes* zu schreiben, in welcher er der Hartleyschen Methode, die geistigen Phänomene zu erklären, mehr Weite und Tiefe gab. Die geistige Konzentration, welche er für ein solches Werk nötig hatte, konnte er nur während der jährlichen vier- bis sechswöchigen Geschäftsferien aufbringen, und er begann die Arbeit im Sommer des Jahres 1822 mit der ersten Vakanz, die er in Dorking verbrachte, um von nun ab, mit Ausnahme zweier Jahre, soweit es sich mit seinem dienstlichen Beruf vertrug, bis zu seinem Lebensende jedes Jahr sechs Monate in dieser Gegend zuzubringen. Für die *Analyse* brauchte er mehrere Ferienzeiten, bis sie 1829 im Druck erschien, und er gestattete mir, ein Stück ums andere, wie es eben fertig wurde, im Manuskript zu lesen. Die anderen englischen Hauptautoren über Philosophie las ich, wie mich eben die Lust anwandelte, namentlich Berkeley, Humes Abhandlungen, Reid, Dugald Steward und Brown über Ursache und Wirkung. Browns Vorlesungen las ich erst zwei oder drei Jahre später; sie waren bis dahin auch meinem Vater unbekannt geblieben.

Von den Lektüren, welche im Laufe dieses Jahres wesentlich zu meiner Entwicklung beitrugen, muss ich ein Buch erwähnen, das von einem pseudonymen Philipp Beauchamp auf Grundlage einiger Manuskripte von Bentham herausgegeben worden war und den Titel trägt: »Analyse des Einflusses der Naturreligion auf das zeitliche Glück der Menschheit«. Es war eine Untersuchung nicht der Wahrheit, sondern der Nützlichkeit eines religiösen Glaubens im allgemeinsten Sinne, abgesehen von den Eigentümlichkeiten irgendeiner speziellen Offenbarung; ich kann es in Beziehung auf alle Teile der Untersuchung von religiösen Dingen als das bedeutendste bezeichnen in diesem Zeitalter, in welchem der wirkliche Glaube an religiöse Dogmen auf sehr schwankenden Füßen steht, die Ansicht aber, dass sie notwendig seien für moralische und soziale Zwecke, fast allgemeine Anerkennung gefunden hat; denn wenn diejenigen, welche die Offenbarung verwerfen, fast durchgängig ihre Zuflucht zu einem optimistischen Deismus, einer Verehrung der Naturordnung und einer vermeintlichen Schickung der Vorsehung nehmen, so geraten sie in eben solche Widersprüche und verkehren den moralischen Sinn so gut, wie irgendeine Form des Christentums, sofern diese in allen ihren Konsequenzen realisiert wird. Gegen die Nützlichkeit einer solchen Glaubensform ist von den Skeptikern noch wenig geschrieben worden, was Anspruch auf einen philosophischen Charakter erheben könnte, und das mit Philipp Beauchamp überschriebene Werk hat dieses Thema zu seiner speziellen Aufgabe gemacht. Es war meinem Vater im Manuskript zugesandt worden, und er gab es mir zur Anfertigung einer Analyse in Form von Marginalien, wie ich sie für die *Elemente der politischen Ökonomie* verfertigt hatte. Nächst dem *Traité de Législation* war es eines von den Büchern, welche durch die Gründlichkeit ihrer Analyse den tiefsten Eindruck auf mich machten. Als ich es kürzlich, viele Jahre später, wieder las, fielen mir darin manche Fehler, aber auch die starken Seiten der Benthamschen Denkweise auf, und ich bin der Ansicht, dass es in Beziehung auf die Folgerungen viele schwache, aber doch bei weitem mehr vernünftige Argumente enthält, die ein gutes Material für eine vermehrt philosophische und schlüssige Behandlung abgeben.

Ich habe jetzt vermutlich alle Bücher aufgeführt, die irgendeinen nennenswerten Einfluss auf meine erste geistige Entwicklung übten. Von nun an begann ich die Kultur meines Geistes mehr durch Schreiben als durch Lesen fortzusetzen. Im Sommer 1822 machte ich meinen ersten Versuch mit einer beweisführenden Abhandlung. Ich erinnere mich des Inhalts nur wenig weiter, als dass sie ein Angriff war gegen das meines Erachtens aristokratische Vorurteil, moralische Eigenschaften seien bei den Reichen entwickelter oder doch entwicklungsfähiger als bei den Armen. Meine Arbeit war ganz argumentativ, ohne eine Spur von Deklamation, wie man dies bei einem solchen Gegenstand und von einem so jungen Autoren hätte erwarten sollen. Überhaupt war und blieb ich in diesem Bereich der Rhetorik immer sehr ungeschickt; trockene Argumentation war das einzige, was ich bewältigen konnte oder aus freien Stücken versuchte, obschon ich passiv sehr empfänglich war für die Wirkung jeder schriftstellerischen Arbeit, die auf Grundlage der Vernunft sich an die Gefühle wandte, mochte es nun in der Form der Poesie oder der Rednerkunst geschehen. Mein Vater, der von dieser Arbeit nichts wusste, bis ich sie ihm fertig vorlegte, war damit wohl zufrieden und, wie ich von anderen erfuhr, sogar erfreut darüber; doch riet er mir, vielleicht weil er wünschte, neben den rein logischen auch die anderen geistigen Fähigkeiten in mir anzuspornen, das nächstemal es mit einer oratorischen Leistung zu versuchen. So schrieb ich denn aufgrund meiner Bekanntschaft mit der griechischen Geschichte und den athenischen Rednern zwei Reden, die eine zur Anklage, die andere zur Verteidigung des Perikles vor einem hypothetischen Volksgericht, weil er bei Gelegenheit eines Einfalls in Attika nicht gegen die Lakedämonier ins Feld gerückt sei. Dann fuhr ich fort, viel Papier zu verschreiben über Gegenstände, die oft weit über mein Fassungsvermögen hinausgingen, aber mir doch sehr nützlich wurden, einmal weil sich meine Kräfte daran übten, und dann um der Erörterungen willen, die mein Vater daran knüpfte.

Ich hatte jetzt angefangen, über allgemeine Gegenstände mich mit den unterrichteten Männern zu besprechen, mit denen ich immer häufiger in Berührung kam. Am vorteilhaftesten wurde mir der Umgang mit zwei Freunden meines Vaters, mit George Grote und John Austin. Die Bekanntschaft dieser beiden Herren mit meinem Vater war noch neu, steigerte sich aber bald zu vertraulichem Verkehr. Grote wurde, wenn ich nicht irre, 1819 (er war damals ungefähr 25 Jahre alt) durch Ricardo in unserem Hause eingeführt und pflegte mit Eifer die Gesellschaft des reiferen Mannes, an dessen Seite er, bei all seiner hohen Bildung, doch in den großen Menschheitsfragen der Gegenwart sich nur wie ein Anfänger ausnahm; allein er eignete sich rasch dessen beste Ideen an und machte sich schon 1820 auf dem Boden der Politik einen Namen durch eine Schrift zu Verteidigung der radikalen Reform, hervorgerufen durch einen aufsehenerregenden Artikel, welchen Sir James Mackintosh im *Edinburgh Review* veröffentlicht hatte. Grotes Vater, der Bankier, war, wenn ich nicht irre, durch und durch ein Tory und seine Mutter eine Schwärmerin für das Evangelium, so dass er also seine liberalen Ansichten keineswegs heimischem Einfluss verdankte; allein ungleich den meisten Personen, denen ein reiches Erbe in Aussicht steht, hatte er, obschon das Bankgeschäft ihn sehr in Anspruch nahm, viele Zeit philosophischen Studien gewidmet, und der vertraute Umgang mit meinem Vater trug wesentlich dazu bei, auf den

Charakter der nächsten Stufe in seiner geistigen Ausbildung bestimmend einzuwirken. Ich besuchte ihn oft, und meine Gespräche mit ihm über politische, moralische und philosophische Gegenstände bereiteten mir, außer dem Vorteil einer wertvollen Belehrung, all den Genuss eines sympathischen Umgangs mit einem intellektuell und moralisch hervorragenden Mann, als der er sich seither durch sein Leben und seine Schriften der Welt manifestierte.

Austin, vier oder fünf Jahre älter als Grote, war der älteste Sohn eines vom Geschäft zurückgetretenen Müllers, der sich durch Lieferungen während des Krieges ein Vermögen gemacht hatte und ein Mann von bemerkenswerten Eigenschaften gewesen sein muss, sofern ein solcher Schluss aus der Tatsache gezogen werden kann, dass alle seine Söhne sehr gebildet und ungewöhnlich begabte Personen waren. Derjenige, mit welchem wir hier zu tun haben und der sich durch seine Schriften über Jurisprudenz Auszeichnung errang, diente eine Zeitlang in der Armee, namentlich unter Lord William Bentinck in Sizilien. Nach dem Frieden verkaufte er seine Offiziersstelle, studierte Jus und war bereits einige Zeit Advokat, als mein Vater ihn kennenlernte. Er gehörte nicht wie Grote zu den Zöglingen meines Vaters, hatte aber durch Lektüre und Nachdenken viele gleichartige Anschauungen gewonnen, die er durch die sehr entschiedene Individualität seines Charakters modifizierte. Er war ein gewaltiger Geist, der sich namentlich im Gespräch entfaltete; ich meine zunächst die Energie und den Reichtum seiner Rede, durch die er Feuer in die Behandlung der allgemeinsten Fragen zu bringen gewohnt war, und die wohlüberlegte Willenskraft mit einem gewissen Beigeschmack von Bitterkeit, die teilweise Temperamentssache, teilweise aber auch von seiner Art zu fühlen und zu denken abgeleitet war. Die Unzufriedenheit mit dem Leben und der Welt, wie sie beim gegenwärtigen Zustand der Gesellschaft jeder verständige und gewissenhafte Mann mehr oder weniger besitzt, verlieh seinem Charakter jene etwas melancholische Färbung, welche sich so leicht diejenigen aneignen, bei denen die passive moralische Empfänglichkeit das Übergewicht hat über die aktive Energie; denn ich kann nicht verbergen, dass die Willenskraft, von welcher sein Wesen einen so entschiedenen Ausdruck zu geben schien, hauptsächlich im Benehmen verausgabt wurde. Bei seinem großen Eifer für menschlichen Fortschritt, seinem strengen Pflichtgefühl und seinem aus den von ihm hinterlassenen Schriften sich bekundenden umfassenden Wissen hat er doch kaum je eine wirklich große Geistesarbeit zu Ende gebracht. Dem hohen Ziele, das er anstrebte, wollten seine Leistungen nie genügen, und wenn er etwas fertigstellte, so verdarb er nicht bloß viel daran wieder durch Überarbeiten, sondern verwendete auch so viel Zeit und Mühe auf überflüssiges Studieren und Denken, dass er, statt die Aufgabe zu Ende zu bringen, sich gewöhnlich in eine Krankheit hineingearbeitet hatte, die seiner weiteren Tätigkeit ein Ende setzte. Diese geistige Schwäche, von der ich auch bei anderen hochbegabten tüchtigen Männern Beispiele gefunden habe, in Verbindung mit einem schwächlichen Gesundheitszustand, der ihn häufig kleineren Krankheiten unterwarf, war ein Grund, warum er während seines Lebens nur wenig von dem vollbrachte, was man von ihm erwartet hatte; aber was wirklich zustande kam, fand bei den kompetentesten Richtern die höchste Anerkennung, und wie Coleridge hätte er als Gegenrechnung aufführen können, dass er durch seine Konversation für viele Personen eine reiche Quelle nicht nur der Belehrung, sondern auch der Charakterstärkung geworden sei. Auf mich war sein Einfluss sehr heilsam – moralisch im besten Sinne des Wortes. Er nahm aufrichtigen freundlichen Anteil an mir, weit mehr, als ein junger Mensch von einem Mann in seinem Alter, seiner Stellung und seinem anscheinend strengen

Charakter hätte erwarten können. In seinen Gesprächen und in seinem Benehmen gegen mich lag ein Ton, den er unter ähnlichen Umständen nicht gegen andere Personen, mit denen er verkehrte, an den Tag legte. Der Verkehr mit ihm wurde für mich um so wohltätiger, da sein geistiges Profil so verschieden war von dem aller anderen Intellektuellen, mit denen ich in Berührung kam; auch trat er von Anfang an mit Entschiedenheit gegen die Engherzigkeit und die Vorurteile auf, denen sich ein durch eine besondere Denkweise oder einen besonderen Gesellschaftskreis gebildeter junger Mann kaum entziehen kann.

Sein jüngerer Bruder Charles Austin, mit dem ich damals und während der nächsten paar Jahre viel verkehrte, übte gleichfalls einen großen Einfluss auf mich aus, obschon in ganz anderer Weise. Er war nur einige Jahre älter als ich und eben von der Universität zurückgekommen, wo er sich als Mann von Geist, guter Sprecher und glänzender Redner einen Ruf erworben. Seine Einwirkung auf seine Cambridger Zeitgenossen verdient als historisches Ereignis notiert zu werden, denn teilweise hängt damit die Tendenz zum Liberalismus im Allgemeinen und zu dessen Benthamscher und ökonomischer Form im Besonderen zusammen, welche von dieser Zeit an bis 1830 sich so vieler aktiver junger Männer aus den höheren Klassen bemächtigt hat. Die damals auf der Höhe ihres Rufes stehende *Union Debating Society* war eine Arena, auf welcher wöchentlich die noch für extrem geltenden Ansichten in Politik und Philosophie vor einem Auditorium, das aus der Elite der Cambridger Jugend bestand, gegen ihre Gegner verfochten wurde, und obgleich viele nachher mehr oder weniger berühmte Personen (darunter Macaulay am meisten gefeiert) in jenen Debatten ihre ersten Lorbeeren als Redner errangen, war doch Charles Austin der wirklich einflussreiche Geist unter diesen intellektuellen Gladiatoren. Und so trieb er es auch nach seinem

Abgang von der Universität, indem er durch seine Konversation und seine geistige Überlegenheit dieselbe Klasse von jungen Männern, die in Cambridge seine Kameraden gewesen waren, zusammenhielt und unter andern auch mich an seinen Wagen fesselte. Durch ihn wurde ich bekannt mit Macaulay, Hyde und Charles Villiers, Strutt (jetzt Lord Belper), Romilly (jetzt Lord Romilly und Urkundenbewahrer) und verschiedenen anderen, die später in der Literatur oder in der Politik eine Rolle spielten; in diesen Kreisen hörte ich viele Gegenstände verhandeln, die mir bis zu einem gewissen Grade noch neu waren. Der Einfluss, welchen Charles Austin auf mich übte, unterschied sich von dem der bisher erwähnten Personen darin, dass es nicht der eines reiferen Mannes über einen jungen Menschen, sondern der eines älteren Zeitgenossen war. Ihm gegenüber konnte ich mich zum ersten Mal als Mann unter Männern, nicht als Schüler unter Lehrern fühlen. Er war die erste Person von Geist, die mich trotz meiner Unterlegenheit als gleich behandelte. Er machte stets einen tiefen Eindruck auf diejenigen, mit welchen er in Berührung kam, auch wenn ihre Ansichten völlig entgegengesetzt waren. Dieser Eindruck war die schrankenlose Kraft, durch die er in Verbindung mit seinen Talenten und seiner scharf sich ausprägenden Charakter- und Willensstärke befähigt zu sein schien, die Welt zu beherrschen. Wer ihn näher kannte, Freund oder Feind, prophezeite ihm eine bedeutende Rolle im öffentlichen Leben. Es ist selten, dass man durch die Macht der Rede unmittelbar eine so große Wirkung hervorbringt, wenn man es nicht mit aller Kraft darauf anlegt; aber eben dies tat er in nicht gewöhnlichem Grade. Er liebte es, keck zu spielen und namentlich mit ganz unverhofften Trümpfen aufzuwarten. Er wusste, dass Entschlossenheit am meisten wirkt, und er äußerte seine Ansichten mit einem Maximum von Entschlossenheit und war nie vergnügter, als wenn er jemand durch ihre Kühnheit in Erstaunen versetzt hatte. Ganz anders als sein Bruder, der gegen die engherzigere Auslegung und Anwendung der Prinzipien, zu welchen sie beide sich bekannten, den Fehdehandschuh aufgriff, brachte er die Benthamschen Doktrinen geradezu in die möglichst groteske Form und übertrieb darin alles, was bei in Vorurteilen befangenen Gemütern Anstoß erregen konnte. Und seine Verteidigung betrieb er mit einer Lebhaftigkeit, einem Feuer und führte sie so angenehm und nachdrücklich durch, dass er immer entweder als Sieger vom Platz ging, oder doch die Ehren des Feldes teilte. Ich lasse es mir nicht nehmen, dass viel von dem, was von den Sätzen der sogenannten Benthamiten oder Utilitaristen populär geworden ist, seinen Ursprung hat in den von Charles Austin hingeworfenen Paradoxien; es darf jedoch nicht verschwiegen werden, dass sein Beispiel *haud passibus aequis* [in ungleichen Schritten] Nachahmung fand bei jüngeren Proselyten und dass das Übertreiben dessen, was irgend jemand in den Lehren und Prinzipien des Benthamismus anstößig fand, eine Zeitlang einer kleinen Sippe von jungen Männern als Feldgeschrei diente. Wer allerdings etwas in sich hatte, zum Beispiel auch ich, entwuchs dieser knabenhaften Eitelkeit bald, und die anderen hatten dieses Abweichen von den Anschauungen anderer bald so satt, dass sie sowohl den guten als auch den verfehlten Teil der von ihnen bisher bekannten Lehren fallenließen.

Im Winter des Jahres 1822 auf 1823 entwarf ich den Plan zu einer kleinen Gesellschaft, die aus jungen Männern bestehen sollte, welche in den Fundamentalsätzen einig wären; als Prinzip galt sowohl in der Ethik als auch in der Politik der Nutzen nebst einer gewissen Anzahl der daraus abgeleiteten hauptsächlichen Folgesätzen [corollaries] der von mir akzeptierten Philosophie. Man wollte alle vierzehn Tage zusammen kommen und einschlägige Arbeiten vorlesen, wie auch über dem Programm entsprechende Fragen disputieren. Die Sache wäre kaum der Erwähnung wert, wenn sie nicht zum Namen »Utilitarian Society« Anlass gegeben hätte, durch welchen zum ersten Mal der Titel »Utilitarist« ins Publikum gelangte. Ich hatte das Wort nicht erfunden, sondern war in einer von Galts Novellen »Das Pfarrregister« [*Annals of the Parish*] darauf gestoßen, in welcher der schottische Geistliche in einer sogenannten Selbstbiographie seinen Pfarrkindern als warnendes Beispiel vorgehalten wird, damit sie nicht vom Evangelium abfallen und Utilitaristen werden. Mit knabenhafter Freude an einem Namen und einem Banner griff ich diese Bezeichnung auf, belegte einige Jahre lang mich und andere damit, und im Lauf der Zeit wurde sie auch von einzelnen weiteren Personen adoptiert, welche sich zu den entsprechenden Ansichten bekannten. Da diese Ansichten im Lauf der Zeit mehr Aufmerksamkeit erregten, wurde der Ausdruck auch von Fremden und Gegnern wiederholt und war gerade damals ziemlich allgemein in Kurs gekommen, als die ursprünglichen Träger ihn nebst anderen charakteristischen Sektenabzeichen bereits aufgegeben hatten. Die so benannte Gesellschaft bestand anfangs nur aus drei Mitgliedern, von denen eines, Benthams Sekretär, für uns die Erlaubnis einholte, die Versammlung in dessen Haus abzuhalten. Die Zahl haben wir, wie ich denke, nie über zehn gebracht, und 1826 wurde die Gesellschaft aufgelöst; sie hat also nur etwa drei und ein halb Jahr zusammengehalten. Die Hauptwirkung auf mich selbst bestand, wenn ich von der Gelegenheit zur Übung in mündlicher Rede absehe, darin, dass sie mich mit mehreren, damals noch weniger fortgeschrittenen jungen Männern in Berührung brachte, unter denen ich, da sie sich zu denselben Ansichten bekannten, eine Weile als eine Art Führer galt und in dieser Eigenschaft einen beträchtlichen Einfluss auf ihre geistige Entwicklung übte. Jeden gebildeten jungen Mann, der mir in den Weg kam und dessen Geistesrichtung nicht im Widerspruch stand mit den Prinzipien der Gesellschaft, suchte ich in deren Dienst zu pressen, und einige andere würde ich wahrscheinlich nie kennengelernt haben, wenn sie sich nicht angeschlossen hätten. Schüler gab es unter uns nicht, sondern lauter selbständige Denker. In ein vertrauliches Verhältnis zu mir traten von den Mitgliedern der Gesellschaft William Eton Tooke, der Sohn des berühmten Ökonomen, ein in moralischer und geistiger Beziehung ausgezeichneter Jüngling, welcher der Welt leider durch einen frühen Tod entrissen wurde; sein Freund William Ellis, ein origineller Denker auf dem Boden der politischen Ökonomie, der jetzt einen ehrenvollen Namen trägt wegen seiner apostolischen Anstrengungen um die Verbesserung der Erziehung; Georg Graham, später Beamter bei dem für Bankrotte zuständigen Gericht, ein trefflicher Kopf in fast allen abstrakten Fragen, und endlich John Arthur Roebuck, welcher sich seit seiner Übersiedelung nach England, um den Rechtsstudien zu obliegen (ich denke von 1824 oder 1825 an), beträchtlich mehr Aufsehen in der Welt erregt hat als irgendeiner der vorgenannten.

Im Mai 1823 fand ein Entscheid statt über meinen Beruf und meine Stellung während der nächsten fünfunddreißig Jahre meines Lebens, indem mein Vater mir einen Posten bei der ostindischen Kompanie in der unter ihm stehenden Prüfungskommission der indischen Korrespondenz verschaffte. Ich wurde in der gewöhnlichen Weise ernannt, als der Letzte auf der Liste der Büroangestellten, bei denen zumindest die erste Beförderung vom Alter abhing, doch mit dem Vormerk, dass ich von Anfang an zum Konzipieren von Depeschen verwendet und so zu einem Nachfolger derjenigen herangezogen werden sollte, welche damals den höheren Verwaltungszweigen vorstanden. Eine Zeitlang bedurfte mein Konzept sehr der Revision von Seiten meiner unmittelbaren Vorgesetzten, doch arbeitete ich mich bald in das Geschäft ein, und unter der Leitung meines Vaters legten meine Kräfte dermaßen zu, dass ich im Verlauf von einigen Jahren befähigt war und auch dazu verwendet wurde, in einem der wichtigsten Departements, dem der Native States, die Hauptkorrespondenz zu führen. Dies war meine Berufsbeschäftigung, bis ich zum Examinator der Korrespondenz ernannt wurde, zwei Jahr vor der Zeit, als die Aufhebung der ostindischen Kompanie in der Eigenschaft einer politischen Körperschaft mich zum Rücktritt veranlasste. Die Stellung hätte für einen Mann in abhängigem Verhältnis, der einen Teil seiner vierundzwanzig Tagesstunden auf intellektuelle Fortbildung verwenden wollte, nicht wünschenswerter sein können. Das Schreiben für die Presse ist als nachhaltige Hilfsquelle niemandem zu empfehlen, der in den höheren Zweigen der Literatur und des Gedankens etwas zu leisten vermag, nicht nur wegen der Unsicherheit für den Lebensunterhalt, namentlich wenn der Autor ein Gewissen hat und nicht jeder Ansicht dienen will, sondern auch weil die Schriften, von denen man leben kann, nicht eben die sind, welche für sich selbst leben, am allerwenigsten aber die, in welchen der Schriftsteller sein Bestes tut. Bücher, welche künftige Denker bilden sollen, brauchen sehr viele Zeit zu ihrer Abfassung, und erscheint dann eines im Druck, so steht es in der Regel viel zu lang an, bis es Beachtung und Ruf gefunden hat, als dass man darin eine Erwerbsquelle finden könnte. Wer von der Feder leben will, sieht sich auf literarische Plackerei oder im besten Fall auf Schriftstellerei für den großen Haufen verwiesen und kann auf freigewählte Gegenstände nur so viel Zeit verwenden, als ihm von dieser Fronarbeit übrigbleibt; diese aber lässt einem im Allgemeinen weit weniger Muße als ein Bürogeschäft und ist dagegen für den Geist weit ermüdender und aufreibender. Ich für meinen Teil habe im Leben während des öffentlichen Dienstes eine echte Erholung empfunden

von den anderen geistigen Anstrengungen, denen ich mich
zu gleicher Zeit hingab, denn er nahm den Kopf hinreichend
in Anspruch, ohne in widerliche Plackerei auszuarten, aber
doch nicht in einem Grade, dass er dem geistigen Vermögen
eines Mannes, der an abstraktes Denken oder an sorgfältige
literarische Komposition gewöhnt war, einen Zwang auferlegt hätte. Die Schattenseiten (und welcher Beruf hätte sie
nicht!) fühlte ich in meinem dienstlichen Beruf nie, da ich
mich wenig kümmerte um die Aussichten auf Reichtum und
Ehrenstellen, wie sie mir etwa der Advokatenstand, für den
ich ursprünglich bestimmt gewesen war, geboten hätte. Allerdings war ich nicht gleichgültig gegen den Ausschluss aus
dem Parlament und dem Staatsdienst, und vor allem fand ich
es sehr beengend, dass ich so sehr an London gebunden war
und die Ferien, welche das India House zu gestatten pflegte,
nicht länger waren als ein Monat im Jahr, während ich doch
einen Hochgenuss am Landleben fand und mein Aufenthalt in Frankreich mir eine glühende Reiselust eingeflößt
hatte. Wenn ich jedoch diesen Liebhabereien auch nur selten
nachgehen konnte, waren sie mir doch nicht völlig versagt.
Während des Jahres verbrachte ich die meisten Sonntage auf
dem Lande, indem ich von London aus weite Spaziergänge
ins Freie machte, und ebenso verweilte ich während meines
Ferienmonats einige Tage hintereinander im Landhaus meines Vaters; später wurde ein Teil desselben oder der ganze
mit einem oder mehreren Freunden auf Fußtouren und noch
später auf längere Reisen und Ausflüge, entweder allein oder
mit guten Bekannten, verwendet. Frankreich, Belgien und
der Rhein lagen dazu nahe genug, und die beiden längeren
Vakanzen, die ich auf ärztlichen Rat hin mir geben ließ, die
eine von drei, die andere von sechs Monaten, reichten zu, in
meine Liste die Schweiz, Tirol und Italien einzuschließen.
Zum Glück fielen diese beiden Reisen in eine ziemlich frühe
Periode, so dass ich während eines großen Teils meines Le-

bens von der Erinnerung an die entschwundenen Freuden zehren konnte.

Ich bin nicht abgeneigt, denen Recht zu geben, welche die Vermutung aufstellten, dass die Gelegenheit, die ich meiner dienstlichen Stellung verdankte, durch persönliche Beobachtung die für eine praktische Führung der öffentlichen Angelegenheiten notwendigen Bedingungen kennen zu lernen, mir von großem Nutzen geworden ist für die Reformtheorien, die ich den Anschauungen und Einrichtungen meiner Zeit gegenüber in Anregung gebracht habe. Ich will damit nicht sagen, das Aktengeschäft, das auf der anderen Seite des Erdballs Wirkung tun soll, sei an sich geeignet, viel praktische Lebenskenntnisse zu verleihen; allein ich gewann dadurch ein offenes Auge und Ohr für die Schwierigkeiten einer jeden Richtungsentscheidung [course], da die Mittel, welche der Ausführung entgegenstanden, aufs sorgfältigste erwogen und besprochen wurden. Ich fand ferner Gelegenheit zu bemerken, wann öffentliche Akte und andere politische Tatsachen nicht die Wirkungen hervorbrachten, die man von ihnen erwartete, und die Ursachen davon; vor allem aber lernte ich in diesem Teil meiner Tätigkeit mich bloß als ein Rad in einer Maschine zu betrachten, in welcher alle Teile zusammenarbeiten mussten. Als spekulativer Schriftsteller hätte ich nur bei mir selber Rat suchen müssen und bei meinen Arbeiten keines von den Hemmnissen gefunden, die immer dann beginnen, wenn man versucht, die Theorie in Praxis zu übertragen; doch als der leitende Sekretär einer politischen Korrespondenz konnte ich keine Befehle erlassen oder eine Ansicht aussprechen, ohne zuvor unterschiedliche Personen von ganz anderer Sinnesart von ihrer Ausführbarkeit zu überzeugen. Meine Stellung legte mir sonach auf, durch Praxis den Modus aufzufinden, wie ein Gedanke bei Menschen, die nicht durch die Gewohnheit darauf vorbereitet sind, am leichtesten Zugang gewinnt, und der tatsächliche Kampf mit den Schwierigkeiten, mit welchen Korporationen zu ringen haben, ließ mich die Notwendigkeiten des Kompromisses erkennen, in welchem man verstehen muss, das Unwesentliche vom Wesentlichen zu trennen, um das letztere zu erhalten. So begnügte ich mich denn, wenn ich nicht alles haben konnte, mit dem Besten, das sich erzielen ließ, wurde nicht entrüstet oder kleinmütig, wenn etwas nicht nach meinem Sinne ging, sondern freute mich auch einer geringen Errungenschaft, und war auch diese nicht zu erzielen, so konnte ich mich mit dem Gleichmut des Überstimmten abfinden. Ich war immer der Ansicht, dass eine solche Schule von großem Wert ist für das persönliche Glück und eine notwendige Vorbedingung für jeden, der entweder in der Theorie oder in der Praxis die Gelegenheiten, die sich ihm bieten, aufs Beste nutzen möchte.

Meine dienstliche Beschäftigung nahm mir nicht so viel Zeit weg, dass meine Lieblingsstudien, die ich eben jetzt mit besonderem Eifer betrieb, deswegen hätten leiden müssen. Um diese Zeit begann ich in öffentlichen Blättern zu schreiben. Meine ersten schriftlichen Arbeiten, die im Druck erschienen, waren zwei Briefe, die gegen das Ende des Jahrs 1822 im *Traveller Evening Newspaper* zur Öffentlichkeit gelangten. Der *Traveller*, welcher sich später durch Ankauf und Einverleibung des *Globe* zum *Globe and Traveller* erweiterte, war damals Eigentum des wohlbekannten Ökonomen Oberst Torrens und unter der tüchtigen Leitung von Sekretär Walter Coulson (der, nachdem er bei Bentham Sekretär gewesen war, zuerst als Reporter, dann als Redakteur bei dem Blatt mitwirkte, Notar wurde und schließlich als Rat im Ministerium des Innern starb) eines der wichtigsten Organe der liberalen Politik geworden. Oberst Torrens schrieb selbst viel über Ökonomie in seine Zeitung und hatte einmal eine Ansicht Ricardos und meines Vaters angefochten, weshalb ich mich auf Anstiften meines Vaters in einer Antwort versuchte, die Coulson aus Achtung vor meinem Vater und Geneigtheit gegen mich aufnahm. Torrens schrieb eine Erwiderung, auf welche ich replizierte. Bald nachher tat ich einen ehrgeizigeren Griff. Die Verfolgungen, mit welchen man Richard Carlile, seine Frau und seine Schwester wegen unchristlicher Publikationen bedrängte, erregten viel Aufmerksamkeit und nirgends mehr, als bei den Leuten, mit denen ich umging. Die Redefreiheit in Sachen der Politik, geschweige denn der Religion, war damals kein so zugestandener Punk, wie er es wenigstens jetzt zu sein scheint, und wer anstößige Meinungen hegte, musste stets bereit sein, wieder und wieder für das freie Wort einzustehen. Ich schrieb unter dem Namen Wickliffe eine Reihe von fünf Briefen, in welchen ich die Frage von der freien Erörterung aller religiösen Ansichten nach ihrer ganzen Länge und Breite beleuchtete, und bot sie dem *Morning Chronicle* an. Drei davon kamen im Januar und Februar 1823 zum Abdruck, die beiden anderen blieben weg, weil man ihren Inhalt für das Publikum des Blattes nicht passend hielt; doch wurde bald nachher eine Abhandlung, die ich aus Anlass einer Debatte im Unterhaus über denselben Gegenstand schrieb, als Leitartikel aufgenommen, und im Lauf des Jahrs 1823 gelangten viele Beiträge von mir im *Chronicle* und *Traveller* zum Druck, bisweilen Notizen über Bücher, aber weit öfter Briefe mit Auslassungen über irgendeinen im Parlament gesprochenen Unsinn, über Mängel in der Gesetzgebung oder über Verfehlungen der Magistrate und der Gerichtshöfe. Was diese betrifft, so leistete das *Chronicle* ausgezeichnete Dienste. Nach Perrys Tod ging die Redaktion und Leitung des Blattes auf den seitherigen Reporter John Black über, einen einfachen Ehrenmann von umfassender Bildung, der zu meinem Vater auf freundschaftlichstem Fuße stand und in seinen Artikeln neben anderen wertvollen Gedanken viele von dessen wie auch von Benthams Ideen mit großer Leichtigkeit und Gewandtheit reproduzierte. Von dieser Zeit an hörte das *Chronicle* auf, das ausschließliche Whig-Organ zu sein, und diente während der nächsten zehn Jahre in beträchtlicher Ausdehnung als Depot für die Ansichten der utilitaristischen Radikalen. Diese wurden hauptsächlich vertreten durch das, was Black selbst schrieb, einigermaßen unterstützt von Fonblanque, der zuerst sein außerordentliches schriftstellerisches Talent durch Artikel und Jeux d'esprit im *Chronicle* an den Tag legte. Das Blatt hatte es vornehmlich auf die Behebung der Mängel in der Gesetzgebung und in der Rechtspflege abgesehen, denn bisher war, wenn ich die Kritiken meines Vaters und Benthams ausnehme, kaum je ein Wort über diesen korruptesten Teil in den englischen Einrichtungen und deren Verwaltung laut geworden. Galt es doch fast als allgemeiner Glaubenssatz, das englische Gesetz, die englischen Gerichtshöfe und die unbezahlte Magistratur Englands seien Musterbilder von Vortrefflichkeit. Ich gehe nicht zu weit, wenn ich behaupte, dass nach Bentham, welcher das Hauptmaterial lieferte, der größte Anteil von Verdienst, der für die Zerstörung dieses schnöden Aberglaubens gebührt, dem *Morning Chronicle*-Redakteur Black zuzurechnen ist. Er lag ohne Unterlass dagegen im Feuer und stellte die Ungereimtheiten und Schwächen des Gesetzes und der Gerichte, mochten sie bezahlt oder unbezahlt sein, so erbarmungslos an den Pranger, dass den Leuten zuletzt doch ein Licht aufging. Auch in vielen anderen Fragen wurde er das Organ fortschrittlicher Anschauungen, die nie zuvor in der Zeitungspresse eine regelmäßige Vertretung gefunden hatten. Black kam häufig zu uns, und Grote pflegte zu sagen, er wisse jedes Mal aus dem Montagmorgen-Artikel, ob er am Sonntag bei meine Vater gewesen sei. Black war einer der einflussreichsten von den vielen Kanälen zur Verbreitung der Meinungen, die mein Vater in der Konversation und im persönlichen Umgang äußerte; zusammen mit der Wirkung seiner Schriften wurde dadurch mein Vater zu einer Macht im Lande, wie sie selten einem Mann in einer Privatstellung durch die bloße Kraft seines Geistes und Charakters zufällt, zu einer Macht, die oft da am nachdrücklichsten wirkt, wo sie am wenigsten gesehen und vermutet wird. Ich habe bereits bemerkt, wie viel von dem, was Ricardo, Hume und Grote taten, zum Teil das Resultat seiner Eingebung und seines Zuspruchs war, und so stand er auch als guter Genius an der Seite Broughams in den meisten Dingen, welche dieser in der Erziehung, der Gesetzesreform und anderen bedeutenden Fragen für das Gemeinwohl leistete. Die kleineren Strömungen, auf die sich sein Einfluss auswirkte, sind zu zahlreich, um sie einzeln aufzuzählen; doch sollte er jetzt eine große Ausdehnung gewinnen mit der Gründung des *Westminster Review.*

Man hat geglaubt, mein Vater sei die Haupttriebfeder bei der Gründung dieser Zeitschrift gewesen; doch dies war durchaus nicht der Fall. Wohl hatte er viele Jahre früher das Bedürfnis eines radikalen Organs, in welchem man dem *Edinburgh Review* und dem *Quarterly Review* (damals die berühmtesten und einflussreichsten Zeitschriften) die Spitze bieten könnte, mit Bentham besprochen, und in diesem Luftschloss war meinem Vater die Redaktion zugedacht gewesen; aber der Gedanke hat nie eine praktische Form gewonnen. Im Jahr 1823 übrigens beschloss Bentham, das *Review* auf eigene Kosten herzustellen, und bot die Leitung meinem Vater an, der aber ablehnend antwortete, weil diese Aufgabe sich nicht mit seinem Dienst im Indian House vertrug. Die Redaktion wurde sodann (jetzt Sir) John Bowring, damals Kaufmann in der City, anvertraut. Bowring war zwei oder drei Jahre vorher ein sehr häufiger Besuch bei Bentham gewesen und bei diesem um vieler persönlichen guten Eigenschaften wohl angeschrieben; namentlich zollte er eine glühende Bewunderung dem Meister, dessen Ansichten er (obschon nicht alle) mit Eifer in sich aufnahm; auch hatte er eine weitläufige, selbst auf brieflichen Verkehr sich erstreckende Bekanntschaft mit Liberalen in allen Ländern und schien sich deshalb besonders dafür zu eignen, Benthams Ruhm und Lehren durch alle Teile der Welt zu verbreiten. Mein Vater hatte von Bowring nicht viel gesehen, wusste aber genug von ihm, um sich die Überzeugung zu bilden, dass man zur Leitung einer politischen und philosophischen Zeitschrift doch eines ganz anderen Mannes bedürfe; die Unternehmung wollte ihm daher gar nicht gefallen, und er hätte lieber gewünscht, dass sie unterbleiben möchte, weil er sich des Gedankens nicht entschlagen konnte, Bentham verliere dabei nicht nur sein Geld, sondern das Fiasko werde voraussichtlich auf Rechnung der radikalen Prinzipien gehen. Er mochte jedoch Bentham nicht im Stich lassen und willigte ein, für die erste Nummer einen Artikel zu schreiben. Da es ein Lieblingsabschnitt des früher besprochenen Entwurfs gewesen war, die übrigen Zeitschriften einer Musterung zu unterwerfen, so behandelte mein Vater in jenem Artikel das *Edinburgh Review*, über das er von Beginn an eine allgemeine Kritik ausgoss, und als Vorbereitung für diese Arbeit musste ich alle die bisher erschienenen Bände (wenigstens die wichtigeren Artikel darin, was 1823 noch keine so schwere Aufgabe war, als sie es jetzt sein würde) durchlesen, um ihn auf alle Abschnitte aufmerksam zu machen, die mir um ihrer guten oder schlimmen Eigenschaften willen als der Prüfung wert erschienen. Diese Abhandlung meines Vaters war die Hauptursache des Aufsehens, welches das *Westminster Review* bei seinem ersten Erscheinen machte, und ist sowohl in der Anlage als auch in der Ausführung eine der einschlägigsten von allen seinen Schriften. Er begann mit einer Analyse der Richtungen, welche die periodische Literatur im Allgemeinen nimmt, und wies darauf hin, wie sie nicht gleich den Büchern auf den Erfolg warten kann, sondern diesen unmittelbar erringen oder das Feld räumen muss; es sei daher fast sicher, dass sie für Ansichten einstehe, die bei dem von ihr in Aussicht genommenen Publikum bereits Fleisch und Blut geworden und nicht erst zurecht gestellt oder verbessert werden müssen. Dann legte er den Standpunkt des *Edinburgh Reviews* als politisches Organ dar und zergliederte aufs ausführlichste die britische Verfassung an Hand der radikalen Prinzipien, wobei er namentlich den durchgängig aristokratischen Charakter derselben ins Licht stellte, die Ernennung der Mehrheit des Unterhauses durch einige Hundert Familien, die gänzliche Verquickung des unabhängigen Teils der Mitglieder des Landkreises mit den großen Landbesitzern, die verschiedenen Klassen, welche schicklichkeitshalber diese engere Oligarchie Teilnahme an der Gewalt zuließ, und schließlich die zwei sogenannten Stützen, die Kirche und den Advokatenstand. Er zeigte, wie eine so zusammengesetzte Körperschaft naturgemäß sich in zwei Parteien zu gruppieren geeignet sei: die eine im Besitz der Exekutive, die andere aber bemüht, die erstere zu verdrängen und ohne wesentliche Opfer für das aristokratische Übergewicht unter Beistand der öffentlichen Meinung der herrschende Teil zu werden; dann beschrieb er das politische Terrain und das Verfahren, das wahrscheinlich eine aristokratische Partei einschlüge, wenn sie um der öffentlichen Unterstützung willen mit populären Prinzipien kokettiere, wobei ihm das Verhalten der Whig-Partei und des *Edinburgh Reviews*, ihres literarischen Hauptorgans, als Illustration diente. Ihr hervorstechender Charakterzug, sagte er, sei das Schaukelsystem [»seesaw«], in welchem jede das Interesse oder die Macht der herrschenden Klassen berührende Frage abwechselnd von beiden Seiten besprochen werde, bald, wie er an zahlreichen Beispielen nachwies, in verschiedenen Aufsätzen, bald in verschiedenen Teilen desselben Artikels. Nie zuvor hatte die Whig-Partei und ihre Politik einen so gewaltigen Angriff erfahren, und nie zuvor war in England eine so mächtige Lanze für den Radikalismus eingelegt worden; auch glaube ich nicht, dass außer meinem Vater irgendeine lebende Person imstande gewesen wäre, jenen Artikel zu schreiben.[1]

---

[1] Die Fortsetzung des Aufsatzes in der zweiten Nummer wurde unter den Augen meines Vaters von mir geschrieben, hatte aber im Ganzen nur wenig oder keinen Wert, obschon sie mir als Übung in Abfassung solcher Artikel nützlicher wurde als irgendetwas, was je aus meiner Feder hervorging.

Inzwischen war das im Werden begriffene *Review* eine Verbindung eingegangen mit einem andern Projekt einer rein literarischen Zeitschrift, die von Henry Southern, einem Literaten von Fach und späteren Diplomaten, redigiert werden sollte, während Bowring der politische Teil vorbehalten blieb. Das *Southern's Review* war bei Longman erschienen, und diese Firma, welche auch Anteil am *Edinburgh Review* hatte, hatte sich geneigt erklärt, den Verlag der neuen Zeitschrift zu übernehmen. Als jedoch alle Vorbereitungen getroffen und die Prospekte bereits versandt waren, bekamen die Longman den Angriff meines Vaters auf die *Edinburgher Review* zu Gesicht und traten zurück. Nun wurde mein Vater um Verwendung bei seinem Buchhändler Baldwin angegangen, bei dem er auch den gewünschten Zweck erreichte, uns so erschien endlich im April 1824 die erste Nummer des *Westminster Review*, nachdem mein Vater und die meisten von denen, welche später zur Unterstützung beitrugen, die Hoffnung bereits aufgegeben hatten.

Jene Nummer war für die meisten von uns eine angenehme Überraschung und die Mehrzahl der Artikel weit besser, als man erwartet hatte. Den literarischen und künstlerischen Teil hatte Bingham (Advokat und später Polizeibeamter) besorgt, der einige Jahre viel in Benthams Haus aus- und eingegangen war, ein Freund der beiden Austins war und für Benthams philosophische Lehren schwärmte. Zufällig enthielt die erste Nummer nicht weniger als fünf Artikel von Bingham, und sie gefielen uns bestens. Ich erinnere mich noch gut des gemischten Gefühls, das mir dieser Erstling des *Review* einflößte; es war einesteils die Freude über den Besitz eines Organs, das wider unser Erwarten gut genug war, um den Ansichten, die es vertrat, Ehre zu machen, andernteils tiefer Ärger, dass ihm doch trotz dieser Güte noch vermeintliche Mängel anhafteten. Als wir jedoch, abgesehen von unserer eigenen günstigen Beurteilung erfuhren, dass die erste Nummer einen außerordentlich starken Absatz gefunden und dass das Erscheinen eines radikalen *Reviews* mit Ansprüchen, gleich denen der längst bestehenden Parteiorgane, ein gewaltiges Aufsehen erregt hatte, so dachte niemand mehr ans Zaudern, und wir machten alle eifrig das Möglichste zur Stärkung und Verbesserung der Zeitschrift.

Mein Vater fuhr fort, gelegentlich Artikel zu schreiben, und nach dem *Edinburgher* kam die Reihe der Bloßstellung an das *Quarterly Review*. Von seinen anderen Beiträgen waren die wichtigsten ein Angriff auf Southeys Buch von der Kirche in der fünften und ein politischer Artikel in der zwölften Nummer. Austin lieferte bloß einen einzigen, dafür aber sehr tüchtigen Aufsatz gegen das Erstgeburtsrecht als Erwiderung auf einen Artikel, den McCulloch im *Edinburgh Review* veröffentlicht hatte. Auch von Grote lief, da bereits alle seine Zeit von seiner *Geschichte Griechenlands* in Anspruch genommen war, nur ein einziger Beitrag ein, der in persönlicher Angelegenheit eine vollständige Bloßstellung und Züchtigung Mitfords enthielt. Bingham und Austin waren einige Zeit eifrige Mitarbeiter, von der dritten Nummer an auch Fonblanque. Von meinen näheren Freunden sorgte bis zur neunten Nummer Ellis für regelmäßige Beiträge, und als er abbrach, traten andere für ihn ein: Eyton Tooke, Graham und Roebuck. Ich selbst war der Eifrigste, indem ich von der zweiten Nummer an bis zur achtzehnten dreizehn Artikel beisteuerte, entweder Rezensionen von Büchern über Geschichte und Ökonomie oder Abhandlungen über spezielle politische Gegenstände, zum Beispiel die Korngesetze, die Wildgesetze und die Verleumdung und Beleidigung betreffenden Gesetze [law of libel]. Gelegentlich liefen wertvolle Beiträge von anderen Bekannten meines Vaters und mitunter von den meinigen ein; auch einige von Bowrings Korrespondenten ließen sich gut an. Im Ganzen befriedigte jedoch die Haltung des *Review* niemandem aus meiner Bekanntschaft, welche für die Parteigrundsätze den lebhaftesten Anteil nahmen, da kaum eine Nummer erschien, ohne das ein oder andere zu enthalten, an dem wir nicht, sei es im Punkte der Meinung, des Geschmacks oder Begabung schweren Anstoß genommen hätten. Die ungünstigen Urteile, die mein Vater, Grote, die beiden Austin und andere fällten, fanden ein übertreibendes Echo bei uns Jüngeren, und da unser jugendlicher Eifer sich in lauten Klagen Luft machte, so bereiteten wir unsern beiden Redakteuren ein trauriges Leben. Wenn ich mir vergegenwärtige, wie ich damals war, so zweifle ich nicht, dass wir wenigstens ebenso oft unrecht als recht hatten, und ich bin überzeugt, dass das *Review*, hätte man es nach unseren (den jüngeren) Ansichten ausführen wollen, nicht besser, vielleicht nicht einmal so gut ausgefallen wäre, als es war; allein es verdient immerhin als Tatsache in der Geschichte des Benthamismus Beachtung, dass das periodische Organ, durch welches er am meisten bekannt wurde, von Anfang an die Hauptvertreter dieser Lehre ganz und gar nicht befriedigte.

Mittlerweile erregte jedoch das *Review* beträchtliches Aufsehen in der Welt und verlieh dem Benthamischen Typus des Radikalismus auf dem Boden der öffentlichen Besprechung eine anerkannte Stellung, die damals nicht im Verhältnis stand, weder zur Zahl der Anhänger, noch zu den persönlichen Verdiensten und Fähigkeiten der meisten von denen, auf welche man rechnen konnte. Es war bekanntlich die Zeit, in welcher der Liberalismus einen raschen Aufschwung gewann. Nachdem die Besorgnisse und Gehässigkeiten, die sich an einen Krieg mit Frankreich geknüpft hatten, ein Ende genommen und die Leute wieder den Kopf frei hatten für Innenpolitik, begann die Strömung sich der Reform zuzuwenden; die erneuerte Bedrückung des Kontinents durch die alten herrschenden Familien, die offensichtliche Begünstigung, welche die englische Regierung der sogenannten heiligen Allianz, dieser Verschwörung gegen die Freiheit, zu Teil werden ließ, die ungeheure Last der Nationalschuld und die schwere Besteuerung, welche der lange kostspielige Krieg herbeigeführt hatte, hatten Regierung und Parlament sehr unpopulär gemacht. Der Radikalismus hatte unter der Führung der Burdetts und Cobbets einen Charakter und eine Bedeutung gewonnen, welche die Administration ernstlich beunruhigten, und die Verwirrung war kaum durch die berühmten sechs Akte zeitweilig beschworen worden, als die Gerichtsverhandlung gegen die Königin Karoline eine noch viel tiefere Kluft des Hasses aufriss. Obschon die äußeren Anzeichen dieser Missstimmung mit der erregenden Ursache vorüber gingen, spukte nun doch von allen Seiten, wie früher nie, ein Geist der Opposition gegen einzelne Übelstände. Humes beharrliche Prüfung der öffentlichen Ausgaben, welche das Unterhaus bei jedem anfechtbaren Posten des Etats zur speziellen Abstimmung zwang, hatte nachgerade mächtig auf die öffentliche Meinung eingewirkt und der widerstrebenden Administration manche kleineren Einschränkungen abgerungen. Die politische Ökonomie hatte eine kräftige Vertretung in der Freihandelspetition der Londoner Kaufleute, die Tooke 1820 abgefasst und Alexander Baring übergeben hatte, wie auch in den edlen Anstrengungen Ricardos während der wenigen Jahre seines parlamentarischen Lebens. Die Schriften des letzteren, denen die Bullion-Kontroverse vorangegangen war und die Darlegungen meines Vaters und McCullochs (dessen im *Edinburgh Review* erschienene Aufsätze aus jener Zeit sehr wertvoll sind) folgten, hatten dem Gegenstand die allgemeine Aufmerksamkeit verschafft und schließlich im Kabinett selbst wenigstens partielle Konvertiten gewonnen, so dass Huskisson, von Canning unterstützt, die allmählich Aufräumung mit dem Prohibitivsystem beginnen konnte, die 1840 durch einen ihrer Kollegen dem Wesen nach zu Ende kam, obschon die letzten Spuren davon erst 1860 unter Gladstone schwanden. Peel, damals Minister des Innern, lenkte behutsam in den noch unbetretenen Benthamschen Pfad der Gesetzreform ein. In jener Periode, in welcher der Liberalismus das tonangebende Schlagwort der Zeit zu werden schien, Verbesserung der Staatseinrichtungen von oben gepredigt wurde, und von unten der laute Ruf nach einer vollständigen Veränderung in der Zusammensetzung des Parlaments erscholl, darf es nicht befremden, wenn ein regelmäßiges Eintreten in die Kontroverse von Seiten einer anscheinend neuen Schriftstellerschule, welche Anspruch darauf erhob, die Gesetzgeber und Theoretiker für diese neue Richtung zu liefern, Aufmerksamkeit erregte. Der Ton der festen Überzeugung in ihren Schriften, während kaum jemand anders einen gleich starken Glauben an die Endgültigkeit ihrer Lehren zu haben schien, die Kühnheit, mit welcher sie gegen die Front der beiden bestehenden politischen Parteien ins Feld rückten, ihre jeden Kompromiss ablehnende Opposition gegen viele von den meist verbreiteten Anschauungen und der Argwohn, dass hinter den offen ausgesprochenen noch weit unorthodoxere Meinungen verborgen seien, das Talent und die Wärme, die wenigstens aus den Artikeln meines Vaters sprachen, der Anschein, als stehe ihm ein Stab zur Seite, der ausreiche, um eine Zeitung in Schwung zu bringen, schließlich aber die Tatsache, dass das Blatt gekauft und gelesen wurde – alles das bewirkte, dass die sogenannte philosophisch-politische Schule Benthams in der öffentlichen Meinung eine weit höhere Bedeutung als je zuvor gewann, eine Bedeutung, wie sie auch spätere ernstere Denkschulen in England nie wieder errungen haben. Da ich mich im Hauptquartier befand, so kannte ich natürlich den ganzen Umfang unserer Hilfsquellen, und als einer der tätigsten unter unserem sehr kleinen Häuflein (ich kann ohne

Anmassung sagen quorum pars magna fui) dürfte ich mehr als die meisten anderen in der Lage sein, einen Bericht über die Verhältnis zu geben.

Die vermeintliche Schule bestand einfach in der Tatsache, dass mein Vater durch seine Schriften und seine Konversation eine gewisse Anzahl junger Männer um sich sammelte, die bereits einen größeren oder geringeren Teil seiner sehr entschiedenen politischen und philosophischen Ansichten eingesogen hatten oder von ihm eingeweiht wurden. Die Behauptung, Bentham sei von einer Schar Schüler umgeben gewesen, welche dessen Lehren von seinen Lippen auffingen, ist eine Fabel, welcher mein Vater in seinem »Fragment über Mackintosh« Gerechtigkeit widerfahren ließ und die allen denen einfach lächerlich erscheinen muss, welche Benthams Gewohnheiten und Konversationsweise kannten. Der Einfluss, welchen Bentham ausübte, ging von seinen Schriften aus, durch welche er auf die Zustände der Gesellschaft ohne Zweifel weit tiefer und umfassender einwirkte und noch einwirkt, als sich dies von meinem Vater behaupten lässt; er ist daher ein viel größerer Name in der Geschichte. Allein mein Vater hatte ein größeres persönliches Übergewicht. Er wurde aufgesucht wegen der Kraft der Belehrung, die in seiner Unterhaltung lag, und benützte sie in großem Ausmaß als Werkzeug für die Verbreitung seiner Ansichten. Ich habe nie einen Mann gekannt, der es so gut verstanden hätte, seinen besten Gedanken in mündlicher Unterredung Gerechtigkeit widerfahren zu lassen. Die vollkommene Gewalt über seine umfassenden geistigen Hilfsquellen, die Glätte und Ausdruckfülle seiner Rede und der moralische Ernst sowie die intellektuelle Kraft seines Vortrags machten ihn zu einem der ansprechendsten von allen durch Konversation belehrenden Philosophen, welcher auch, wenn er mit Personen zusammen war, die er gern hatte, in der gewöhnlichen Unterhaltung sehr gefiel um seines herzlichen Lachens und des reichen Anekdotenschatzes willen, der ihm nach Umständen zu Gebot stand. Seine Macht zeigte sich nicht bloß, ja nicht einmal hauptsächlich in der Verbreitung seiner intellektuellen Überzeugungen, sondern noch weit mehr in einer Eigenschaft, die ich seitdem äußerst selten wiedergefunden – ich meine den edlen Gemeingeist [exalted public spirit], der das Wohl des Ganzen überall an die Spitze stellte und jeden verwandten Keim im Geist derer, welche mit ihm in Berührung kamen, zu Leben und Tätigkeit anfachte. Man buhlte um seinen Beifall und scheute sich vor seiner Missbilligung. So wurde denn seine Konversation, ja sogar sein Dasein zu einem moralischen Halt für jene, welche nach den gleichen Zielen strebten, während den Halbherzigen oder Kleinmütigen unter ihnen sein festes Vertrauen zur Macht der Vernunft für den allgemeinen Fortschritt der Verbesserung und dem Guten, das durch vernünftige Anstrengung auch von Einzelnen errungen werden konnte, eine starke Stütze war, auch wenn er für den speziellen Fall bezüglich des raschen Erfolgs wenig zuversichtlich sein mochte.

So waren es denn die Anschauungen meines Vaters, welche dem Benthamschen oder utilitaristischen Propagandismus seiner Zeit ihren auszeichnenden Charakter verliehen; einzeln wurden sie zwar nach vielen Richtungen hin ausgestreut, aber in ununterbrochenem Strom ergossen sie sich hauptsächlich durch drei Kanäle. Der eine davon war ich, der einzige unmittelbar durch seine Lehren gebildete Geist, durch den ein nennenswerter Einfluss geübt wurde auf verschiedene junge Männer, welche sich der Reihe nach unserer Propaganda anschlossen. Einen zweiten boten einige von den Cambridger Kommilitonen Charles Austin, die, entweder von letzterem persönlich oder durch ihre allgemeine Geistesrichtung angespornt, viele von den mit den Anschauungen meines Vaters verwandte Ideen aufgenommen hatten und zum Teil später die Bekanntschaft meines

Vaters suchten und pflegten. Unter diesen nenne ich Edward Strutt (nachher Lord Belper) und den derzeitigen Lord Romilly, mit dessen trefflichem Vater Sir Samuel der meinige von alters her befreundet war. Der dritte Kanal bestand in einer jüngeren Generation von Cambridge Studenten, nicht aus der Zeit von Austin, sondern von Eyton Tooke, welche von letzterem durch die Ähnlichkeit der Geistesrichtung angezogen und bei meinem Vater eingeführt worden waren; der namhafteste darunter war Charles Buller. Noch viele andere Personen halfen den Einfluss meines Vaters weiter tragen, so zum Beispiel der schon erwähnte Black und Fonblanque, obschon in vielen wichtigen Punkten nie mit uns einverstanden. Allerdings war von einer vollständigen Einmütigkeit unter uns nie die Rede, und keiner würde alle Ansichten meines Vaters unbedingt unterzeichnet haben. So wurde zum Beispiel seine Abhandlung über Regierung wahrscheinlich von allen als ein Meisterwerk politischer Weisheit bewundert; allein diese Bewunderung erstreckte sich nicht bis auf den Abschnitt, in welchem behauptet wird, es vertrage sich recht wohl mit einer guten Regierung, wenn die Frauen vom Stimmrecht ausgeschlossen seien, weil ihre Interessen Hand in Hand gingen mit denen der Männer. Diesem Satz konnten ich und diejenigen, welche zu meinen näheren Freunden gehörten, durchaus nicht zustimmen. Ich muss allerdings meinem Vater die Gerechtigkeit widerfahren lassen, dass er in Abrede stellte, er habe damit behaupten wollen, man *sollte* die Frauen ausschließen, ebensowenig als die Männer unter vierzig, wozu der darauf folgende Abschnitt genau denselben Satz aufstelle; in seinem Artikel handle es sich nicht um die Frage, ob es besser wäre, das Stimmrecht zu beschränken, sondern darum, wie weit diese, falls sie stattfindet, im äußersten Falle gehen dürfe, ohne einer guten Regierung Abbruch zu tun. Allerdings dachte ich damals und denke auch noch jetzt so, dass die von ihm ausgesprochene wie auch die von ihm abgelehnte Ansicht ein ebenso großer Irrtum ist, als eine von denen, die er in seiner Abhandlung bekämpft; das Interesse der Frauen ist mit dem der Männer genau eben so weit, nicht mehr und nicht minder, verflochten, als das der Untertanen sich mit dem der Könige verwebt, und jeder Grund, welcher sich für das Stimmrecht eines Einzelnen aufstellen lässt, fordert auch dessen Ausdehnung auf die Frauen. Dies war die allgemeine Anschauung der jüngeren Proselyten, und ich freue mich, sagen zu können, dass auch Bentham in diesem wichtigen Punkte ganz auf unserer Seite stand.

Obgleich niemand von uns mit meinem Vater in allen Stücken harmonierte, waren doch, wie gesagt, seine Ansichten das Hauptelement, welches der kleinen Gruppe junger Männer, von denen die erste Verbreitung des später sogenannten »philosophischen Radikalismus« ausging, Farbe und Charakter verlieh. Benthamismus, sofern Bentham als Haupt oder Führer bezeichnet werden soll, wäre eine ganz ungeeignete Benennung und nur gerechtfertigt, wenn man Benthams Standpunkt mit der modernen politischen Ökonomie und mit Hartleys Metaphysik in Verbindung bringt. Das Bevölkerungsprinzip von Malthus galt uns ebensogut als ein Banner und Einigungspunkt, als irgendeine Ansicht, die von Bentham ausging. Diese große Lehre, welche ursprünglich als Argument gegen die endlose Verbesserungsfähigkeit der menschlichen Angelegenheiten aufgestellt wurde, nahmen wir mit glühendem Eifer im entgegengesetzten Sinne, als einen Hinweis auf die einzigen Mittel, um die Verbesserungsfähigkeit zu verwirklichen, indem man der ganzen arbeitenden Bevölkerung volle Beschäftigung sicherte durch die freiwillige Beschränkung des Zahlenzuwachses. Die anderen leitenden Züge dieses Glaubensbekenntnisses, das wir mit meinem Vater gemein hatten, lassen sich wie folgt zusammenfassen:

In der Politik ein fast unbegrenztes Vertrauen in die Wirksamkeit zweier Dinge, der Repräsentativ-Regierung und einer vollständigen Freiheit der Rede. Mein Vater vertraute so unbedingt auf den Einfluss der Vernunft auf den menschlichen Geist, wenn ihr ein ungehemmter Zugang gestattet wurde, dass er der Überzeugung lebte, es werde sich alles erringen lassen, sobald die ganze Bevölkerung lesen gelernt habe, alle Arten von Ansichten in Wort und Schrift an sie gerichtet werden dürfen und man es vermittelst des Stimmrechts ihr in die Hand gebe, eine Gesetzgebung zustande zu bringen, die dem in ihr herrschenden Geist Nachdruck verschaffe. Er meint, wenn der gesetzgebende Körper nicht länger ein Klasseninteresse vertrete, werde er ehrlich und mit entsprechender Weisheit das allgemeine Wohl ins Auge fassen, während das Volk sich hinreichend der Führung einer gebildeten Intelligenz hingeben würde, um im Allgemeinen tüchtige Vertreter zu wählen und diesen dann einen großen Ermessensspielraum [liberal discretion] zuzugestehen. Demgemäß nie ein Paktieren mit dem aristokratischen Regiment, mit einer Regierung der Wenigen in welcher Gestalt auch immer, da sie in seinen Augen das einzige war, wodurch verhindert wurde, dass die Angelegenheiten der Menschen nicht unter die Leitung ihrer weisesten Männer gelangten; dagegen bildete ein demokratisches Stimmrecht den Hauptartikel seines politischen Glaubensbekenntnisses, jedoch nicht auf der Basis der Freiheit, der Menschenrechte oder ähnlicher mehr oder weniger bedeutsamen Phrasen, mit denen die Demokratie bisher stets verteidigt wurde, sondern als die wesentlichste von den »Garantien für eine gute Regierung«. Was diese betrifft hielt er auch nur an dem fest, was ihm wirklich als wesentlich erschien; er war verhältnismäßig gleichgültig gegen monarchische oder republikanische Formen, weit mehr als Bentham, dem ein König notwendig sehr anstößig erschien, da er in ihm nur einen »Allesverderber« sah. Nächst der Aristokratie hatte er hauptsächlich eine Abneigung gegen eine Staatskirche oder Korporation von Priestern, durch welche schon um ihrer Stellung willen die Religion verschlechtert und der Fortschritt des menschlichen Geistes gehindert werde, obschon er verdienstvollen Geistlichen nicht abgeneigt war und mit mehreren aufrichtig befreundet war. In Beziehung auf die Ethik waren seine moralischen Gefühle starr und energisch in allen Punkten, welche ihm für die menschliche Wohlfahrt wichtig schienen, obschon er sich, allerdings nicht in seinem persönlichen Verhalten, äußerst gleichgültig zeigte gegen alle jene Dogmen der gewöhnlichen Moral, welche seiner Ansicht nach sich nur auf Askese und Priestertum gründeten. So nahm er zum Beispiel eine beträchtliche Erweiterung der Freiheit im geschlechtlichen Verkehr in Aussicht, ohne dass er sich jedoch herausnahm, die Grenzen dieser Freiheit genau abstecken zu wollen. Diese Anschauung gründete sich bei ihm weder vom theoretischen noch vom praktischen Standpunkte aus auf Sinnlichkeit; wohl aber versprach er sich von der größeren Zwanglosigkeit als eine der wohltätigen Wirkungen, dass die Einbildungskraft nicht länger bei dem physischen Verhältnis nebst Zubehör verweile und zu einem Hauptzweck des Lebens aufblähe, eine Verkehrtheit in der Gefühlsrichtung, die ihm als eines der tiefwurzelnden und schädlichsten Gebrechen des menschlichen Geistes erschien. In der Psychologie galt ihm als Fundamentalsatz die Bildung des ganzen menschlichen Charakters durch die Umstände, durch das allgemeine Prinzip der Assoziation und die daraus folgende unbegrenzte Möglichkeit, die moralische und intellektuelle Lage der Menschheit durch Erziehung zu verbessern. Von allen seinen Lehren war keine wichtiger, keine muss mehr unterstützt werden als diese; doch stand sie zu seiner Zeit und leider auch jetzt noch in schroffem Widerspruch zur herrschenden Richtung der Spekulation.

Diese verschiedenen Ansichten wurden vom kleinen Häuflein, zu dem ich gehörte, mit jugendlichem Fanatismus aufgenommen und mit einem sektiererischen Geist gepflegt, von dem mein Vater, der Absicht nach wenigstens, ganz frei war. Was wir, oder vielmehr das Phantom, das man statt unserer aufstellte, in lächerlicher Übertreibung bisweilen von anderen genannt wurden, eine »Schule« nämlich, hofften und strebten eine Zeitlang einige von uns wirklich zustande zu bringen. Wir suchten das Beispiel der französischen Philosophen aus dem achtzehnten Jahrhundert nachzuahmen und versprachen uns gleich günstige Erfolge. Niemand ging dabei in seinem knabenhaften Ehrgeiz weiter als ich, und ich könnte dazu zahlreiche Belege geben, wenn ich Zeit und Papier nutzlos verschwenden wollte.

Alles dies betrifft jedoch eigentlich nur die Außenseite unseres Daseins oder wenigstens bloß den intellektuellen Teil desselben und auch davon nur eine einzige Seite. Wollte ich tiefer eindringen und darlegen, was wir als menschliche Wesen waren, so könnte ich aus zureichender Kenntnis nur von meiner eigenen Person sprechen, denn ich glaube nicht, dass das Bild ohne viele und große Modifikationen auf irgendeinen von meinen Kameraden passen würde.

Man hat einen Benthamiten so oft als eine bloße Denkmaschine dargestellt. Obschon diese Bezeichnung ganz und gar nicht anwendbar war auf die meisten von denen, welche man damit belegte, so kann ich doch das Prädikat, wenn ich es auf zwei oder drei Jahre von meinem Leben beziehe, nicht völlig ablehnen. Es passte vielleicht auf mich ebensogut wie auf jeden frisch ins Leben eintretenden jungen Menschen, für den die gewöhnlichen Ziele des Verlangens im Allgemeinen wenigstens den Reiz der Neuheit haben. Darin liegt nichts sonderlich Außerordentliches; von keinem Jüngling in meinem Alter kann man erwarten, dass er mehr als Eines sei, und dies nehme ich auch für mich in Anspruch. Ehrgeiz und Wunsch nach Auszeichnung hatte ich reichlich, und Eifer für das, was meiner Ansicht nach zum Besten der Menschheit diente, war mein stärkstes Gefühl, das sich in alle anderen mischte und ihnen Färbung verlieh. Allein mein Eifer hatte in jener Periode meines Lebens noch wenig andere Ziele gefunden als die philosophische Spekulation und wurzelte nicht in echtem Wohlwollen, in echter Menschenliebe, obschon auch diese Eigenschaften im Standard meiner Ethik die ihnen gebührende Stelle einnahmen. Ebensowenig enthielt dieser Begeisterung für ideale Noblesse; denn wenn ich auch für dieses Gefühl eine große Empfänglichkeit besaß, fehlte doch die natürliche Nahrung, die poetische Kultur, während das gerade Gegenteil davon, die Disziplin durch bloße Logik und Analyse, in überreichem Maß vorhanden war. Dazu muss ich noch rechnen, dass, wie bereits erwähnt, mein Vater bei seinem Unterricht dazu neigte, die Gefühle unterzubewerten. Nicht dass er selbst hartherzig oder gefühllos gewesen wäre; allein er glaubte, das Gefühl könne für sich selbst sorgen und werde schon zur Geltung kommen, wenn man sich eines richtigen Handelns befleißige. Er war ärgerlich darüber, dass man so oft in ethischen und philosophischen Kontroversen bei einem Benehmen, statt es aus sich selbst heraus zu rechtfertigen, als eine ultima ratio und Rechtfertigung das Gefühl hervorhob, während in der Praxis Handlungen, die dem menschlichen Glück schadeten, als durch das Gefühl geboten verteidigt würden und man dem Charakter einer Person mit Gefühl ein Verdienst zuschreibe, das doch nur dem Tun gebühre; in Folge davon wollte er dem Gefühl gar nichts oder doch nur möglichst wenig Lobenswertes zugestehen, sowohl für die Bewertung der Personen, als auch für die Diskussion der Sachverhalte. Zum Einfluss, den dieser sein Charakterzug auf mich und andere übte, kam noch, dass alle die Ansichten, auf welche wir besonderes Gewicht legten, fortwährend auf dem Grund des Gefühls Anfechtung fanden. Nutzen [utility] wurde verschrien als kalte Berechnung, die politische Ökonomie als hartherzig und die Lehren zur Überbevölkerung [anti-population doctrines] als im Widerspruch stehend mit den natürlichen Gefühlen der Menschheit. Wir antworteten darauf, um unsere Geringschätzung auszudrücken, mit den Schlagwörtern »Sentimentalität«, »Deklamation«, »vage Verallgemeinerung«. Obschon wir gegen diejenigen, welche uns widersprachen, im Allgemeinen recht hatten, folgte daraus doch, dass die Kultur des Gefühls (des privaten und öffentlichen Pflichtgefühls ausgenommen) von uns nicht sonderlich geschätzt wurde und bei den meisten von uns, insbesondere bei mir, sehr wenig Boden fand. Wir hatten uns einmal in den Kopf gesetzt, in den Ansichten der Leute eine Änderung zu bewirken; sie sollten nur auf Beweis glauben und ihre wahren Interessen kennenlernen; hatte man sie so weit, so würden sie, dachten wir, sich eigene Ansichten bilden und deren Propaganda durchführen. Während wir die höhere Vortrefflichkeit eines Wohlwollens und einer Gerechtigkeitsliebe ohne Selbstsucht bereitwillig anerkannten, versprachen wir uns keine Regeneration der Menschheit von einer unmittelbaren Einwirkung auf diese Gefühle, sondern vom Einfluss des gebildeten Verstandes, der in die selbstsüchtigen Gefühle hineinleuchtet. Obgleich dieser erhellende Verstand ungemein wichtig ist als als Mittel zur Verbesserung durch jene, deren Handeln edlere Prinzipien zugrunde liegen, glaube ich doch nicht, dass von den noch lebenden Benthamiten oder Utilitaristen jener Zeit irgendeiner sich hauptsächlich darauf verlassen würde für die allgemeine Verbesserung des menschlichen Verhaltens.

Aus der Vernachlässigung der Gefühlskultur in der Theorie als auch in der Praxis folgte unter anderem natürlich eine zu geringe Berücksichtigung der Poesie und der Phantasie überhaupt als eines Elements der menschlichen Natur. Man trägt oder trug sich mit der Meinung, die Benthamiten seien Feinde der Poesie; dies ließ sich jedoch teilweise nur von Bentham selbst behaupten, welcher zu sagen pflegte, dass »von der Dichterei nur verzerrte Bilder zu erwarten seien«. In jenem Sinne übrigens, in welchem er es meinte, hätte sich von jeder eindrucksvollen Rede und von jedem Vortrag, der über das Aufzählen von Zahlen hinaus geht, dasselbe sagen lassen. Ein Artikel in der ersten Nummer des *Westminster Review*, in welchem Bingham eine ihm anstößige Stelle Moores mit der Erklärung abfertigt, Moore sei ein Poet und deshalb kein Denker, hat viel dazu beigetragen, die Mitarbeiter des Blatts in den Geruch der Feindschaft gegen die Poesie zu bringen. In Wirklichkeit gab es allerdings viele unter uns, die sehr gerne Gedichte lasen, und Bingham selbst hatte Gedichte geschrieben, während es auf mich (und auch auf meinen Vater) zutrifft, nicht dass mir die Poesie zuwider, sondern eben aus theoretischen Gründen gleichgültig war. Was mir in Versen zuwider war, würde mir auch in Prosa anstößig geworden sein, und dies war freilich ein weites Feld. Für die Stellung der Poesie als Mittel, die Gefühle zu bilden, hatte ich allerdings kein Auge, obschon manche Zweige derselben mich persönlich sehr ansprachen. Als mein Benthamismus im höchsten sektiererischen Schwung stand, warf ich zufällig einen Blick in Popes *Essay on Man*, in welchem fast jeder Satz in Widerspruch trat zu meinen Anschauungen, und dennoch wirkte die Schrift mächtig auf meine Einbildungskraft. Vielleicht hätten damals höhere poetische Leistungen als die einer beredten Erörterung in Versen keinen derartigen Eindruck auf mich gemacht; jedenfalls gab ich ihnen nur selten Gelegenheit. Dies war jedoch nur ein passiver Zustand. Lange bevor ich die Grundlage meines intellektuellen Glaubens in beträchtlichem Grad erweitert hatte, hatte ich mir im Lauf meines geistigen Fortschritts eine poetische Kultur der wertvollsten Art angeeignet vermittelst meiner ehrfurchtsvollen Bewunderung großer Charaktere, namentlich der Heroen der Philosophie. Man erzählt von so vielen Wohltätern der Menschheit, sie hätten Begeisterung geschöpft aus Plutarchs Lebensbeschreibungen; eine ähnliche Wirkung brachten in mir Platons Sokratesbilder und einige neuere Biographien hervor, unter letzteren namentlich *Vie de Turgot* (1786) von Condorcet, ein Buch, das wie kaum ein anderes berechtigt ist, einen Enthusiasmus von der besten Art hervorzurufen, sofern darin einer der weisesten und edelsten Charaktere durch die Feder eines der weisesten und edelsten Männer dargestellt wird. Die heroische Tugend dieser glorreichen Vertreter der Anschauungen, für welche auch ich schwärmte, ergriff mich tief, und ich kehrte, wie andere zu einem Lieblingsdichter, stets zu ihnen zurück, wenn ich mich in höhere Regionen des Gedankens und des Gefühls aufschwingen wollte. Ich will hier bemerken, dass ich durch Condorcets Schrift von meinen sektiererischen Torheiten geheilt wurde. Die zwei oder drei Seiten, welche mit der Stelle beginnen: »Il regardait toute secte comme nuisible« und auseinandersetzen, warum Turgot sich stets von den Enzyklopädisten fern hielt, senkten sich tief in meinen Geist ein. Ich hörte auf, mich und andere als Utilitaristen zu bezeichnen, und mit dem Wörtchen »wir« oder einer ähnlichen Kollektivbenennung fiel das Feldzeichen der Sekte. Den Sektengeist wurde ich allerdings erst später los; es ging damit viel langsamer.

Zu Ende des Jahres 1824 oder zu Anfang 1825 beschloss Bentham, welcher sein Manuskript über den Beweis von Dumont zurückerhalten hatte (dessen darauf gegründeter *Traité des Preuves Judiciaires* war eben zum ersten Mal im Druck erschienen), die Arbeit im Original herauszugeben, und dachte dabei an mich als eine geeignete Person, um ihm bei der Vorbereitung für die Presse behilflich zu sein, wie kurz zuvor sein *Buch der Trugschlüsse* [*Book of Fallacies*] durch Bingham besorgt worden war. Ich unterzog mich mit Freuden dieser Aufgabe, die ein Jahr lang fast alle meine Muße in Anspruch nahm, die Zeit nicht mitgerechnet, die ich nachher noch auf die Korrektur der fünf starken Bände zu verwenden hatte. Bentham hatte sein Buch in beträchtlichen Zwischenräumen dreimal angefangen, und zwar jedes Mal anders und ohne Bezugnahme auf das früher Geschriebene; zweimal war so fast der ganze Gegenstand durchgearbeitet worden. Diese drei ansehnlichen Manuskriptstöße sollte ich nun in eine einzige Abhandlung zusammenfassen, den zuletzt geschriebenen als Grundlage benützen und dem Werk so viel aus den anderen einverleiben, als nicht durch den dritten völlig überflüssig geworden war. Auch handelte es sich darum, jene von Bentham nur angedeuteten und in Klammern hinzugefügten Sätze, welche durch ihre Verworrenheit über die Grenze der wahrscheinlichen Leselust hinausgingen, deutlicher zu fassen. Ferner war es Benthams ausdrücklicher Wunsch, dass ich nach eigenem Gutachten die etwaigen Lücken ausfülle, die sich im Werke vorfänden, weshalb ich auf seine Bitte die besten Abhandlungen über den Zeugenbeweis des englischen Rechtes las und einigen der anstößigsten Punkte in der englischen Gerichtsordnung, welche Benthams Beachtung entgangen waren, Kommentare beigab. Auch antwortete ich auf die Einwürfe, welche von den Rezensenten des Dumontschen Buches gegen einzelne Sätze erhoben worden waren, und fügte zu einigen der abstrakteren Teile des Themas, zum Beispiel über die Theorie der Unwahrscheinlichkeit und der Unmöglichkeit, ergänzende Bemerkungen hinzu. Der streitbare Anteil dieser redaktionellen Zusätze war in einem anmaßenderen Tone geschrieben, als einem so jungen und unerfahrenen Menschen wie mir zustand; allein ich hatte nie gedacht, dass meine Person dabei ins Spiel kommen konnte, und mich einfach in einen Ton hineingearbeitet, wie er mir für den

Autor und den Gegenstand passend schien; aber nachdem das Werk bereits gedruckt war, bestand Bentham trotz meiner dringlichen Einrede darauf, dass ich auf der Titelseite als Herausgeber genannt werde.

Die Zeit, welche ich auf diese Redaktionsarbeit verwendete, kam meiner eigenen Ausbildung sehr zu statten. Das *Rationale of Judicial Evidence* ist eine der inhaltsreichsten von allen Leistungen Benthams. Da die Theorie des Beweises eine der wichtigsten von seinen Stoffen ist und in die meisten anderen hinüber greift, so enthält das Buch in ausführlicher Entwicklung einen großen Teil seiner besten Gedanken und unter den Spezialitäten namentlich eine vortreffliche Bloßstellung der Mängel und Gebrechen der damaligen englischen Gesetze, nicht in einfacher Beschränkung auf den juridischen Beweis, sondern auch mit illustrativer Nutzanwendung auf die ganze parlamentarische Praxis. Die unmittelbare Kenntnis also, die ich aus dem Buche schöpfte und weit gründlicher in mich aufnahm, als bei bloßem Lesen geschehen wäre, war an sich schon eine bedeutende Erwerbung; doch wurde für mich die Beschäftigung von einem Nutzen, den man vielleicht weniger hätte erwarten sollen, indem sie mein Darstellungsvermögen [power of composition] mächtig steigerte. Was fortan aus meiner Feder hervorging, war viel besser als alles, was ich früher geschrieben hatte. Bekanntlich ist Benthams späterer Stil überladen und schwerfällig; Schuld daran trägt das Übermaß einer guten Eigenschaft, die Liebe zur Präzision, welche ihn bewog, jedem Satz Klausel um Klausel einzuschieben, damit der Leser gleichzeitig nicht nur die Hauptsache, sondern auch alle ihre Modifikationen und Qualifikationen in sich aufnehme. Diese Gewohnheit steigerte sich mehr und mehr, bis zuletzt den nicht daran Gewöhnten das Lesen seiner Schriften sehr mühsam wurde. Dagegen ist seine frühere Schreibweise, zum Beispiel im *Fragment über Regierung*, im *Plan zu einer Ge-*

richtsverfassung und in anderen Schriften, ein Muster von Lebhaftigkeit und Leichtigkeit, verbunden mit einem Inhaltsreichtum, der seines Gleichen sucht. Davon nun fanden sich im Manuskript *On Evidence* viele ansprechende Proben, die ich insgesamt zu erhalten suchte. Die lange Beschäftigung mit dieser bewundernswerten Ausdrucksweise übte einen beträchtlichen Einfluss auf meine eigene, die noch eine weitere Steigerung fand in der emsigen Lektüre anderer französischer und englischer Schriftsteller, welche Leichtigkeit mit Kraft zu verbinden wussten: eines Goldsmith, Fielding, Pascal, Voltaire und Courier. Unter solchen Einflüssen verlor mein Stil die Nüchternheit meiner früheren Darstellungsart; die Knochen und Knorpel begannen sich mit Fleisch zu bekleiden, und meine Darstellungen wurden mitunter lebhaft, ja fast leicht.

Dieser Fortschritt sollte sich bald auf einem neuen Felde zeigen. Marshall von Leeds, der Vater der gegenwärtigen Familie Marshall, der beim Übergang des Wahlrechts von Grampound auf Yorkshire für den zuletzt genannten Bezirk ins Unterhaus kam, ein eifriger Parlamentsreformer und reicher Mann, der von seinem großen Vermögen einen großzügigen Gebrauch machte, hatte ein großes Wohlgefallen gefunden an Benthams *Buch der Trugschlüsse* und war auf den Gedanken gekommen, dass es nützlich sein würde, jährlich die Parlamentsdebatten zu veröffentlichen, nicht in der chronologischen Ordnung von Hansard, sondern nach den Gegenständen klassifiziert und durch Kommentare begleitet, in welchem die Irrtümer der Redner beleuchtet wurden. Mit diesem Anliegen wandte er sich natürlich an den Herausgeber des *Buchs der Trugschlüsse*, und Bingham übernahm unter Charles Austins Beistand die Redaktion. Das Werk führte den Namen *Parlamentary History and Review*; doch machte sich der Verkauf nicht so, dass die Kosten gedeckt wurden, weshalb es nach drei Jahren wieder einging. Gleichwohl erregte es unter den Politikern und Parlamentsmitgliedern einiges Aufsehen. Die beste Kraft der Partei kam darin zur Entwicklung, und die Ausführung war viel tüchtiger, als die des *Westminster Review* es je gewesen war. Bingham und Charles Austin lieferten viele Beiträge, ebenso Strutt, Romilly und mehrerer andere liberale Rechtsgelehrte. Mein Vater schrieb einen Artikel in seinem besten Stil, der ältere Austin ebenfalls, desgleichen Coulson. Mir fiel es zu, die erste Nummer zu beginnen mit einem Aufsatz über den Hauptgegenstand der Session (1825), die katholische Assoziation und den Katholikenausschluss. In der zweiten Nummer schrieb ich eine ausführliche Abhandlung über die Handelskrise von 1825 und die Währungsdebatten, in der dritten zwei Artikel, den einen über einen untergeordneten Gegenstand, den anderen über das Reziprozitäts-Prinzip im Handel unter Zugrundlegung einer berühmten diplomatischen Korrespondenz zwischen Canning und Gallatin. Diese Arbeiten waren nicht mehr bloße Reproduktionen und Nutzanwendungen angelesener Doktrinen, sondern Originalbeiträge, soweit diese Bezeichnung auf alte Ideen in neuen Formen und Beziehungen anwendbar ist; auch tue ich der Wahrheit keinen Abbruch, wenn ich sage, dass sie eine Reife und Tüchtigkeit zeigten wie keine von meinen früheren Leistungen. In der Ausführung machte sich durchaus nichts Jünglinghaftes bemerkbar; allein die Gegenstände sind entweder veraltet oder seitdem so viel besser behandelt worden, dass sie wie meine Beiträge zur ersten Dynastie des *Westminster Review* zu Recht der Vergessenheit anheimfallen können.

Während ich in solcher Weise mit Publizistik beschäftigt war, versäumte ich nicht, auch auf anderen Wegen an meiner Selbstausbildung zu arbeiten. In jener Zeit lernte ich Deutsch nach der Hamiltonschen Methode mit einigen Freunden, die mit mir zu einer Klasse zusammentraten. Fortan nahmen unsere gemeinschaftlichen Studien für mehrere Jahre eine Form an, welche sehr günstig auf mein geistiges Fortschreiten einwirkte. Wir kamen nämlich auf die Idee, mehrere von den Wissenschaftszweigen, die uns interessierten, durch Lesen und Konversation uns anzueignen, zu welchem Zweck wir in einer Gruppe von zwölf oder mehr Personen zusammentraten. Grote überließ uns dazu ein Zimmer seines Hauses an der Threadneedle Street, und sein Kompagnon Prescott, einer von den drei ursprünglichen Mitgliedern der Gesellschaft der Utilitaristen, trat gleichfalls unserem Club bei. Wir versammelten uns zweimal in der Woche morgens von halb neun bis zehn Uhr, da um diese Stunde die meisten von uns an ihre Tagesgeschäfte gehen mussten. Als erste Studie wählten wir die politische Ökonomie und zum Textbuch die *Elemente* meines Vaters. Einer von uns las laut ein Kapitel oder einen kleineren Abschnitt des Buchs; daran wurde nun die Erörterung geknüpft, und wer einen Einwurf oder eine Bemerkung zu machen hatte, tat es. Es galt als Regel, jede angeregte Frage, ob groß oder klein, nach allen Richtungen hin zu behandeln und nicht eher abzubrechen, bis jeder, der an der Erörterung teilgenommen hatte, durch den Schluss befriedigt war; dieser Grundsatz wurde auch auf die abgeleiteten Sätze ausgedehnt, denn es sollte keiner von den Knoten, die wir fanden, ungelöst bleiben. So zog sich die Diskussion über einen einzigen Punkt wiederholt durch mehrere Wochen hin, wobei in der Zwischenzeit zwischen unseren Versammlungen das Thema ernstlich durchdacht und die Lösung der neuen Schwierigkeiten versucht wurde, welche sich in der letzten Morgenversammlung ergeben hatten. Nachdem wir in dieser Weise die *Elemente* meines Vaters durchgeackert hatten, kam die Reihe an Ricardos *Grundsätze der politischen Ökonomie* und an Baileys *Abhandlung über den Wert* [*Dissertation on Value*]. Diese eingehenden und mit Eifer gepflegten Diskussionen waren nicht nur in hohem Grade belehrend für diejenigen, welche daran teilnahmen, sondern führten auch zu neuen Ansichten über einige Kapitel in der abstrakten politischen Ökonomie. Die Theorie der internationalen Werte, welche ich später veröffentlichte, wie auch die modifizierte Form von Ricardos Theorie vom Gewinn, die ich in meiner *Abhandlung über Gewinn und Interessen* [*Essay on Profits and Interests*] darlegte, hatte in jenen Konversationen ihren Ursprung. Neue Spekulationen gingen hauptsächlich von Ellis, Graham und mir aus, obschon bei den Diskussionen auch andere wesentlich mitwirkten, so Prescott durch seine Kenntnisse und Roebuck durch seine dialektische Schärfe. Die Theorien der nationalen Werte und des Gewinns wurden zu ungefähr gleichen Teilen von mir und Graham ausgedacht und verarbeitet. Wäre unser ursprünglicher Plan zur Ausführung gekommen, so wären meine *Essays über einige ungelöste Fragen der politischen Ökonomie* [*Essays on Some Unsettled Questions of Political Economy*] gemeinsam mit einigen Ausarbeitungen von ihm unter unseren beiden Namen im Druck erschienen; aber als ich meine Fassung niederschrieb, fand ich, dass ich meine Übereinstimmung mit ihm viel zu hoch eingeschätzt hatte und er namentlich in der originellsten der beiden Abhandlungen, der über internationale Werte, wesentlich genug von mir abwich, um mich zu veranlassen, die Theorie ausschließlich als mein Eigentum zu betrachten und sie, als sie viele Jahre später veröffentlicht wurde, als solches zu behandeln. Ich will hier bemerken, dass unter den Veränderungen, welche mein Vater in der dritten Auflage seiner *Elemente* anbrachte, mehrere auf die Kritik gegründet waren, welche die betreffenden Punkte in unseren Konversationen gefunden hatten, und dass er, namentlich in den beiden erwähnten Punkten, obschon nicht bezüglich unserer neuen Spekulationen, seine Ansichten geändert hatte.

Als wir, nachdem wir die politische Ökonomie zu Ende gebracht hatten, in derselben Weise die syllogistische Logik aufnahmen, schloss sich uns auch Grote an. Unser erstes

Textbuch war das von Aldrich; allein seine Oberflächlichkeit befriedigte uns nicht, weshalb wir nach dem besten der vielen Handbücher über Schullogik griffen, nach der *Manuductio ad Logicam* des Jesuiten Philippus Du Trieu, die sich in der Bibliothek meines Vaters, eines eifrigen Sammlers solche Werke, befand. Nachdem wir damit fertig waren, gingen wir an Whateleys *Logik*, die damals zum ersten Mal aus der *Encyclopaedia Metropolitana* wieder abgedruckt worden war, und schließlich an die *Computatio sive Logica* von Hobbes. Diese Bücher boten in der bei uns üblichen Behandlung ein weites Feld für metaphysische Originalspekulationen, und das meiste von dem, was im ersten Buch meines *Systems der Logik* gegeben ist, um die Prinzipien und Distinktionen der Schullogiker richtig zu stellen und zu korrigieren, wie auch die Theorie von der Bedeutung der Urteile zu verbessern, hat seinen Ursprung in jenen Diskussionen; Graham und ich regten in der Regel das Neue an, während Grote und andere ein treffliches Tribunal und Prüfungsgremium bildeten. Von dieser Zeit an trug ich mich mit dem Gedanken, ein Buch über Logik zu schreiben, obschon in einem viel bescheideneren Maßstab, als der Plan, der später zur Ausführung gekommen ist.

Nach Durcharbeitung der Logik gingen wir zur analytischen Psychologie über; unser Textbuch sollte Hartley sein, und da jeder von uns ein Exemplar besitzen wollte, so steigerte sich die Priestleysche Ausgabe, nach der wir ganz London durchstöberten, auf fabelhafte Preise. Nachdem wir mit Hartley fertig waren, stellten wir unsere Zusammenkünfte ein; da jedoch bald nachher die *Analyse des Geistes* meines Vaters veröffentlicht wurde, nahmen wir dieselben wieder auf, um das neu erschienene Werk zu lesen. Damit nahmen unsere Übungen ein Ende. Ich habe jene Konversationen stets als meine wirkliche Einweihung in den Kreis des unabhängigen und originellen Denkens betrachtet; auch eignete ich mir durch sie eine Gewohnheit an oder stärkte sie zumindest sehr; ihr darf ich alles zuschreiben, was ich je auf dem Boden der Spekulation geleistet habe oder leisten werde – dass ich nämlich nie die halbe Lösung einer Schwierigkeit für vollständig hinnahm, dass ich nie von einem wahren Punkt abließ, sondern immer und immer auf denselben zurückkam, bis er mir völlig klar war, dass ich keinen dunkeln Winkel eines Gegenstandes unerforscht ließ, weil er mir unerheblich schien, und dass ich die einzelnen Teile eines Themas nie für selbstverständlich betrachtete, wenn ich nicht das Ganze in hellem Lichte vor mir hatte.

Während der Jahre 1825 bis 1839 nahm unser Treiben auf dem Terrain der öffentlichen Rede einen beträchtlichen Teil meines Lebens in Anspruch, und da es einen wichtigen Einfluss auf meine Entwicklung übte, so muss ich einiges darüber anführen.

Es gab schon einige Zeit eine Gesellschaft von Oweniten, die *Cooperation Society* genannt wurde, welche sich wöchentlich einmal zur Diskussion in Chancery Lane versammelte. Zufällig kam zu Anfang des Jahrs 1825 Roebuck mit mehreren ihrer Mitglieder in Berührung, die ihn bewogen, an einigen Versammlungen teilzunehmen, in denen er als Gegner des Owenismus an der Debatte teilnahm. Da kamen etliche unter uns auf den Gedanken, in Masse hinzuziehen und eine Hauptschlacht zu liefern – ein Projekt, auf das auch Charles Austin und einige seiner Freunde eingingen, obschon sie sich gewöhnlich nicht an unseren gemeinsamen Übungen beteiligten. Die Sache kam im Einverständnis mit den Hauptmitgliedern der Gesellschaft zur Ausführung, denen natürlich eine Kontroverse mit tüchtigen Gegnern viel lieber war als eine zahme Erörterung unter ihren Gesinnungsgenossen. Als Thema wurde die Bevölkerungsfrage aufgestellt. Charles Austin eröffnete von unserer Seite mit einer glänzenden Rede den Kampf, der über fünf oder sechs Versammlungen vor einer großen Zuhörerschaft fortgesetzt wurde, unter der sich außer sämtlichen Mitgliedern der Gesellschaft und ihren Freunden auch viele der Rechtskandidaten aus Inns of Court befanden. Nach Beendigung dieser Disputation wurde eine andere über die allgemeine Bedeutung von Owens System begonnen, die drei Monate andauerte. Es war eine *Lutte corps à corps* zwischen Oweniten und jenen Ökonomen, welche die Oweniten als ihre hartnäckigsten Widersacher betrachteten; doch verlief der Streit in der freundschaftlichsten Weise. Wir Repräsentanten der politischen Ökonomie hatten es auf dieselben Ziele abgesehen wie sie und gaben uns Mühe, dies zu zeigen. Der Hauptkämpfer auf ihrer Seite war ein sehr schätzenswerter Mann und mir wohl bekannt, William Thompson von Cork, Verfasser eines Buchs über die Verteilung des Reichtums und eines *Appells* zugunsten der Frauen gegen die oben berührte Stelle im *Essay on Government* meines Vaters. Ellis, Roebuck und ich nahmen tätigen Anteil an der Debatte, desgleichen, soweit ich mich entsinne, Charles Villiers unter jenen aus Inns of Court. Auch die andere Seite erhielt in der Bevölkerungsfrage sehr nachdrücklichen Beistand von außen. Der wohlbekannte Gale Jones, schon ein älterer Mann, hielt eine seiner schwungvollsten Reden; der Redner aber, der mich am meisten ansprach, obschon ich fast gegen jedes Wort hätte Protest erheben mögen, war der Historiker Thirlwall, der spätere Bischof von St. David, damals ein Kanzleianwalt und durch nichts anderes bekannt als das hohe Ansehen der Beredsamkeit, das er in der *Cambridge Union* vor der Ära Austin und Macaulay errungen hatte. Sein Vortrag war eine Replik auf einen von mir, und noch ehe er zehn Sätze gesprochen, musste ich ihn für den besten Redner erklären, den ich je gehört; auch ist mir seitdem keiner vorgekommen, welchen ich über ihn setzen möchte.

Das große Interesse für diese Debatte bewog einige, welche daran teilgenommen hatten, die vom Ökonomen

McCulloch hingeworfene Andeutung aufzugreifen, dass London einer Gesellschaft bedürfe, ähnlich der *Speculative Society* in Edinburgh, in welcher Brougham, Horner und andere zuerst die öffentliche Beredsamkeit gepflegt hatten. Unsere Erfahrung in der *Cooperative Society* flößte uns guten Mut ein, dass wir für einen solchen Zweck auch in London die geeigneten Personen zusammenbringen würden. McCulloch erwähnte die Sache gegenüber mehreren einflussreichen jungen Männern, denen er Privatunterricht in politischer Ökonomie erteilte, und mehrere davon gingen mit Eifer auf das Projekt ein, namentlich Georg Villiers, später Earl von Clarendon. Dieser und seine Brüder Hyde und Charles, Romilly, Charles Austin und ich mit einigen andern traten zusammen, um uns über den Plan zu verabreden. Wir beschlossen, vom November bis zum Juni alle vierzehn Tage einmal in der Freimaurertaverne zusammen zu kommen und hatten bald eine schöne Liste, darauf mehrere Parlamentsmitglieder wie auch fast alle Hauptredner der *Cambridge Union* und der *Oxford United Debating Society*. Es ist eigentümlich bezeichnend für die Richtung der Zeit, dass die Hauptschwierigkeit, die wir zu überwinden hatten, im Auffinden einer genügenden Anzahl von Tory-Rednern bestand. Fast alle, die wir in den Dienst nehmen konnten, waren Liberale der verschiedensten Schattierungen. Außer den bereits Genannten hatten zugesagt Macaulay, Thirlwall, Praed, Lord Howick, Samuel Wilberforce (später Bischof von Oxford), Charles Poulett Thomson (später Lord Cydenham), Edward und Henry Lytton Bulwer, Fonblanque und viele andere, deren ich mich nicht mehr entsinne, obschon sie sich später mehr oder weniger in der Politik oder in der Literatur einen Namen machten. Die Sache hatte ein sehr hoffnungsvolles Aussehen, allein als die Zeit zum Handeln heranrückte und es nötig wurde, einen Präsidenten und denjenigen zu ernennen, welcher die erste Debatte eröffnen sollte, wollte sich von unseren Prominenten keiner zum einen oder andern Dienst hergeben. Von den vielen, welche für diesen Zweck angegangen wurden, war der einzige, der sich dazu bewegen ließ, ein Mann, von dem ich nichts weiter wusste, als dass er sich in Oxford einen großen Ruf als Redner erworben hatte (er kam später als Tory-Mitglied ins Parlament). [Gemeint ist Donald Maclean von Balliol.] Man einigte sich darauf, dass er den Präsidentensitz einnehmen und die erste Rede halten sollte. Der wichtige Tag kam heran; die Bänke waren überfüllt und alle unsere großen Redner zugegen, aber nicht, um uns zu helfen, sondern nur um zu Gericht zu sitzen. Die Rede unseres Oxforders befriedigte niemand. Dies war ein Dämpfer für die ganze Angelegenheit; die Redner, die nun folgten, waren wenige, und keiner davon tat sein Bestes. Es war ein völliges Fiasko, und die prominenten Redner, auf die wir so sehr gerechnet hatten, entfernten sich, um nie wiederzukehren, was mir zumindest eine Lektion in Weltkenntnis erteilte. Dieser unerwartete Abbruch änderte mein ganzes Verhältnis zum Projekt. Ich hatte nicht damit gerechnet, dabei eine hervorragende Rolle zu spielen oder viel und oft zu sprechen, namentlich anfangs nicht; doch jetzt sah ich, dass der Erfolg des Planes von den neuen Männern abhing, und ich packte selber zu. Ich eröffnete die zweite Fragerunde, und von dieser Zeit an sprach ich fast in jeder Debatte. Dies gab für einige Zeit Schwerstarbeit. Die drei Villiers und Romilly hielten zwar noch eine Weile aus, aber zuletzt erschöpfte sich die Geduld aller Gründer der Gesellschaft, mich und Roebuck ausgenommen. In der nächsten Saison, 1826 auf 1827, begannen die Dinge sich zu bessern. Wir hatten zwei treffliche Tory-Redner gewonnen, Hayward und Chee (später Sergeant Chee), und die radikale Seite wieder verstärkt durch Charles Buller, Cockburn und andere von der zweiten Generation der Cambridge Benthamiten. Mit solcher und anderer gelegentlicher Beihilfe wurde, da die beiden Tories, Roebuck und ich als regelmäßige Redner auftraten, fast jede Debatte zu einer Bataille rangée zwischen den »philosophischen Radikalen« und den Verteidigern der Tory, so dass unsere Kämpfe bald ins Gerede kamen und manche Personen von Ruf und Ansehen sich einfanden, um uns zu hören. Dies steigerte sich noch in den späteren Zeiten 1828 und 1829, als die Coleridgeianer unter der Führung von Maurice und Sterling sich in der Gesellschaft als zweite liberale und sogar radikale Partei auftraten, in einem vom Benthamismus, den sie heftig angriffen, entgegengesetzten Sinne. Dadurch wurden in die Diskussionen die allgemeinen Doktrinen und Anschauungsweisen der europäischen Reaktion gegen die Philosophie des achtzehnten Jahrhunderts eingeführt und unsere Turniere durch eine sehr wichtige kriegführende Partei erweitert, so dass diese kein übles Bild von der Gedankenbewegung unter dem am meisten gebildeten Teil der neuen Generation abgaben. Unsere Debatten waren sehr verschieden von denen der gewöhnlichen Debattiergesellschaften, denn sie stützten sich regelmäßig auf die stärksten Argumente und die besten philosophischen Prinzipien, die jede Seite aufzubieten vermochte, wobei sie gegenseitig oft recht scharf an einander gerieten. Die Übung war begreiflicherweise für uns, aber namentlich für mich von großem Nutzen. Ich hatte es nie zu einer wirklichen Geläufigkeit gebracht, und von einem anmutigen Vortrag war bei mir nicht die Rede; doch konnte man mich anhören, und da ich stets, was ich sagen wollte, vorher niederschrieb, so legte ich, wo immer, sei es in Folge der zu entwickelnden Ideen oder der durch sie angeregten Gefühle, der Ausdruck von Wichtigkeit zu sein schien, sehr zu an wirksamem Darstellungsvermögen, indem ich nicht nur ein Ohr gewann für Glätte und Rhythmus, sondern auch einen praktischen Sinn für zündende Sätze und eine gewisse Leichtigkeit, letztere Eigenschaft in ihrer Wirkung auf ein gemischtes Publikum sogleich zu erfassen.

Die Gesellschaft und die Vorbereitung für dieselbe im Verein mit der Vorbereitung für die gleichzeitig fortlaufenden Morgenkonversationen nahmen den größeren Teil meiner Muße in Anspruch; es gereichte mir daher zur Erleichterung, als ich im Frühling 1828 aufhörte, für das *Westminster Review* zu schreiben. Diese Zeitschrift war in Schwierigkeiten geraten. Obschon der Absatz der ersten Nummer sehr ermutigend gewesen war, reichte jedoch, wie ich glaube, der nachhaltige Verkauf nicht aus, um in der Weise, wie er betrieben wurde, die Kosten zu decken. Jene Kosten wurden beträchtlich, aber nicht hinreichend vermindert. Einer der Redakteure, Southern, war zurückgetreten, und mehrere Autoren, darunter mein Vater und ich, welche für die früheren Artikel wie andere Mitarbeiter bezahlt worden waren, hatten in der letzten Zeit ohne Honorar Beiträge geliefert. Gleichwohl waren die ursprünglichen Fonds nahezu oder völlig erschöpft, und wenn die Zeitschrift fortgeführt werden sollte, so mussten einige neue Maßnahmen ergriffen werden. Mein Vater und ich hatten über den Gegenstand mehrere Sitzungen mit Bowring; wir waren bereit, unser Äußerstes zu tun, um das Blatt als Organ für unsere Ansichten zu halten, aber nicht unter Bowrings Redaktion, und die Unmöglichkeit, länger einen Redakteur zu bezahlen, gab einen guten Grund an die Hand, uns ohne persönliche Verletzung seiner Dienste zu entledigen. Wir und einige von unsern Freunden waren bereit, ohne Honorar die Arbeiten für das *Review* fortzuführen, indem wir hofften, unter uns einen unbezahlten Redakteur zu finden; nötigenfalls könnte man sich auch in die Redaktion teilen. Allein während wir noch mit dem scheinbar zustimmenden Bowring unterhandelten, knüpfte dieser in einer anderen Richtung (mit Oberst Perronet Thompson) an; er teilte uns auf einmal brieflich mit, er habe ein Übereinkommen getroffen, das ihn befähige, die Autoren zu bezahlen, und bat uns, für die nächste Nummer Artikel zu schreiben. Natürlich konnten wir Bowring nicht das Recht bestreiten, auf Bedingungen, die ihm mehr Vorteil brachten, als wir ihm bieten konnten, einzugehen; wir betrachteten jedoch seine Verheimlichung, nachdem er anscheinend mit unserem Projekt vollkommen einverstanden gewesen war, als einen Affront, und selbst wenn wir nicht so gedacht hätten, war uns alle Lust vergangen, unter seiner Redaktion unsere Zeit und Mühe auf die Zeitschrift zu verwenden. Mein Vater lehnte daher die Mitwirkung ab, obschon er zwei oder drei Jahre später auf dringliches Ansuchen noch einen politischen Artikel lieferte. Was mich betraf, so war meine Absage entschiedener; und damit endigte meine Beziehung zum ursprünglichen *Westminster Review*. Der letzte Aufsatz, welchen ich für dasselbe schrieb, hatte mich mehr Mühe gekostet als irgendein früherer; allein es war ein Lieblingsthema geworden, eine Verteidigung der ersten französischen Revolutionäre gegen die konservative Entstellungen des Sir Walter Scott in der Einleitung zu seinem Leben Napoleons. Die Zahl der Bücher, welche ich für diesen Zweck las und exzerpierte, ja die Zahl, die ich kaufen musste (denn es gab damals noch keine Leih- und Lesebibliotheken, aus denen man Bücher mit nach Haus nehmen konnte), überstieg bei weitem den Wert des unmittelbaren Gegenstandes; ich trug mich jedoch damals halb mit dem Plane, eine Geschichte der französischen Revolution zu schreiben, und obschon ich denselben nie zur Ausführung brachte, wurde mein gesammeltes Material Carlyle für einen ähnlichen Zweck sehr nützlich.

FÜNFTES KAPITEL
EINE SEELISCHE KRISE IN MEINER LEBENSGESCHICHTE.
EINE STUFE VORWÄRTS

Nach dieser Zeit schrieb ich einige Jahre sehr wenig und nichts Regelmäßiges für den Druck; das Aussetzen hatte große Vorteile für mich. In jener Periode war es für meinen Geist sehr wichtig, dass ich einmal meine Gedanken verdaute und reifen ließ, ohne genötigt zu sein, sie sogleich der Presse zu übergeben. Hätte ich im Schreiben so fortgemacht, so wäre wahrscheinlich die bedeutsame Umwandlung meiner Anschauungen und meines Charakters, welche sich während jener Tage vollzog, sehr beeinträchtigt worden. Der Ursprung dieser Umwandlung oder wenigstens der Prozess, durch welchen sie eingeleitet wurde, lässt sich nur erklären, wenn ich wieder um einiges zurückgreife.

Vom Winter 1821 an, in welchem ich zum ersten Mal Bentham gelesen hatte, und namentlich seit dem Beginn des *Westminster Review* hatte ich, was man in Wahrheit ein Lebensziel nennen konnte – ich wollte ein Reformer der Welt werden. In diesem Gedanken lag mein einziges Glück, und ich war gleichgültig gegen alle persönlichen Sympathien, wenn sie nicht von Mitarbeitern an diesem großen Werk ausgingen. Hierin fand ich eine ernste und nachhaltige Befriedigung, auf die sich mein ganzes Vertrauen stützte, obschon ich dabei nicht versäumte, unterwegs so viele Blüten aufzulesen, als ich konnte. Ich pflegte mir Glück zu wünschen zur Sicherheit eines glücklichen Lebens, denn ich hatte, wenn auch in der Ferne, etwas Dauerhaftes vor mir, in dem ich stets fortschreiten konnte, ohne es je durch völliges Erreichen zu erschöpfen. Dies ging mehrere Jahre recht gut, denn die allgemeine Verbesserung in der Welt schritt fort, und der Gedanke, dass ich mit anderen irgend dazu beitrug, schien auszureichen, um mein Dasein mit Leben und Interesse zu erfüllen; doch es kam die Zeit, in welcher ich aus meinem Traum erwachte. Es war im Herbst 1826. Ich litt an einem dumpfen Zustand der Nerven, dem wohl jeder gelegentlich ausgesetzt ist, hatte an nichts mehr Freude und befand mich in einer von jenen Stimmungen, in welchen einem alles, woran man sonst Vergnügen gefunden hat, schal und gleichgültig erscheint. Ich denke mir so den Zustand, der die Konvertiten des Methodismus bedrücken mag, wenn das volle Bewusstsein der Sündhaftigkeit in ihnen aufgegangen ist. In dieser Geistesstimmung fiel es mir ein, unmittelbar die Frage an mich zu richten: »Gesetzt, dass alle deine Lebensziele verwirklicht wären, dass alle die Veränderungen in den Einrichtungen und im Geist der Menschen, denen du entgegensiehst, in diesem Augenblick vollständig durchgeführt werden könnten, würdest du froh und glücklich sein?« Und eine ununterdrückbare Stimme in meinem Innern antwortete deutlich: »Nein!« Da sank mein Mut, und die ganze Grundlage, auf die ich mein Leben gebaut hatte, brach zusammen. Mein Glück bestand also nur im fortwährenden Ringen nach diesem Ziele. Das Ziel selbst hatte seinen Zauber für mich verloren; wie konnte ich je wieder ein Interesse an den Mitteln gewinnen? Es schien mir nichts mehr übrig zu bleiben, für das ich leben mochte.

Anfangs hoffte ich, die Wolke werde sich von selbst wieder verziehen; allein das war nicht der Fall. Der Schlaf, das Hauptmittel gegen die kleineren Trübungen des Lebens, blieb ohne Einfluss; ich erwachte stets zu einem erneuten Bewusstsein meines Wehs und trug es mit mir in alle Gesellschaften, bei allen Beschäftigungen. Kaum gab es etwas, was mich auch nur für wenige Minuten in Vergessenheit gelullt hätte. Mehrere Monate schien die Wolke immer dichter und dichter zu werden. Die Zeilen in Coleridges Ode *Dejection*, die ich damals noch nicht kannte, schildern genau meinen Zustand:

»Ein schmerzloses Weh, unfassbar, unergründet,
Ein schlaffes, fast ersticktes Grämen,
Das keinen Abfluss, kein Erleichtern findet
In Worten, Seufzern oder Tränen.«

[A grief without a pang, void, dark and drear,
A drowsy, stifled, unimpassioned grief
Which finds no natural outlet or relief
In word, or sigh, or tear.]

Samuel Taylor Coleridge, ›Dejection; an Ode‹,
in: Sibylline Leaves (1817), p. 238, II. 21–4]

Vergeblich suchte ich Trost bei meinen Lieblingsbüchern, jenen Denkmälern alter Größe und edler Gesinnung, aus denen ich bisher immer Kraft und Leben geschöpft. Ich las sie jetzt ohne Gefühl oder mit dem gewöhnlichen Gefühl, das jedoch allen Zauber verloren hatte, und gewann dabei die Überzeugung, dass meine Liebe zur Menschheit und die Vorstellung von ihrer Vortrefflichkeit erschöpft waren. Ich suchte nicht bei anderen Menschen Erleichterung im Gespräch darüber. Hätte ich jemanden so sehr geliebt, dass ich ihn notwendig zum Vertrauten meines Kummers gemacht hätte, wäre es mit mir gar nicht so weit gekommen. Auch musste ich mir sagen, es liege nichts Interessantes oder irgendwie Achtbares in meiner Verdüsterung, nichts, was Sympathie einflößen konnte. Guter Rat wäre mir sehr schätzbar gewesen, wenn ich gewusst hätte, wo ich ihn hätte suchen sollen, und ich gedachte oft der Worte Macbeths an seinen Arzt [vgl. *Macbeth* 5, 3, 40–45. Macbeth wünscht sich ein Medikament, um vergessen zu können]; aber es gab niemand, von dem ich mir auch nur im geringsten einen solchen Beistand versprochen hätte. Mein Vater, zu welchem ich naturgemäß in allen praktischen Schwierigkeiten meine Zuflucht nahm, war die letzte Person, von der ich mir in einem Fall wie diesem Hilfe gesucht hätte. Alles überzeugte mich davon, dass er von einem solchen geistigen Zustand keine Kenntnis hatte, und selbst wenn es mir gelang, sein Verständnis zu wecken, so war er sicherlich nicht der Arzt, der ihn heilen konnte. Meine Erziehung war ganz sein Werk und ohne Rücksicht auf die Möglichkeit, dass sie zu diesem Resultat führen konnte, geleitet worden; was nützte es daher, ihm die Pein des Gedankens zu bereiten, dass sein Plan ein verfehlter gewesen, wenn das Übel nicht geheilt oder wenigstens durch Gegenmittel gemildert werden konnte? Unter meinen anderen Freunden befand sich damals keiner, dem ich meinen Zustand verständlich zu machen hoffen durfte; mir war er jedoch klar genug und erschien mir in einem umso hoffnungsloseren Lichte, je mehr ich darüber nachdachte.

Im Verlauf meiner Studien gelangte ich zur Überzeugung, dass alle geistigen und moralischen Gefühle und Eigenschaften, ob von guter oder schlimmer Art, Resultate der Assoziation seien – dass wir natürlich dies lieben und jenes hassen, an der einen Handlung oder Betrachtung Lust oder Unlust empfinden, je nachdem wir aus unserer Erziehung oder Erfahrung angenehme oder peinliche Ideen damit in Verbindung bringen. Als Folgesatz dazu hatte ich stets meinen Vater behaupten hören und war auch selbst davon überzeugt, dass die Erziehung darauf abheben müsse, möglichst starke Assoziationen von heilsamer Art einzupflanzen – angenehme Assoziationen für alles, was wohltätig auf das große Ganze einwirkt, und gegenteilige für alles, was dieses große Ganze schädigt. Diese Doktrin schien unanfechtbar zu sein; aber wenn ich jetzt auf meinen eigenen Bildungsgang zurückschaute, kam es mir vor, als ob mein Lehrer nur oberflächlich die Mittel gepflegt hätte, welche geeignet waren, solche heilsame Assoziationen zu bilden und aufrecht zu erhalten, indem sie eben doch nur die altherkömmlichen Wege einschlugen, Lob und Tadel, Belohnung und Strafe.

Ich zweifelte allerdings nicht, dass, wenn man früh damit anfing und beharrlich darin fortfuhr, auf diese Weise sehr eindringliche Anknüpfungspunkte für Lust und Schmerz, namentlich für den letzteren geschaffen und Lust oder Abneigung hervorgerufen werden konnten, die unvermindert bis zum Ende des Lebens anhielten; aber in den so erzeugten Assoziationen musste doch immer etwas künstliches und zufälliges liegen. Dem Schmerz und der Lust, die in so gewaltsamer Weise mit den Dingen in Verbindung gebracht wurden, fehlte jedes natürliche Band, und es war daher, wie ich dachte, für die Dauer dieser Assoziationen wesentlich, dass sie so tief und eingewurzelt geworden waren, um praktisch unauflösbar zu sein, ehe man anfing, gewohnheitsmäßig die Kraft der Analyse zu üben. Denn ich sah jetzt, oder meinte wenigstens zu sehen, was ich früher nie geglaubt hatte, dass die Gewohnheit der Analyse die Tendenz hat, die Gefühle lahm zu legen, und zwar als notwendige Folge, wenn der analysierende Geist der Ergänzungen und Korrektive entbehrt und nicht auch andere Seiten seiner Tätigkeit gepflegt werden. Der große Vorzug der Analyse (argumentierte ich) besteht darin, dass sie alles abschwächt und untergräbt, was bloß Resultat des Vorurteils ist, und uns befähigt, geistig die Ideen zu sondern, die nur zufällig mit einander in Verbindung stehen; keinerlei Assoziationen könnten schließlich dieser auflösenden Kraft Widerstand leisten, wenn wir nicht eben dieser Analyse unsere klarste Kenntnis von den bleibenden Folgen in der Natur verdankten, von den wirklichen Beziehungen zwischen Dingen unabhängig von unserem Willen und unseren Gefühlen, von den natürlichen Gesetzen, kraft derer in vielen Fällen tatsächlich ein Ding untrennbar von einem andern ist, und die, nachdem sie klar erfasst und vorstellungsmäßig realisiert werden, unsere Ideen von in der Natur stets vereinigten Dingen auch in unserem Geist mehr und inniger in Zusammenhang bringen. Die

Gewöhnung an die Analyse mag sonach wohl die Assoziationen zwischen Ursachen und Wirkungen, zwischen Mittel und Zweck kräftigen, schwächt aber jedenfalls diejenigen, welche (um salopp zu sprechen) bloß Sache des Gefühls sind; sie kommt daher zwar der Klugheit und Scharfsichtigkeit zu statten, dachte ich, bildet jedoch einen stetig nagenden Wurm an den Wurzeln der Leidenschaften und selbst der Tugenden und untergräbt vor allem auf furchtbare Weise alle Begierden und Freuden, die aus der Assoziation hervorgehen, das heißt nach der von mir gebildeten Theorie alles, mit Ausnahme des rein Physischen und Organischen, die, wie ich an mir selber spürte, ganz und gar nicht genügten, um dem Leben Wert zu verleihen [to make life desirable]. Dies waren die Gesetze der menschlichen Natur, durch welche ich, wie mir schien, zu meinem gegenwärtigen Zustand hingeführt worden war. Alle diejenigen, an welchen ich hinaufsah, trugen sich mit der Anschauung, der Genuss, welchen die Sympathie für menschliche Wesen bietet, und die Gefühle, welche den Zweck des Lebens [the object of life] in das Wohl anderer und namentlich der Menschheit im Grossen verlegten, seien die größten und sichersten Quellen des Glücks. Dies glaubte ich nun gerne; aber die Überzeugung, dass ein Gefühl mich glücklich machen würde, wenn ich es besäße, vermochte mir dieses Gefühl nicht zu geben. In meiner Erziehung, dachte ich, hatte man es versäumt, die Gefühlsseiten zureichend zu kräftigen, um dem zersetzenden Einfluss der Analyse [the dissolving effect of analysis] zu widerstehen, und im ganzen Lauf meiner intellektuellen Kultur nur eine vorschnelle frühreife Analyse zur eingewurzelten Gewohnheit meines Geistes gemacht. So sass ich denn, wie ich zu mir selbst sagte, auf dem Strand mit einem wohlausgerüsteten Schiff und Steuer, aber ohne Segel, ohne ein wirkliches Verlangen nach den Zielen, die zu erreichen ich so sorgfältig vorbereitet worden war, ohne einen regeren Sinn für Tugend oder Gemeinwohl, aber eben so wenig für irgend etwas anderes. Ein Rückblick zeigte mir, dass meine Eitelkeit in einem allzu frühen Alter Befriedigung gefunden hatte; ich hatte einige Auszeichnung errungen und mich als eine Person von Bedeutung gefühlt, eh noch die Begier nach Auszeichnung und Bedeutsamkeit zur Leidenschaft geworden war. Es war freilich wenig genug, was ich erreicht hatte, aber selbst dieses wenige hatte, wie alle Freuden, die man zu früh kostet, mich blasiert und gleichgültig gegen das Suchen danach gemacht. Es gab daher für mich weder selbstsüchtige noch selbstlose Freuden, und keine Kraft in der Natur schien auszureichen, eine Neubildung meines Charakters anzuregen und in einem Geist, der jetzt unwiederbringlich analytisch war, frische Assoziationen für irgendeinen Zielpunkt des menschlichen Begehrens zu schaffen.

Das waren die Gedanken, welche mir im dürren Kleinmut des melancholischen Winters von 1826 aus 1827 zu schaffen machten. Ich war während jener Zeit nicht ganz unfähig, meinen gewöhnlichen Beschäftigungen nachzukommen, machte aber darin nur mechanisch fort, weil ich mich daran gewöhnt hatte; war ich doch in einer gewissen Art von geistiger Übung so eingeschult worden, dass die Maschine weiterarbeitete, wenn auch der höhere Anstoß fehlte. Ich verfasste sogar und hielt mehrere Reden für den Debattierclub – wie oder mit welchem Grad von Erfolg, weiß ich nicht mehr. Von den vier Jahren, während welcher ich in jeder Versammlung jener Gesellschaft eine Vortrag hielte, ist dies das einzige, das sonst keine Erinnerung in mir zurückgelassen hat. Zwei Zeilen von Coleridge, dem einzigen Schriftsteller, in welchem ich ein bezeichnendes Bild meiner damaligen Gefühle fand, schweben mir noch oft vor, obschon ich sie erst in einer späteren Periode jener geistigen Bedrücktheit zu Gesicht bekam:

»Den Nektar schöpft ins Sieb ein hoffnungsloses Streben,
Und Hoffnung ohne Ziel ist außer Stand, zu leben.«
[Work without hope draws nectar in a sieve,
And hope without an object cannot live.]

Aller Wahrscheinlichkeit nach war mein Zustand keineswegs
so eigentümlich, als ich mir einbildete, und ohne Zweifel haben andere ähnliche Krisen durchgemacht; allein die Besonderheit meiner Erziehung hatte der Allgemeinerscheinung
einen speziellen Charakter verliehen, so dass ich lange Zeit
nichts anderes darin sehen konnte als die natürliche Wirkung von gewissen Ursachen. Ich fragte mich oft, ob ich so
fortleben könne oder müsse, wenn es nicht anders würde,
und antwortete mir in der Regel darauf, dass ich es nicht für
möglich halte, es über ein Jahr zu treiben. Diese mir selbst
gesteckte Frist war jedoch kaum zur Hälfte abgelaufen, als
ein kleiner Lichtstrahl in meine Nacht hereinbrach. Zufällig kamen mir Marmontels Memoiren in die Hände, und ich
stieß dabei auf die Stelle, in welcher der Autor vom Tode seines Vaters spricht, von der trostlosen Lage der Familie und
von der plötzlichen Begeisterung, die bei dem Gefühl, dass
er, obschon nur ein Knabe, fortan den Seinigen alles sein und
an die Stelle des Verlorenen treten müsse, in ihm auftauchte.
Ich konnte mir die Szene lebhaft vergegenwärtigen, und ein
ähnliches Gefühl, das sich meiner bemächtigte, bewegte
mich bis zu Tränen. Von diesem Augenblick an wurde mir
meine Last leichter, und der Druck der Vorstellung, dass alles
Gefühl in mir erstorben sei, war dahin. Nein, ich lebte nicht
länger ohne Hoffnung, war kein Stock oder Stein, sondern
trug noch etwas vom Stoff in mir, aus dem alles Wertvolle
im Charakter, jede Empfänglichkeit für Glück hervorgeht.
Mein Elend schien mir nicht mehr ganz unheilbar, und ich
fand allmählich, dass mir, obschon nur in einem sehr untergeordneten Maße, die gewöhnlichen Vorkommnisse des Le-

bens wieder einiges Vergnügen bereiten konnten; ich fühlte mich angeregt vom heiteren Himmel, von meinen Büchern, von der Konversation, von den öffentlichen Angelegenheiten und konnte, freilich bei weitem nicht mit dem früheren Eifer, aufs neue in den Kampf für meine Ansichten und für das Gemeinwohl eintreten. So zerteilte sich allmählich die Wolke, und ich erfreute mich wieder des Lebens; ja selbst die Rückfälle, die zuweilen eintraten und mitunter Monate anhielten, vermochten es nicht, mich so elend zu machen, als ich früher gewesen war.

Die Erfahrungen jener Periode wirkten in zwei sehr bezeichnenden Richtungen auf meine Anschauungen und meinen Charakter ein. Erstens führten sie mich dazu, mir eine ganz andere Lebenstheorie anzueignen als jene, nach welcher ich bisher gehandelt hatte, eine Theorie, die viel gemein hatte mit Carlyles Lehre der Entsagung [*anti-self- consciousness theory*, vgl. Carlyles Essay *Characteristics* (1831) und *Sartor Resartus* (1833–34), Buch II, Kapitel IX], »The Everlasting Yea.«], obschon ich von derselben damals nie etwas gehört hatte. Ich schwankte in der Tat nie in der Überzeugung, dass Glück der Prüfstein [test] aller Verhaltensregeln und der Endzweck des Lebens sei; aber jetzt dachte ich, dieser Zweck lasse sich nur erreichen, wenn man ihn nicht zum direkten Ziel mache. Bloß diejenigen sind glücklich, dachte ich, welche ihren Sinn auf irgend etwas anderes als auf das eigene Glück, gesetzt haben – auf das Glück anderer zum Beispiel, auf die Veredlung der Menschheit, ja sogar auf irgendeine Kunst oder Beschäftigung, die nicht als Mittel, sondern um ihrer selbst willen nach einem idealen Ziele strebten. Während man so auf etwas anderes abhebt, findet man das Glück unterwegs. Die Freuden des Lebens (so lautete jetzt meine Theorie) reichen aus, das Leben angenehm zu machen, wenn man sie *en passant* mitnimmt, ohne sie zu einem Hauptobjekt zu machen; tut man das letztere, so wird man sie sogleich ungenügend

finden, da sie vor einer eingehenderen Prüfung nicht Stich
halten. Frage dich selbst, ob du glücklich bist, und du hörst
auf, es zu sein. Dem entgeht man nur, wenn man nicht das
Glück selbst, sondern irgendein externes Ziel zum Lebens-
zweck macht. An diesem mögen sich dein Selbstbewusstsein,
deine Forschung und deine Selbstbefragung erschöpfen, und
unter auch sonst günstigen Umständen wirst du das Glück
mit der Luft aufnehmen, die du einatmest, ohne darüber zu
brüten oder nachzudenken, ohne es entweder in der Phantasie vorwegzunehmen oder es durch fatale Fragen zu vertreiben. Diese Theorie wurde nun die Grundlage meiner
Lebensphilosophie, und sie erscheint mir auch jetzt noch als
die beste für all jene, welche die Empfänglichkeit für Freude
nur in mäßigem Grade besitzen, also für die große Mehrheit
des Menschengeschlechts.

Der andere wichtige Wechsel, welchen in jener Zeit meine
Ansichten erlitten, bestand darin, dass ich unter den Haupt-
erfordernissen menschlicher Wohlfahrt zum ersten Mal der
innerlichen Kultur des Individuums die geeignete Stelle anwies. Ich hörte auf, dem Ordnen der äußeren Umstände und
der Erziehung des Menschen zur Spekulation und Tätigkeit
fast ausschließlich Wichtigkeit beizulegen.

Ich hatte aus eigener Erfahrung gelernt, dass die passiven
Empfänglichkeiten ebenso sehr der Kultur bedurften wie
die aktiven Vermögen, und man sie gleichfalls nähren, bereichern und leiten müsse. Allerdings verlor ich das, was ich
früher als wahr erkannt hatte, nie aus dem Auge oder schlug
es unter seinem Wert an; die intellektuelle Kultur hatte für
mich immer hohe Bedeutung, und die Analyse schien mir in
Theorie und Praxis stets ein gewaltiger Hebel für individuelle und soziale Verbesserung zu sein; allein ich dachte, dass
sich doch auch Folgen daran knüpften, die man korrigieren
müsse, indem man andere Arten von Kultur damit in Verbindung bringe. Die Erhaltung eines angemessenen Gleich-

gewichts unter den Fähigkeiten schien mir jetzt von erster Wichtigkeit zu sein. Die Kultur der Gefühle wurde einer der Kardinalpunkte in meinem ethischen und philosophischen Glaubensbekenntnis, und meine Gedanken und Neigungen wandten sich in zunehmendem Maß allem zu, was geeignet schien, für diesen Zweck als Werkzeug zu dienen.

Ich begann nun Bedeutung zu finden in dem, was ich von der Wichtigkeit der Poesie und Kunst als Förderungsmittel menschlicher Bildung gelesen oder gehört hatte, brauchte aber einige Zeit, ehe ich darin persönliche Erfahrung gewann. Die einzige von den imaginativen Künsten, die mir von Kindheit an großes Vergnügen bereitet hatte, war die Musik. Ihre beste Wirkung (und hierin wird sie vielleicht von keiner anderen Kunst übertroffen) besteht darin, dass sie Enthusiasmus erregt und die edleren Gefühle in einen mächtigen Schwung versetzt; die Gefühle müssen allerdings schon im Charakter liegen, aber die Erregung gibt ihnen eine Glut und eine Wärme, die auf ihrem Höhenpunkte wohl rasch wieder verfliegen, obwohl sie köstlich genug sind, um auch zu anderen Zeiten als Halt zu dienen. Diese Wirkung der Musik hatte ich oft erfahren, aber während der Periode meiner Schwermut wie jedem anderen Vergnügen gegenüber den Sinn dafür verloren, indem jeder Versuch, darauf zurückzugreifen, sich als vergeblich erwies. Als die Flut verebbte und ich in das Stadium der Genesung eintrat, half mir allerdings die Musik nach, aber nicht in der früheren anregenden Weise. Ich wurde damals zum ersten Mal mit Webers *Oberon* bekannt, und der Hochgenuss, den ich aus seinen köstlichen Melodien schöpfte, tat mir gut, indem er mir eine Quelle des Vergnügens zeigte, für das ich so empfänglich war wie früher. Das Gute wurde übrigens durch den Gedanken verkümmert, dass (was allerdings seine Richtigkeit hatte, wenn man bloß das Tonwerk ins Auge fasste) das Vergnügen an der Musik sich abschwäche in der Vertraut-

heit und daher zur Wiederauffrischung längere Pausen nötig
seien, wenn man ihm nicht etwa durch stetige Zufuhr von
etwas neuem Nahrung geben wolle. Und es ist sowohl für
meinen damaligen Zustand als auch für die allgemeine Stimmung meines Geistes in dieser Periode meines Lebens sehr
charakteristisch, dass der Gedanke an die Unerschöpflichkeit
musikalischer Kompositionen quälend auf mir lastete. Die
Oktave besteht nur aus fünf ganzen und zwei halben Tönen,
die sich bloß in einer beschränkten Zahl von Weisen zu-
sammensetzen lassen, und von diesen ist nur ein kleiner Teil
schön; die meisten davon mussten meines Erachtens bereits
entdeckt worden sein, und es gab daher keinen Platz mehr
für eine lange Reihenfolge von Komponisten wie Mozart
und Weber, die, wie letztere, ganz neue und überraschend
reiche Adern von musikalischer Schönheit aufzuschließen
vermochten. Man denkt vielleicht, diese Angst erinnere an
die der Philosophen von Laputa [vgl. *Gullivers Reisen*, Teil 3,
Kapitel 2), welche fürchteten, die Sonne könnte erlöschen;
sie stand jedoch in Verbindung mit dem besten Zug in meinem Charakter und der einzigen guten Seite, welche sich
meinem sehr unromantischen und keineswegs ehrenhaften
Zustand abgewinnen ließ. Denn obgleich mein Trübsinn
im rechten Licht betrachtet nichts anderes war als Egoismus, eine Folge der Zerstörung meines Traums von Glück
[fabric of happiness], blieb ich doch in Gedanken stets mit
der Bestimmung der Menschheit [the destiny of mankind
in general] beschäftigt, die ich nicht abzulösen vermochte
von meiner eigenen. Ich fühlte, dass der Riss [flaw] in meinem Leben ein Riss im Leben selbst sein müsse und dass es
sich um die Frage handle, ob die Freuden des Lebens, wenn
man sie nicht mehr durch Kampf und Entbehrung erkaufen
müsse, nicht aufhören würden, Freuden zu sein, sobald es
den Reformern der Gesellschaft und der Regierung gelinge,
ihre Ziele zu erreichen und jede Person in der Gemeinschaft

frei sei und sich in einem Zustand körperlichen Behagens befinde. Und ich fühlte, dass meine Trostlosigkeit endlos bleiben müsste, wenn sich mir nicht eine bessere Hoffnung auftat für das Menschenglück im Allgemeinen; konnte ich aber einen solchen Ausweg erspähen, so durfte auch ich wieder froh hinschauen auf die Welt, für meine Person zufrieden mit irgendeinem anständigen Anteil am allgemeinen Lose.

Dieser Stand meiner Gedanken und Gefühle machte die Tatsache, dass ich (im Herbst 1828) zum ersten Mal Wordsworth las, zu einem wichtigen Ereignis in meinem Leben. Ich griff bloß aus Neugier zur Sammlung seiner Gedichte, ohne dass ich mir davon eine seelische Erleichterung versprochen hätte, obschon ich schon öfters in dieser Hoffnung meine Zuflucht zur Poesie genommen hatte. In der schlimmsten Periode meines Trübsinns hatte ich den ganzen Byron, der mir damals neu war, gelesen, um zu versuchen, ob nicht ein Dichter, der um der Tiefe seiner Gefühle willen so sehr im Rufe stand, auch in mir Gefühl wecken könne. Wie sich erwarten lässt, brachte mir diese Lektüre keinen Trost, sondern eher das Gegenteil, da die Stimmung des Autors zu viele Ähnlichkeit hatte mit meiner eigenen. Das waren die Klagen eines Mannes, der alle Freuden ausgekostet hatte und der zu denken schien, dass für alle, welche im Besitz der guten Dinge des Lebens sind, das Leben selbst so hohl und uninteressant sein müsse, wie ich es gefunden hatte. Sein *Harold*, sein *Manfred* trugen dieselbe Last, wie ich, und ich befand mich nicht in einer Gemütsstimmung, mir aus der ungestümen sinnlichen Leidenschaft seines Giaurs oder dem düsteren Wesen seiner Lara Trost zu holen. Während jedoch Byron gerade das war, was nicht zu meinem Zustand passte, entsprach Wordsworth ausgezeichnet. Ich hatte zwei oder drei Jahre früher einen Blick in *Ausflug* [*Excursion*] geworfen und wenig darin gefunden, wie es mir auch wohl jetzt ergangen wäre, wenn ich aufs neue den Versuch

gemacht hätte; allein die vermischten Gedichte in der zwei-
bändigen Ausgabe von 1815 (aus dem späteren Leben des
Dichters ist wenig wertvolles dazu gekommen) erwiesen sich
genau als das, was mein Geist in jenem kritischen Zeitpunkt
eben brauchte.

Zunächst richteten sich diese Gedichte mit Macht an eine
Empfänglichkeit für Freude, die bei mir am stärksten entwickelt war, nämlich die Freude an ländlichen Themen und
Landschaften [natural scenery]. Dieser Liebhaberei verdankte
ich nicht nur viel Lebensfreude, sondern ganz in jüngster
Zeit auch große Erleichterung während eines der längsten
Rückfälle in meine Schwermut. Der Einfluss, den land-
schaftliche Schönheit auf mich übte, war eine Grundlage, die
mir Wordsworth Gedichte angenehm machte, um so mehr,
da seine Szenerie hauptsächlich in Gebirgen besteht, die für
mich seit meinem jugendlichen Ausflug in die Pyrenäen das
Ideal des Naturschönen bildeten. Gleichwohl würde Wordsworth nie einen erheblichen Eindruck auf mich gemacht haben, wenn er mir bloß schöne Landschaftsbilder vorgeführt
hätte; denn Walter Scott tut dies sogar noch besser, und
selbst eine ziemlich zahme Landschaft, die man sieht, wirkt
nachdrücklicher als die Worte irgendeines Dichters. Zu einer Arznei für meinen Gemütszustand wurden Wordsworths
Gedichte dadurch, dass sie nicht bloß der äußerlichen Schönheit, sondern auch den Gefühlsstimmungen, dem Gedanken
Ausdruck verliehen, gefärbt durch das Gefühl unter der Auf-
regung des Schönen. [»What made Wordsworth's poems a
medicine for my state of mind, was that they expressed, not
mere outward beauty, but states of feeling, and of thought
coloured by feeling, under the excitement of beauty.« Mill
paraphrasiert den fünften Abschnitt von Wordsworths Vor-
wort zu seinen Lyrischen Balladen (1800)] Hier glaubte ich
jene Gefühlskultur gefunden zu haben, die ich suchte. Ich
erkannte darin eine Quelle innerlicher Freude, eines sym-

pathetischen und imaginativen Genusses, den ich mit allen Menschenwesen teilen konnte und der nicht in Verbindung stand mit Kampf oder Unvollkommenheit, sondern nur reicher wurde durch jede Verbesserung in der physischen oder sozialen Lage der Menschheit. Ich glaubte daraus zu lernen, welche Quellen des Glücks stetig fortfließen würden, wenn alle größeren Übel des Lebens beseitigt wären. Und ich fühlte mich besser und glücklicher unter dem Einfluss dieser Lektüre. Es hat sicherlich auch in unseren Tagen größere Dichter gegeben als Wordsworth; aber keine Poesie, wie herrlich auch als solche, hätte damals für mich tun können, was die seinige. Ich musste fühlen lernen, dass es ein wirkliches dauerndes Glück gebe in ruhiger Betrachtung, und dies hat mich Wordsworth gelehrt, nicht dadurch, dass er mich den gewöhnlichen Gefühlen und den gemeinsamen Bestimmungen menschlicher Wesen entfremdete, sondern im Gegenteil mein Interesse dafür erhöhte. Und das Entzücken, welches mir diese Gedichte einflößten, lieferte den Beweis, dass bei einer derartigen Kultur nichts zu fürchten stand von der Analyse, wie tief sie auch in der Gewohnheit verwurzelt sein mochte. Am Schluss der Gedichte befand sich die berühmte Ode, welche fälschlich platonisch genannt wird – *Ahnungen der Unsterblichkeit* [*intimations of immortality*]; ich fand darin außer der ungewöhnlichen Lieblichkeit der Melodie und des Rhythmus und den zwei so oft zitierten Stellen, in welchen sich mit dem hohen Schwung der Phantasie nur eine schlechte Philosophie verbindet, dass auch er ähnliche Erfahrungen wie ich durchlebt und dass er gleichfalls empfunden hatte, von welch kurzem Bestand die erste Frische jugendlicher Lebenslust sei; allein er hatte einen Ersatz gesucht und in der Art gefunden, in welcher er mich jetzt lehrte, ihn ebenfalls zu finden. Das Resultat war, dass ich zwar nur allmählich, aber vollständig aus meinem Trübsinn herauskam und nie wieder so schwer von ihm heimgesucht wurde. Ich habe den Wert Wordsworths lange nicht so sehr nach dem inneren Gehalt seiner Schriften, sondern nach dem bemessen, was sie für mich getan hatten. Im Vergleich mit den größten Poeten kann man von ihm sagen, dass er der Dichter für unpoetische Naturen mit ruhigem, kontemplativem Sinn sei; aber gerade die unpoetischen Naturen sind es, welche der poetischen Kultur bedürfen, und diese ist Wordsworth viel geeigneter zu geben, als Dichter, die ihrem inneren Gehalt nach weit mehr Dichter sind als er.

So kam es denn, dass die Verdienste Wordsworths meine erste öffentliche Erklärung über meine neue Denkweise und eine Scheidung von den Denkweisen meiner bisherigen Mitstreiter veranlassten, die nicht eine ähnliche Wandlung durchgemacht hatten. Die Person, mit welcher ich damals am meisten über solche Gegenstände zu plaudern pflegte, war Roebuck, und ich bewog ihn, Wordsworth zu lesen, den er auch anfangs sehr zu bewundern schien; aber wie die meisten Wordsworthianer trat ich in einen schroffen Gegensatz zu Byron, sowohl wegen seiner Bedeutung als Dichter, als auch wegen seines Einflusses auf den Charakter. Roebuck seinerseits, bei dem alles auf Tätigkeit und Kampf abzielte, war ein feuriger Verehrer von Byron, in dessen Schriften er die Poesie des menschlichen Lebens sah, während nach seiner Anschauung die von Wordsworth nur Blumen und Schmetterlinge bot. Wir kamen überein, die Sache in unserem Debattierclub zum Austrag zu bringen, und so wurde denn während zweier Abende über die Verdienste dieser beiden Dichter verhandelt, wobei wir unsere Anschauungen durch lange Rezitationen zu begründen suchten; auch Sterling hielt dabei eine glänzende Rede, in welcher er seine eigentümliche Theorie der Dichtkunst entwickelte. Das war die erste Debatte über einen wichtigen Gegenstand, in welcher Roebuck als mein Opponent auftrat. Die Kluft zwischen uns erweitere sich von da an mehr und mehr, obschon wir noch einige Jahre Kameraden blieben. Am Anfang betraf unsere Meinungsverschiedenheit hauptsächlich die Kultur der Gefühle. Roebuck war in vielen Beziehungen nicht, was man sich unter einem Benthamiten oder Utilitaristen dachte. Er liebte die Poesie und die meisten schönen Künste – so die Musik, das Theater, die Malerei, wie er denn auch selbst ein geschickter Landschaftszeichner war; allein er konnte nie begreifen, dass diese Dinge einen Wert haben sollten zur Förderung der Charakterbildung. Trotz seiner sehr lebhaften Empfänglichkeiten aber fand er gleich vielen Engländern, bei welchen die Gefühlseite sehr entwickelt ist, dass ihm seine Gefühle oft sehr im Weg standen. Er war für schmerzliche Eindrücke viel zugänglicher als für die angenehmen, und da er sein Glück anderswo suchte, so wünschte er, dass seine Gefühle lieber abgetötet als angefacht würden. Und in der Tat machen es sowohl der englische Charakter als auch die englischen Gesellschaftszustände so selten möglich, aus tätigen Sympathien [exercise of the sympathies] Glück zu schöpfen, dass man sich nicht wundern darf, wenn sie im Lebensplan des Engländers nur wenig zählen. In den meisten anderen Ländern gilt die hohe Wichtigkeit der Sympathien für das Glück des Individuums als ein Axiom, das sich von selbst versteht und nicht erst förmlich bewiesen werden muss, während die englischen Denker sie in der Regel nur als notwendige Übel betrachten, die man braucht, um die Handlungen der Menschen teilnehmend und wohlwollend zu machen. Roebuck gehörte unter diese oder gab sich wenigstens diesen Anschein. Er sah wenig gutes in der Kultur der Gefühle, am allerwenigsten in der Kultur derselben durch die Einbildungskraft, da diese, wie er meinte, nur Täuschungen schaffe. Vergeblich suchte ich ihm begreiflich zu machen, dass die imaginative Erregung, welche eine lebhaft aufgefasste Idee in uns hervorbringt, keine Täuschung sei, sondern eine Tatsache, so wirklich wie nur irgendeine der anderen Eigenschaften der Objekte – sie enthalte nichts irrtümliches oder verblendendes für unsere geistige Auffassung eines Gegenstandes, sondern vertrage sich ganz gut mit höchst genauer Kenntnis und der vollkommenen Anerkennung all seiner physischen und intellektuellen Gesetze und Beziehungen; das intensivste Gefühl der Schönheit einer von der untergehenden Sonne beleuchteten Wolke hindere mich nicht, zu wissen, dass die Wolke eben Wasserdunst und als solcher allen Gesetzen in ihrem Aggregatzustand unterworfen sei; ich werde diese Gesetze stets anerkennen und nach Umständen durch sie mein Handeln bestimmen lassen, wie wenn ich unfähig wäre, einen Unterschied zwischen Schönheit und Hässlichkeit wahrzunehmen.

Während der vertraute Umgang mit Roebuck sich abschwächte, kam ich mehr und mehr in einen vertrauteren Umgang mit unseren für Coleridge schwärmenden Gegnern im Verein, Frederic Maurice und John Sterling, die später wohlbekannt wurden, der eine durch seine schriftstellerischen Arbeiten, der andere durch die Biographien von Hare und Carlyle. Unter diesen beiden Freunden war Maurice der Denker, Sterling der Redner und leidenschaftliche Ausleger der Gedanken, welche in dieser Periode Maurice fast ganz für ihn zusammengebaut hatte.

Mit Maurice war ich schon früher bekannt, und zwar durch William Eyton Tooke, der ihn von Cambridge her kannte. Unsere Begegnungen führten zwar fast immer zu Disputationen, allein ich schöpfte daraus doch viel, was mir zu Herstellung meines neuen Denkens [my new fabric of thought] behilflich war; in derselben Weise dienten mir auch Coleridge und die Schriften von Goethe und anderen deutschen Autoren, welche ich während jener Jahre las. Ich hege eine so hohe Achtung sowohl vor Maurices Charakter und Streben als auch vor seiner großen geistigen Begabung, dass ich nur ungern etwas sage, was ihm eine tiefere Stufe in meiner Wertschätzung anzuweisen scheint, als ich ihm aus dem Grunde meiner Seele zugestehen möchte; allein ich habe mich nie des Eindrucks erwehren können, als sei in Maurice mehr intellektuelle Kraft verlorengegangen als in irgendeinem anderen meiner Zeitgenossen. Freilich hatten wenige davon so viel zu verlieren. Ein mächtiges Verallgemeinerungsvermögen, ein seltener Scharfsinn und die leichte Auffassung wichtiger, nicht leicht zu findender Wahrheiten dienten ihm nicht dazu, an die Stelle eines wertlosen Haufens von überlieferten Meinungen zu den großen Themen des Denkens etwas besseres zu setzen, sondern sie halfen ihm nur zum persönlichen Beweis, dass die Kirche von England von Anfang an alles gewusst habe und dass alle die Wahrheiten, auf welche hin die Kirche und die Orthodoxie Angriffe erlitten hatte (viele davon erkennt er so gut als sonst jemand an), nicht nur im Einklang ständen mit den neununddreißig Artikeln, sondern sogar in diesen weit besser verstanden und ausgedrückt worden seien als von jedem ihrer Gegner. Ich habe mir dies nie anders erklären können als mit einer ursprünglichen temperamentsmäßigen Feinfühligkeit, verbundenen mit einem furchtsamen Gewissen, was so oft hochbegabte Männer in den Schoss der römisch-katholischen Kirche [Romanism] getrieben hat, weil sie in derselben einen festeren Halt zu finden glaubten als in den unabhängigen Folgerungen ihres eigenen Urteils. Eine vulgärere Art von Scheu wird ihm niemand, der ihn kannte, zur Last legen wollen, selbst wenn er nicht den öffentlichen Gegenbeweis dafür geliefert hätte durch seinen abschließenden Konflikt mit einigen der Ansichten, die gewöhnlich als orthodox betrachtet werden, und durch seine vornehme Gründung der christlich-sozialistischen Bewegung. Die naheliegendste Parallele zu ihm vom moralischen Standpunkt aus betrachtet bietet Coleridge, dem er als intellektuelle Kraft (ich spreche natürlich nicht vom poetischen Genie) entschieden über-

legen ist; um diese Zeit jedoch konnte er als Schüler von
Coleridge betrachtet werden und Sterling als ein Schüler von
Coleridge und Maurice. Die Wandlung, die in meinen alten
Anschauungen stattfand, gab mir einige Berührungspunkte
mit ihnen, und sowohl Maurice als auch Sterling kamen mir
bei meiner Entwicklung sehr zu statten. Mit Sterling wurde
ich bald sehr vertraut und ihm in einer Weise zugetan wie
nie zuvor einem anderen Menschen. Er war in der Tat eine
äußerst liebenswürdige Persönlichkeit. Sein offener, herzli-
cher, zutraulicher Charakter, eine Wahrheitsliebe, die sich
im Größten wie im Kleinsten kund tat, eine edle feurige
Natur, die sich mit Ungestüm auf die angeeigneten Meinungen warf, aber nicht minder bereitwillig jenen Lehren und
Menschen Gerechtigkeit widerfahren ließ, welche dieselben
als Irrtümer bekämpfen zu müssen glaubten, ebenso eine un-
geteilte Hingabe an die beiden Karidinalthemen Freiheit und
Pflicht – eine solche Vereinigung von vortrefflichen Eigenschaften zog mich wie überhaupt jeden unwiderstehlich an,
der ihn so gut kannte wie ich. Bei seinem offenen Sinn und
Herzen wurde es ihm nicht schwer, über die Kluft hinweg,
die noch unsere Meinungen schieden, mir die Hand zu reichen. Er sagte mir, dass er und andere nach dem, was sie über
mich gehört hatten, mich immer für einen »gemachten« oder
»fabrizierten« Mann gehalten hätten, dem gewisse Meinungen eingeprägt worden seien, welche ich bloß zu reproduzie-
ren vermöge; er sei jedoch zu einer anderen Ansicht gelangt,
als er in der Disputation über Byron und Wordsworth entdeckt habe, dass Wordsworth samt allem, was dieser Name
in sich schließt, mir ebensogut als ihm und seinen Freunden
angehöre. Seine leidende Gesundheit griff bald in alle seine
Lebenspläne störend ein und nötigte ihn, seinen Aufenthalt
auf dem Lande zu nehmen, so dass wir nach den ersten paar
Jahren unserer Bekanntschaft uns nur nach größeren Zeit-
abständen wieder sahen; doch war dann, wie er selbst in ei-

nem Brief an Carlyle sagte, die Begegnung wie die von zwei Brüdern. Obschon er nie im vollen Sinne des Wortes zu den tiefen Denkern gezählt werden konnte, ließ ihn doch sein offener Sinn und der moralische Mut, mit welchem er Maurice weit überragte, bald der Herrschaft entwachsen, welche Maurice und Coleridge über seinen Geist geübt hatten; doch bewahrte er bis zu seinem Ende die allerdings vorsichtiger gewordene Bewunderung für beide und namentlich eine warme Zuneigung zu Maurice. Mit Ausnahme der kurzen und flüchtigen Phase in seinem Leben, in welcher er den Fehler beging, ein Geistlicher zu werden, war sein Geist stets progressiv, und so oft ich ihn nach längeren Zwischenräumen wieder sah, hätte ich das Wort Goethes über Schiller auf ihn anwenden mögen, »Er hatte eine fürchterliche Fortschreitung«. [Von Mill deutsch zitiert. Sinngemäß vielleicht: »er hatte wunderbare Fortschritte gemacht«, Goethe über Felix Mendelssohn, nach einem Bericht von Sarah Austin: *Characteristics of Goethe*, vol. II (1833), S. 320.] Er und ich, wir beide gingen von intellektuellen Gesichtspunkten aus, die fast so weit von einander entfernt waren wie die Pole; aber die Distanz zwischen uns wurde immer kleiner; wenn ich Schritte tat, um einigen seiner Anschauungen näher zu kommen, trat er während seines kurzen Lebens stets mehr und mehr einigen von meinen Anschauungen bei, und wäre er in Kraft und Gesundheit geblieben, um seine eifrige Selbstbildung [self-culture] fortzusetzen, so lässt sich nicht sagen, wie weit wir es noch in dieser sich von selbst vollziehenden Assimilation gebracht hätten.

Nach 1829 trat ich vom Debattierclub zurück. Ich hatte genug Reden gehalten und war nun froh, meine Privatstudien fortsetzen zu können, ohne sogleich die Resultate derselben verfechten zu müssen. Der Bau meiner alten, angelehrten Meinungen ging an vielen Stellen in die Brüche; doch gestattete ich ihm nicht, ganz zu verfallen, sondern war unablässig bemüht, etwas Neues dafür einzufügen. Im Laufe meines Überganges begnügte ich mich nie, während eines auch noch so kurzen Zeitraums verwirrt und wankend zu bleiben. Wenn ich eine neue Idee aufgefasst hatte, so ließ es mir keine Ruhe, bis ich mir ihr Verhältnis zu meinen alten Anschauungen klar gemacht und ermittelt hatte, in wie weit ich ihr Einfluss auf eine Modifizierung oder Verdrängung derselben gestatten dürfe.

Die Kämpfe, die ich so oft in Verteidigung der Regierungstheorie bestehen musste, wie sie in Benthams Schriften und jenen meines Vaters niedergelegt ist, und meine Bekanntschaft mit andern Schulen des politischen Denkens hatten mir viele Dinge gezeigt, auf welche jene Doktrin, die eine Regierungstheorie im Allgemeinen sein wollte, hätte Rücksicht nehmen sollen, ohne dass sie es getan hatte; doch sah ich darin vorerst keine Mängel in der Theorie, sondern nur ein Motiv zur Korrektur derselben in der Anwendung auf die Praxis. Ich fühlte, dass die Politik keine spezifische Erfahrungswissenschaft sein konnte und dass die Beschuldigung der Benthamschen Theorie, sie gehe nicht vom Baconschen Experiment aus, sondern sei eben eine Theorie mit aprioristischer und verallgemeinernder Denkweise, auf einer völligen Unkenntnis der Baconschen Prinzipien und der notwendigen Bedingungen einer Experimentalforschung beruhe. Um jene Zeit erschien der aufsehenmachende Angriff Macaulays auf den *Essay on Government* meines Vaters im *Edinburgh Review.* Dies gab mir viel zu denken. Ich sah, dass Macaulays Auffassung von der Logik der Politik verfehlt war, dass er die Erscheinungen in der Politik nicht philosophisch, sondern empirisch behandelt wissen wollte und dass selbst in der Physik seine Ansichten einen Kepler vielleicht hätten gelten lassen, einen Newton und Laplace aber ausgeschlossen haben würden. Gleichwohl konnte ich mich (abgesehen vom unwürdigen Ton, den der Autor später in der ehrenhaftesten Weise wieder gut zu machen gesucht hat) des Gedankens nicht entschlagen, dass in mehreren seiner Bemerkungen über die Behandlung des Stoffs durch meinen Vater etwas Wahres liege, während die Voraussetzungen meines Vaters wirklich zu eng waren und nur einen kleinen Teil der allgemeinen Wahrheiten in sich fassten, von welchen in der Politik die wichtigen Folgen abhängen. Die Identität des Interesses zwischen dem regierenden Körper und der Gesellschaft im Großen ist praktisch genommen nicht das einzige, wovon eine gute Regierung abhängt, und sie lässt sich auch nicht durch die bloßen Bedingungen der Wahl sicher stellen. Eben so wenig war ich einverstanden mit der Art, wie mein Vater die Kritik Macaulays abfertigte. Meiner Ansicht nach hätte er zu seiner Rechtfertigung bloß sagen sollen: »Ich schrieb keine wissenschaftliche Abhandlung über Politik, sondern nur eine Argumentation für die Parlamentsreform«. So aber behandelte er Macaulays Ausführung einfach als irrational, als einen Angriff auf das Denkvermögen und als eine Illustration des Satzes von Hobbes, der besagt: »Wenn der Verstand sich gegen den Menschen kehrt, so wird sich der Mensch gegen den Verstand kehren«. Dies brachte mich auf den Gedanken, dass in der Vorstellung meines Vaters von philosophischer Methode in der Nutzanwendung auf die Politik ein gründlicherer Irrtum liegen müsse, als ich bisher vermutet hatte, obschon ich anfangs nicht deutlich sah, worin dieser Irrtum bestehen mochte. Erst im Lauf meiner anderen Studien kam dies wie ein Blitz über mich. Zu Anfang des Jahres 1830 hatte ich begonnen, die Ideen über Logik, welche ich in den früher erwähnten Morgenkonversationen aufgegriffen hatte, namentlich über die Unterscheidung in den Ausdrücken und die Wichtigkeit der Urteile zu Papier zu bringen. Nachdem ich diese Gedanken gegen den Untergang sicher gestellt hatte, ging ich auf andere Teile des Gegenstandes ein und versuchte, ob ich nicht etwas Weiteres tun könne, um im Allgemeinen in die Theorie der Logik größere Klarheit zu bringen. So ging ich denn ohne Verzug an das Problem der Induktion und sparte das Schließen [Reasoning] auf später auf, weil es nötig ist, dass man zuerst Prämissen hat, ehe man von ihnen Schlüsse ableiten kann. Nun ist die Induktion hauptsächlich ein Prozess, um die Ursachen der Wirkungen aufzufinden, und bei dem Versuch, den Modus zu ergründen, wie dies am besten in der Physik sich bewerkstelligen lassen dürfte, sah ich bald, dass wir in den vollkommeneren Wissenschaften durch Verallgemeinerung vom Einzelnen zu den Tendenzen der einzeln betrachteten Ursachen aufstiegen und dann abwärts von diesen getrennten Tendenzen unsere Schlüsse ziehen auf die Wirkung derselben Ursachen, wenn sie vereinigt sind. Dann fragte ich mich: Was ist die letzte Analysis dieses deduktiven Prozesses, auf den die gewöhnliche Theorie des Syllogismus offensichtlich kein Licht wirft? Da ich von meinem Vater und Hobbes gelernt hatte, abstrakte Prinzipien anhand der besten konkreten Beispiele zu studieren, die ich finden konnte, so fiel mir ein, dass die Zusammensetzung der Kräfte den vollständigsten Beleg geben dürfte für den logischen Prozess, welchem ich nachforschte. Bei der Untersuchung der geistigen Tätigkeit in ihrer Anwendung auf die Zusammensetzung der Kräfte fand ich nun, dass man ein einfaches Additionsexempel vollzieht; man zählt den Separateffekt der einen Kraft zum Separateffekt der anderen und bildet die Summe. Aber ist dieses Vorgehen legitim? In der Dynamik und in allen mathematischen Zweigen der Physik trifft es zu, aber in einigen anderen wie zum Beispiel in der Chemie ist dies nicht der Fall. Ich erinnerte mich nun, dass ich eine ähnliche Unterscheidung zwischen chemischen und mechanischen Phänomenen in der Einleitung zu jener Lieblingsschrift meiner Knabenzeit, Thomsons *System der Chemie*, gelesen hatte. Diese Distinktion macht mir auf einmal klar, was mich in

Beziehung auf die Philosophie der Politik so verwirrt hatte. Ich sah jetzt, dass eine Wissenschaft entweder deduktiv oder experimentell ist, je nachdem ob im Bereich, mit dem sie sich abgibt, die Wirkungen der Ursachen, wenn sie vereinigt werden, die Summen der Wirkungen sind, welche dieselben Ursachen in der Gesondertheit hervorbringen, oder nicht. Die Politik musste also eine deduktive Wissenschaft sein. Sonach waren beide, Macaulay und mein Vater, im Unrecht, der eine, indem er die Denkmethode in der Politik der rein experimentalen Methode der Chemie gleichstellte, der andere, indem er allerdings die deduktive Methode, aber nicht die richtige in Anwendung brachte, sofern er zum Typus der Deduktion nicht das geeignete Verfahren, nämlich jenes der deduktiven Zweige der Naturphilosophie, sondern das unpassende der reinen Geometrie wählte, welche, da sie keine Wissenschaft der Ursachen ist, ein Summierungsverfahren der Wirkungen weder braucht noch zulässt. So hatten meine Gedanken eine Grundlage gefunden für die Hauptabschnitte dessen, was ich später [im Buch VI des *Systems der Logik*] über die Logik der Moralwissenschaft veröffentlichte, und meine neue Stellung zu meinem alten politischen Glaubensbekenntnis stand nun fest.

Wenn man mich fragt, welches System der politischen Philosophie ich an die Stelle dessen setzte, was ich als Philosophie aufgegeben hatte, so antworte ich: kein System, sondern nur die Überzeugung, dass das richtige System viel verwickelter und vielseitiger sei, als ich mir früher je gedacht hatte, und dass sich deshalb die Pflicht nahe lege, nicht eine Reihe von Musterinstitutionen, sondern Prinzipien aufzustellen, aus welchen sich die für gegebene Umstände passenden Institutionen ableiten ließen. Die Einflüsse der europäischen, das heißt kontinentalen Gedanken, namentlich die der Reaktion des neunzehnten Jahrhunderts gegen das achtzehnte, brachen jetzt auf mich herein. Sie kamen von verschiedenen Seiten her – aus Coleridges Schriften, die ich schon vor der Änderung meiner Ansichten mit Interesse zu lesen begonnen hatte; von den Coleridgianern, mit denen ich persönlich verkehrte; aus dem, was ich von Goethe gelesen; aus Carlyles früheren Artikeln im *Edinburgh Review* und im *Foreign Review*, obschon ich lange (und mein Vater blieb dieser Anschauung bis zu seinem Ende treu) in denselben nichts sah als wahnwitzige Rhapsodie. Aus diesen Quellen und aus der Bekanntschaft mit der französischen Literatur jener Periode leitete ich unter anderen Ideen, welche die allgemeine Umwälzung in den Ansichten der europäischen Denker aufgebracht hatte, namentlich folgende ab: dass der menschliche Geist im möglichen Fortschritt einer gewissen Ordnung folgt, in welcher einige Dinge den anderen voraus gehen müssen, eine Ordnung, welche Regierungen und öffentliche Lehrer einigermaßen, aber nicht in unbegrenztem Ausmaß zu modifizieren vermögen; dass alle Fragen über politische Institutionen relativ, nicht absolut sind und dass verschiedene Stufen des menschlichen Fortschritts verschiedene Institutionen nicht nur haben wollen, sondern auch haben müssen; dass die Regierung stets in den Händen derjenigen ist, oder in die Hände derjenigen übergeht, welche die größte Macht in der Gesellschaft repräsentieren, und dass der Umfang dieser Macht nicht von den Institutionen abhängt, sondern die Institutionen von ihr; dass jede allgemeine Theorie oder Philosophie der Politik eine Theorie des menschlichen Fortschritts voraussetzt und dasselbe Verhältnis auch bei der Philosophie der Geschichte Platz greift. Diese Anschauungen waren wohl in der Hauptsache richtig; die Denker aber, bei denen ich mir jetzt hauptsächlich Rat zu holen pflegte, übertreiben dieselben auf ungestüme Weise und ignorierten jene Hälfte der Wahrheit, welche die Denker des achtzehnten Jahrhunderts erkannt hatten. Obschon ich im Lauf meines Fortschrittes eine Weile dieses große Jahrhundert unterschätzte, schloss ich mich doch nie der Reaktion gegen dasselbe an, sondern hielt mich auf der einen Seite so fest an die Wahrheit wie auf der anderen. Der Kampf zwischen dem neunzehnten und achtzehnten Jahrhundert erinnerte mich stets an die Schlacht um das Banner, das auf der einen Seite schwarz, auf der anderen weiß war, und ich wunderte mich über die Wut, mit welcher die Streiter gegen einander anrannten. Ich wandte auf sie und auf Coleridge selbst viele von seinen Äußerungen über halbe Wahrheiten an; [half truths; in seinen Anmerkungen zu einer von Donnes Predigten verwendete Coleridge diesen Ausdruck, vgl. *Literary Remains* (1838), III, 145]; Goethes Wahlspruch »Vielseitigkeit« [many sidedness; Mill spielt auf Goethes *Wilhelm Meister* an.] hätte ich in jener Periode am liebsten zum meinigen gemacht.

Die Schriftsteller, durch die mir mehr als von anderen eine neue Auffassung der Politik beigebracht wurde, waren die von der Saintsimonistischen Schule in Frankreich. Im Jahr 1829 und 1830 lernte ich einige von ihren Werken kennen; sie befanden sich damals noch im Erstlingsstadium ihrer Spekulationen und hatten ihre Philosophie noch nicht zur Religion umgestaltet, auch den Plan zum Sozialismus hatten sie noch nicht organisiert, sondern sie machten eben ihren Anfang mit Anfechtung des Grundsatzes vom erblichen Eigentum. Ich war keineswegs vorbereitet, mit ihnen so weit zu gehen; doch machten die damit zusammenhängende Anschauung von einer natürlichen Ordnung des menschlichen Fortschritts, der ich hier zum ersten Mal begegnete, und namentlich die Zerlegung aller Geschichte in organische und kritische Perioden, einen bedeutenden Eindruck auf mich. Während der organischen Perioden, sagten sie, nimmt die Menschheit mit fester Überzeugung irgendein positives Glaubensbekenntnis auf, welches das Richteramt anspricht über alle ihre Handlungen und mehr oder weniger Wahrheit mit Anpassung an die Bedürfnisse der Menschheit enthält.

Unter solchem Einfluss macht sie all den Fortschritt, der sich mit dem Glaubensbekenntnis verträgt, wächst aber schließlich doch über denselben hinaus, und nun kommt eine Periode der Kritik und der Verneinung, in welcher die Menschheit ihre alten Überzeugungen verliert, ohne neue von allgemeinem oder zwingendem Charakter zu gewinnen, die eine ausgenommen, dass die alten falsch sind. Die Periode des römischen und griechischen Polytheismus war, solange er von unterrichteten Römern und Griechen geglaubt wurde, eine organische, welcher die kritische und skeptische der griechischen Philosophen folgte. Eine andere organische Periode kam mit dem Christentum; die entsprechende kritische begann mit der Reformation, welche seitdem angehalten hat, noch jetzt besteht und fortdauern wird, bis eine neue organische Periode eingeführt ist durch den Triumph eines noch fortschrittlicheren Glaubens. Ich weiß wohl, dass diese Ideen keine Eigentümlichkeit der Saintsimonisten sind; sie waren im Gegenteil ein Gemeingut von Europa, oder wenigstens von Deutschland und Frankreich, aber meines Wissens nie so vollständig in ein System gebracht worden wie durch diese Schriftsteller, wie denn auch die unterscheidende Charakteristik einer kritischen Periode nirgends so scharf hervorgehoben ist; allerdings war ich damals mit Fichtes Vorlesungen *Die Grundzüge des gegenwärtigen Zeitalters* noch nicht bekannt. In Carlyle fand ich wohl bittere Denunziationen gegen ein Zeitalter des Unglaubens wie das gegenwärtige, die damals von den meisten als leidenschaftliche Verwahrungen zugunsten des alten Glaubens aufgenommen wurden; allein was darin wahr ist, war meiner Ansicht nach von den Saintsimonisten weit ruhiger und philosophischer dargelegt worden. Unter ihren Veröffentlichungen befand sich eine, die mir alle anderen weit zu überragen schien, weil darin die allgemeine Idee zur bestimmteren und belehrenderen Form gereift war – ich meine ein früheres Werk von

August Comte, der sich selbst auf dem Titelblatt einen Schüler von Saint Simon nannte [*Système de politique positive*, 1824].
In dieser Abhandlung stellt Comte die später von ihm so
reichlich illustrierte Lehre auf von der natürlichen Aufein-
anderfolge dreier Stadien in jedem Zweig des menschlichen
Wissens – erstens des theologischen, zweitens des metaphysischen und zuletzt des positiven; demselben Gesetz müsse
auch das soziale Wissen unterworfen sein; das feudale und
katholische System sei die Schlussphase des theologischen
Zustandes der sozialen Wissenschaft, der Protestantismus der
Anfang und die Lehren der französischen Revolution die
Vollendung des metaphysischen, und der positive Zustand
stehe uns noch bevor. Diese Doktrin stand in gutem Einklang mit meinen damaligen Anschauungen, denen sie eine
wissenschaftliche Form zu geben schien. Ich betrachtete bereits die Methoden der Physik als die geeigneten Muster für
die Politik; der Hauptnutzen aber, den ich zu jener Zeit aus
dem von Comte und den Saintsimonisten angeregten Gedanken zog, bestand darin, dass ich einen weit klareren Begriff als je zuvor von den Eigentümlichkeiten einer Phase des
Übergangs der Meinung gewann und aufhörte, die moralischen und intellektuellen Merkmale einer solchen Über-
gangszeit irrtümlich für die normalen Attribute der Menschheit zu halten. Wohl schlug trotz der allgemeinen schwachen
Überzeugungen die Gegenwart einen gewaltigen Lärm an;
aber ich schaute darüber weg in eine Zukunft, welche die
besten Eigenschaften der kritischen Periode mit den besten
Eigenschaften der organischen vereinigen würde – eine un-
gehemmte Freiheit des Gedankens und eine schrankenlose
Freiheit des individuellen Handelns in jeder Weise, die anderen keinen Nachteil bringt, aber auch Überzeugungen von
Recht und Unrecht, Nützlichem und Schädlichem, die den
Gefühlen tief eingegraben sind durch frühe Erziehung und
allgemeine Einmütigkeit der Gesinnung, dabei so fest ge-

gründet in der Vernunft und in den wahren Bedürfnissen des
Lebens, dass kein Bedürfnis mehr vorliegt, sie wie die früheren und gegenwärtigen religiösen, ethischen und politischen Glaubensbekenntnisse periodisch abzuwerfen und
durch andere zu ersetzen.

Comte trennte sich bald von den Saintsimonisten, und
ich verlor ihn und seine Schriften für eine Reihe von Jahren
aus dem Gesicht; doch fuhr ich fort, den Saintsimonisten
aufmerksam zu folgen. Über ihre Fortschritte blieb ich *au
courant* durch einen ihrer begeistertsten Parteigänger Gustav
d'Eichtal, der sich um jene Zeit eine Weile in England auf-
hielt. 1830 wurde ich bei den Meistern der Genossenschaft
Bazard und Enfantin eingeführt, und so lange sie ihre öffentlichen Lehren und ihren Prosyletismus fortsetzten, las ich fast
alles, was sie schrieben. Ihre Kritik der gewöhnlichen Lehren
des Liberalismus schien mir reich zu sein an wichtigen Wahrheiten, und teilweise verdankte ich es ihren Schriften, dass
mir die Augen geöffnet wurden über den sehr beschränkten
und vorübergehenden Wert der alten ökonomischen Lehre,
welche Privateigentum und Erbschaft als unveräußerliche
Tatsachen hinnimmt und Freiheit der Produktion und des
Handels als das *dernier mot* der sozialen Verbesserung. Der
von den Saintsimonisten allmählich ausgebildete Plan, demgemäß die Arbeit und das Kapital der Gesellschaft im Interesse der Gesamtheit verwertet werden sollten, so dass jedes
Individuum berufen war, an der Arbeit teilzunehmen, sei es
als Denker, Lehrer, Künstler oder Produzent, alle aber nach
ihren Fähigkeiten in Klassen abgeteilt und nach ihrem Wirken belohnt wurden, zielte offensichtlich auf eine weit bessere Gestaltung des Sozialismus als die Entwürfe Owens. Ihr
Ziel schien mir wünschenswert und vernünftig, wenn auch
die Mittel sich vielleicht als unwirksam erwiesen, und obschon ich weder an die Ausführbarkeit noch an ein wirklich
wohltätiges Einwirken dieser sozialen Maschinerie glaubte,

so fühlte ich doch, dass die Aufstellung eines solchen Ideals von einer menschlichen Gesellschaft dazu beitragen dürfte, auf die Anstrengungen anderer, die gegenwärtige Gesellschaft auf eine idealere Stufe zu heben, heilsam einzuwirken. Am meisten aber ehrte ich sie um eines Zuges willen, um dessen willen sie am meisten verschrien worden sind – ich meine die Kühnheit und Vorurteilslosigkeit, mit welcher sie das Thema der Familie behandelten – einen Gegenstand von höchster Wichtigkeit, für den mehr fundamentale Änderungen nötig sind als für irgendeine andere große soziale Institution, obschon kaum je ein Reformer es gewagt hat, sie in Angriff zu nehmen. In der Proklamation der vollständigen Gleichheit von Mann und Frau und einer ganz neuen Ordnung der Dinge in der Beziehung der Geschlechter haben sich die Saintsimonisten gemeinsam mit Owen und Fourier ein Anrecht auf eine dankbare Erinnerung bei den künftigen Generationen erworben.

In meinem Bericht über diese Periode meines Lebens habe ich nur jene neuen Eindrücke dargelegt, welche mir sowohl damals als auch seither die Wendepunkte zu sein schienen, nach denen ich einen entscheidenden Fortschritt in meiner Denkweise bezeichnen kann; doch geben diese wenigen ausgewählten Punkte einen sehr ungenügenden Begriff des gesamten Nachdenkens, das mich während jener Jahre des Übergangs in Beziehung auf eine Menge von Gegenständen beschäftigte. Vieles davon betraf allerdings nur die Wiederentdeckung von Dingen, die aller Welt bekannt sind, die ich früher nicht geglaubt oder nicht beachtet hatte. Die Wiederentdeckung war für mich gleichwohl eine Entdeckung, da sie mich voll in den Besitz der Wahrheiten frisch aus ihrer Quelle setzte, nicht in der Eigenschaft traditioneller Plattheiten, und es misslang mir selten, sie in ein neues Licht zu bringen, durch das sie sich mit den weniger allgemein bekannten Wahrheiten versöhnen ließen, die in meinen früheren Ansichten lagen und ihrem Wesen nach für mich beständig die gleichen blieben; ja ich glaubte in den erforderlich gewordenen Modifikationen nur eine Bestätigung derselben zu finden. Und so diente all mein neues Denken nur dazu, ihre Grundsteine tiefer und fester zu legen, während es oft ein falsches Verstehen, eine Ideenverwirrung beseitigte, die nachteilig auf dieselben eingewirkt hatte. So lastete zum Beispiel in den späteren Rückfällen meines Trübsinns die Lehre von der sogenannten philosophischen Notwendigkeit wie ein Alp auf meinem Dasein. Es war mir, als sei mir wissenschaftlich bewiesen worden, dass ich nur der hilflose Sklave von vorhergegangenen Umständen sein könne und dass mein Charakter wie der von allen anderen Menschen durch Wirkungen gebildet worden sei, die völlig außer unserer Macht lagen. Ich sagte oft zu mir selbst, was für ein Trost darin läge, wenn ich nicht an die Lehre von der Bildung des Charakters durch die Umstände glauben müsste; und wenn ich des Wunsches von Fox gedachte, dass die Könige nie die Doktrin vom Widerstande gegen die Regierungen vergessen, aber die Untertanen nie daran erinnert sollten, meinte ich, es müsste ein Segen sein, wenn die Lehre von der Notwendigkeit von allen in Beziehung auf den Charakter von anderen geglaubt würde, aber nicht bezüglich des eigenen. Der Gegenstand lag peinlich schwer auf mir, bis mir allmählich ein Licht aufging. Ich bemerkte, dass das Wort ›Notwendigkeit‹ als Bezeichnung der Lehre von Ursache und Wirkung, sofern sie auf das menschliche Handeln angewendet wird, eine irreleitende Assoziation herbeiführt und dass diese Assoziation die tätige Kraft war im niederdrückenden und lähmenden Einfluss, den ich erfahren hatte. Ich sah, dass, wenn auch unser Charakter durch die Umstände gebildet wird, doch unsere eigenen Wünsche viel tun können, um diese Umstände zu gestalten [our own desires can do much to shape those circumstances], und dass die Lehre vom freien Willen die begeisternde und veredelnde Überzeugung von einer wirklichen Kraft in sich fasst, die auf die Bildung unseres Charakters einwirken kann; dass endlich unser Wille durch Beeinflussung einiger der Umstände unsere künftigen Gewohnheiten oder das Willensvermögen zu modifizieren vermag. All dies vertrug sich recht gut mit der Lehre von den Umständen oder war vielmehr diese Lehre selbst in der geeigneten Auffassung. Von dieser Zeit an unterschied ich stets genau zwischen der Lehre von den Umständen und dem Fatalismus, indem ich das irreleitende Wort ›Notwendigkeit‹ ganz aufgab. Die Theorie, welche ich jetzt zum ersten Mal richtig begriff, war keine entmutigende mehr, und abgesehen von der seelischen Erleichterung litt ich nicht länger unter der für einen künftigen Reformer der Anschauungen so schweren Last, eine Doktrin für wahr und die entgegengesetzte für moralisch wohltätig halten zu müssen. Die Gedankenkette, welche mir aus dieser Klemme herausgeholfen hatte, schien mir in späteren Jahren geeignet, auch anderen einen ähnlichen Dienst zu leisten, und sie bildet nun das Kapitel über Freiheit und Notwendigkeit im letzten Buch meines *Systems der Logik*.

Obgleich ich jetzt nicht länger die Doktrin des *Essay on Government* als wissenschaftliche Theorie gelten ließ; obgleich ich aufhörte, die repräsentative Demokratie als ein absolutes Prinzip zu betrachten, sondern in ihr nur eine Frage der Zeit, des Ortes und der Umstände sah; obgleich ich die Wahl der politischen Institutionen mehr vom Standpunkt der Moral und der Erziehung, als von dem der materiellen Interessen aus betrachtet auffasste, indem ich dachte, die Frage müsse hauptsächlich durch die Berücksichtigung entschieden werden, welche große Verbesserung im Leben und der Kultur des betreffenden Volkes zunächst als der Zustand seines weiteren Fortschritts an die Reihe komme und welche Institutionen zur Förderung des Fortschritts geeignet sein möchten – änderte gleichwohl dieser Wechsel in den

Prämissen meiner politischen Philosophie nicht mein praktisches politisches Glaubensbekenntnis bezüglich der Bedürfnisse meiner Zeit und meines Landes. Ich blieb ein Radikaler und Demokrat für Europa und namentlich für England. Das Übergewicht der aristokratischen Klassen, des Adels und des Reichtums in der englischen Konstitution erschien mir als ein Übel, dessen Beseitigung wohl des Kampfes wert war, nicht um der Steuern oder anderer vergleichsweise kleinen Unbequemlichkeiten willen, sondern wegen des mächtigen demoralisierenden Einflusses auf das Land. Ich nenne ihn demoralisierend, erstens weil er in der Leitung der Regierung durch die vorzugsweise Begünstigung von Privatinteressen den öffentlichen gegenüber und durch den Missbrauch der gesetzgebenden Gewalt zum Vorteile der Klassen ein Beispiel grober öffentlicher Immoralität gibt; zweitens und in noch höherem Grade, weil sich die Achtung des großen Haufens immer vornehmlich darauf fixiert, was im bestehenden Zustand der Gesellschaft der Hauptschlüssel zur Macht ist. In den englischen Staatseinrichtungen bildet der Reichtum, sei er erworben oder ererbt, fast ausschließlich die Quelle politischer Bedeutsamkeit; Reichtum und seine Abzeichen sind beinahe die einzigen Dinge, welche wirklich respektiert werden, und das Leben des Volkes ist hauptsächlich ihrer Erringung gewidmet. Ich dachte, solange die höheren und reicheren Klassen die Regierungsgewalt in Händen hätten, würden sie im Unterricht und der Verbesserung der Volksmassen stets eine Einschränkung ihrer Interessen sehen, weil diese geeignet sind, das Volk mehr zur Befreiung vom Joch zu befähigen; wenn aber die Demokratie einen großen und vielleicht den Hauptanteil an der öffentlichen Gewalt erränge, so müsse es auch im Interesse der reichen Klassen liegen, die Volksbildung zu fördern und dadurch wirklich unheilvolle Irrtümer, namentlich diejenigen, welche zu ungerechten Verletzungen des Eigentums führen, abzuwehren.

Aus diesen Gründen eiferte ich nicht nur für demokratische Institutionen fort, sondern hoffte auch ernsthaft darauf, dass die Anti-Eigentumsdoktrinen Owens, Saint Simons und anderer unter den ärmeren Klassen Verbreitung gewinnen möchten, nicht weil ich sie für wahr oder ihre Durchführung für wünschenswert hielt, sondern weil dann die Reichen lernen konnten, dass sie von den Armen weit mehr zu fürchten hatten, wenn sie ungebildet blieben, als wenn man auf ihre Bildung hinarbeitete.

In dieser geistigen Verfassung [frame of mind] traf mich die französische Julirevolution [von 1830]; sie fachte meine höchste Begeisterung an und verlieh mir sozusagen ein neues Dasein. Ich begab mich sofort nach Paris, wurde bei Lafayette eingeführt und legte den Grund zum Verkehr, welchen ich nachher mit mehreren der Hauptführer der extremen demokratischen Partei fortspann. Nach meiner Rückkehr trat ich als Schriftsteller mit Wärme in die Verhandlungen über politische Zeitfragen ein, die bald noch aufregender wurden durch die Ernennung von Lord Greys Ministerium und die Einbringung der Reformvorlage. Während der nächsten paar Jahre schrieb ich viel in Zeitungen. Um diese Zeit wurde Fonblanque Eigentümer und Redakteur des *Examiner*, für welchen er vorher die politischen Artikel geliefert hatte. Es ist noch nicht vergessen, mit welchem Eifer, welchem Talent und subtilem Witz er während der ganzen Periode des Greyschen Ministeriums seine Aufgabe löste, und welche Wichtigkeit in der Zeitungspresse sein Blatt als das Hauptorgan der radikalen Ansichten gewann. Seinen auszeichnenden Charakter gewann der *Examiner* ganz und gar durch die Artikel von Fonblanque, welche wenigstens drei Viertel der Originalarbeiten ausmachten, und zum Rest trug ich während jener Jahre viel mehr bei als irgendein anderer. Ich schrieb fast alle die Artikel über französische Zustände einschließlich eines wöchentlichen Überblicks über dieselben, der oft ziemlich lang war, dazu viele Leitartikel über allgemeine Politik, Handel und Finanzgesetzgebung und über unterschiedliche, mir interessant scheinende Gegenstände, die für die Zeitschrift passten, darunter auch Kritiken von Büchern. Bloße Zeitungsartikel über die Vorfälle oder Fragen des Tages gaben keinen Anlass, einen generelleren Denkmodus zu entwickeln; aber ich versuchte zu Anfang des Jahres 1831 in einer Reihe von Aufsätzen, welche den Titel *The Spirit of the Age* führten, einige meiner neuen Anschauungen zu integrieren und namentlich im Charakter der gegenwärtigen Zeit die Anomalien und schlimmen Züge des Übergangs aus einem System von Meinungen, die sich abgenützt haben, zu einem andern darzulegen, das erst im Werden begriffen ist. Jene Artikel waren, wie ich glaube, holperig im Stil und nicht lebhaft oder anregend genug, um zu irgendeiner Zeit den Geschmack von Zeitungslesern zu befriedigen; allein wären sie auch weit ansprechender gewesen, so müssten sie doch in einer Zeit, in welcher große politische Wechsel bevorstanden und alle Geister beschäftigten, ihren Zweck völlig verfehlt haben. Die einzige Wirkung, welche meines Wissens durch sie hervorgebracht wurde, war die, dass Carlyle, der damals in einem Winkel von Schottland lebte, sie in seiner Einsamkeit las und, wie ich später von ihm erfuhr, zu sich selbst sagt: »Da haben wir einen neuen Mystiker«; als er im darauffolgenden Herbst nach London kam, erkundigte er sich nach dem Autor, und dadurch wurde meine persönliche Bekanntschaft mit ihm herbeigeführt.

Ich habe bereits erwähnt, dass Carlyles frühere Schriften einer der Kanäle waren, durch welche mir die Einflüsse zugingen, die mein zu enges Glaubensbekenntnis erweiterten; allein ich denke nicht, dass jene Schriften an sich je auf meine Ansichten eingewirkt haben würden. Die Wahrheiten, die sie enthielten, waren allerdings von derselben Art wie diejenigen, welche ich bereits von anderen Seiten aufgenommen hatte, aber in einer Form und in einer Gewandung dargestellt, in der sie sich weniger als irgendeine andere dafür eigneten, in einem Geist, der wie der meinige gebildet war, Zugang zu gewinnen. Sie schienen mir ein Dunst von Poesie und deutscher Metaphysik zu sein, aus welchem fast nichts klar hervortrat als eine schroff feindselige Gesinnung gegen die meisten Anschauungen, welche bisher die Basis meiner Denkweise gebildet hatten – gegen religiösen Skeptizismus, Utilitarismus, die Lehre von den Umständen und das Gewicht, das ich der Demokratie, Logik oder politischen Ökonomie beilegte. Zunächst hatte ich nichts von Carlyle gelernt; erst im Verhältnis, in welchem ich dieselben Wahrheiten durch für meinen Geisteszustand geeignetere Vermittlung [media] zu erfassen begann, fand ich sie auch in seinen Schriften. Nun machte freilich die wundervolle Gewalt, mit welcher er sie vortrug, einen tiefen Eindruck auf mich, und ich gehörte eine lange Periode zu seinen eifrigsten Bewunderern, obschon die günstige Einwirkung seiner Schriften auf mich nicht die belehrende der Philosophie, sondern die belebende der Poesie war. Sogar um die Zeit, als unsere Bekanntschaft begann, hatte ich noch nicht hinreichende Fortschritte gemacht in meiner neuen Denkweise, um ihn voll zu würdigen; einen Beweis dafür lieferte, dass ich, als er mir das eben fertiggewordene Manuskript seines *Sartor Resartus*, seines besten und größten Werkes zeigte, nur wenig daraus machte, obschon ich es, als es zwei Jahre später in *Fraser's Magazine* erschien, mit Hochgenuss und enthusiastischer Bewunderung las. Die Grundverschiedenheit in unserer Philosophie hinderte mich übrigens nicht, den Umgang mit Carlyle zu pflegen. Er entdeckt bald, dass ich kein »neuer Mystiker« war, und als ich ihm, um ehrlich gegen ihn zu verfahren, schriftlich ein Bekenntnis über alle diejenigen von meinen Anschauungen mitteilte, die ihm, wie ich wusste, am meisten zuwider waren, antwortete er, der Hauptunterschied zwischen uns bestehe darin, dass ich »bis jetzt wissentlich nichts von einem Mystiker« sei. Ich weiß nicht, wann er die Erwartung aufgab, dass ich bestimmt sei, ein solcher zu werden; aber obgleich sowohl seine als auch meine Ansichten in späteren Jahren beträchtliche Änderungen erlitten, kamen wir uns doch in unseren Denkweisen nie viel näher, als wir es in den ersten Jahren unserer Bekanntschaft gewesen waren. Allerdings traute ich mir kein kompetentes Urteil über Carlyle zu. Er war Dichter und ein Mann von rascher Auffassung, ich nicht; als solcher sah er nicht nur lang vor mir viele Dinge, denen ich, wenn man mich darauf hinwies, mit meinen Beweisen nachhinkte, sondern es war mir auch höchst wahrscheinlich, dass er viele Dinge sehen konnte, die für mich nicht sichtbar waren, auch wenn man mich darauf aufmerksam gemacht hatte. Ich wusste, dass ich nicht um ihn herum, geschweige denn über ihn wegschauen konnte, und ich maßte mir nie an, ein endgültiges Urteil über ihn zu fällen, bis mir ein Schlüssel dazu an die Hand gegeben wurde durch eine Persönlichkeit, die weit über uns beiden stand, auf dem Boden der Dichtkunst über ihm, auf dem des Denkens über mir. [Anspielung auf Harriet Taylor]

Unter den Männern von Geist, die ich von früherer Zeit her kannte, war der ältere Austin derjenige, mit welchem ich jetzt in den meisten Punkten übereinstimmte. Ich habe bereits erwähnt, dass er gegen unseren früheren Sektengeist stets in Opposition stand, und in letzter Zeit war er wie ich neuen Einflüssen ausgesetzt. Nachdem er zum Professor der Jurisprudenz an der Londoner Universität (jetzt University College) ernannt worden war, hatte er einige Zeit in Bonn gelebt, um seine Vorlesungshefte auszuarbeiten, und bei dieser Gelegenheit aus der deutschen Literatur, dem deutschen Charakter und dem Zustand der Gesellschaft Eindrücke gewonnen, die eine nennenswerte Wandlung in seinen Lebensanschauungen hervorbrachten. Er hatte eine viel mildere

Haltung angenommen und war nicht mehr so streitbereit und polemisch; auch hatte sein Geschmack begonnen, sich dem Poetischen und Beschaulichen zuzuwenden. Auf äußere Wechsel legte er einen viel geringeren Wert als früher, wenn sie nicht Hand in Hand gingen mit einer besseren Kultur der inneren Natur. Er hatte einen großen Widerwillen gegen die allgemeine Gemeinheit des englischen Lebens, gegen den Mangel an großen Gedanken und selbstlosen Bestrebungen, gegen die niedrigen Ziele, welchen in England alle Klassen nachjagen. Selbst die Art der öffentlichen Interessen, die dem Engländer wert sind, schlug er nicht hoch an. Er war der Ansicht, man habe unter der preussischen Monarchie praktisch eine bessere Regierung und sorge (was wahr genug ist) viel besser für die Erziehung und geistige Hebung aller Klassen der Bevölkerung als unter dem repräsentativen System Englands; auch teilte er die Anschauung der französischen Ökonomen, dass die wahre Bürgschaft für eine gute Regierung im »peuple éclairé« liege, das nicht immer die Frucht populärer Institutionen sei, und dann nur um so besser wirke, wenn man die Aufklärung ohne diese haben könne. Obschon er mit der Reformbill einverstanden war, sagte er doch ganz richtig voraus, dass sie nicht unmittelbar die großen Verbesserungen in der Verwaltung herbeiführen werde, die man von ihr erwarte, weil es im Lande an den Männern fehle, welche diese großen Dinge durchzusetzen vermöchten. Es gab zwischen mir und ihm viele Berührungspunkte, sowohl in den neuen Anschauungen, die er gewonnen, als auch in den alten, die er festgehalten hatte. Gleich mir hörte er nie auf, ein Utilitarist zu sein, und bei all seiner Neigung zu den Deutschen und ihrer Literatur konnte er sich nie mit der Lehre von einem angeborenen Prinzip versöhnen. Er kultivierte mehr und mehr eine Art deutscher Religion, eine Religion der Poesie und des Gefühls ohne positive Dogmen, während er sich in der Politik (und hierin war ich am wenigsten mit ihm einverstanden) eine an Verachtung grenzende Gleichgültigkeit gegen den Fortschritt populärer Institutionen angeeignet hatte, obschon er die des Sozialismus gerne als wirksamstes Mittel gelten ließ, die im Besitz der Macht befindlichen Klassen zu zwingen, dass sie auf die Erziehung des Volkes hinwirkten, damit diesem begreiflich werde, wie der einzig wirksame Weg, seine Lage auf die Dauer zu verbessern, in der Beschränkung seiner Zahl liege. Grundsätzlich hatte er damals gegen den Sozialismus an sich als Endziel der Verbesserung nichts einzuwenden. Von dem, was er die »Universalprinzipien der menschlichen Natur des politischen Ökonomen« nannte, wollte er nichts wissen; man müsse sich an die Beweise halten, welche Geschichte und tägliche Erfahrung von der »außerordentlichen Plastizität [pliability] der menschlichen Natur« (eine Phrase, die ich irgendwo von ihm geborgt habe) lieferten; auch hielt er es nicht für möglich, den moralischen Fähigkeiten, die sich unter einer weisen Leitung der sozialen und erzieherischen Einflüsse entwickeln mochten, irgendwelche festen Grenzen zu setzen. Ob er alle diese Ansichten bis zum Ende seines Lebens festhielt, weiß ich nicht; jedenfalls war er im allgemeinen Charakter der Denkweise seiner späteren Jahre und namentlich in seiner letzten Schrift weit mehr Tory, als er es zu jener Zeit gewesen war.

Vom Tonfall im Denken und Fühlen meines Vaters wähnte ich mich nun weit entfernt, vielleicht weiter, als es sich in Wirklichkeit herausgestellt haben dürfte, wenn es bei jedem von uns beiden zu einer völlig ruhigen Erörterung und Neubetrachtung gekommen wäre; allein mein Vater war nicht der Mann, von dem man eine vollständige und ruhige Besprechung über Fundamentalpunkte der Doktrin erwarten konnte, am wenigsten mit einem Menschen, in dem er gewissermaßen einen Fahnenflüchtigen gesehen haben würde. Zum Glück stimmten wir fast immer in den politischen Tagesfragen überein, die ein stetiges Thema seines Interessens und seiner Unterhaltung abgaben. Über Meinungen, die uns trennten, sprachen wir wenig. Er wusste, dass die Gewohnheit des Selbstdenkens, die er durch seine Erziehungsmethode groß gezogen hatte, mich zuweilen auf Anschauungen führten, die von den seinigen abwichen, und bemerkte auch von Zeit zu Zeit, dass ich ihm nicht immer sagte, wie weit diese Abweichung ging; ich versprach mir von einer Diskussion über unsere Differenzen jedoch nichts Gutes, sondern nur Peinlichkeit für beide Teile, weshalb ich lieber schwieg, wenn er nicht etwa einer Ansicht oder einem Gefühl Ausdruck verlieh, die so schnurstracks den meinigen entgegenstanden, dass es unehrlich gewesen wäre zu schweigen.

Es bleibt mir noch übrig, die zahlreichen Erzeugnisse zu erwähnen, die außer meinen Beiträgen zu Zeitungen während jener Jahre aus meiner Feder flossen. 1830 und 1831 schrieb ich die fünf Aufsätze, welche seitdem unter dem Titel *Essays On some Unsettled Questions of Political Economy* veröffentlicht worden sind, fast ganz so, wie sie im Druck vorliegen; nur den fünften Essay habe ich teilweise umgearbeitet. Sie waren nicht zu sofortigem Druck bestimmt, und als ich sie einige Jahre später einem Buchhändler anbot, wurden sie abgelehnt; im Druck erschienen sie erst 1844, nachdem das *System of Logic* Erfolg gehabt hatte. Ich nahm auch meine Spekulationen über Logik wieder auf und zerbrach mir, wie andere vor mir, den Kopf über das große Paradox der Entdeckung neuer Wahrheiten durch allgemeine Schlüsse [general reasoning]. Über die Tatsache konnte kein Zweifel bestehen; ebensowenig ließ sich beanstanden, dass alles Schließen in Syllogismen auflösbar und dass bei jedem Syllogismus die Konklusion wirklich in den Prämissen enthalten und eingewickelt ist. Wenn nun aber letzteres der Fall, wie konnte man von einer neuen Wahrheit sprechen, und wie konnten alle die Lehrsätze der Geometrie in den Definitionen und

Axiomen enthalten sein, von denen sie doch dem Anschein nach so verschieden waren? Dies war eine Schwierigkeit, die, wie ich meinte, noch niemand genügend gefühlt hatte und die jedenfalls noch niemand zu beheben gelungen war. Die von Whateley und anderen gegebenen Erklärungen mochten wohl eine zeitweilige Befriedigung geben, ließen mir aber immer die Frage wie in einem Nebel schweben. Endlich, als ich zum zweiten- oder drittenmal die Kapitel vom Schließen im zweiten Band von Dugald Stewart las, mich über jeden Punkt befragte und, soweit ich es konnte, jeden Denkansatz, den das Buch an die Hand gab, verfolgte, stieß ich auf eine seine Idee über den Gebrauch der Axiome beim Schließen; ich konnte mich nicht erinnern, diese früher bemerkt zu haben. Diese Idee erschien mir jetzt, als ich darüber nachdachte, nicht nur für die Axiome, sondern auch für alle Allgemeinsätze wahr zu sein und einen Leitfaden für die ganze Wirrnis zu bilden. Aus diesem Keime erwuchs die Theorie des Syllogismus, wie sie in meinem zweiten Buch der *Logik* entwickelt ist. Ich hatte meine Gedanken sogleich durch Niederschreiben fixiert und trug mich nun mit so getroster Hoffnung, ein Werk von Wert und Originalität über Logik zustande zu bringen, das ich aus dem unvollkommenen gesammelten Rohmaterial zusammenzustellen begann. Was ich jetzt schrieb, wurde die Grundlage des ersten Buchs der späteren Abhandlung; nur enthielt es nicht die Theorie der Arten [kinds], welche erst nachher dazugekommen ist, angeregt durch anderweitig unentwirrbare Schwierigkeiten, welche mir bei dem ersten Versuch, einige der Schlusskapitel des dritten Buchs zu verarbeiten, entgegentraten. Am Punkt, an welchem ich nun angelangt war, machte ich für fünf Jahre Halt, da meine Leine nicht weiter reichte; ich konnte damals mit der Induktion noch nicht zurechtkommen. Wohl fuhr ich fort, jedes Buch zu lesen, das Licht über den Gegenstand zu verbreiten schien, und eignete mir, so gut ich konnte, die Resultate an; allein ich fand lange Zeit keine wichtige Anregung.

Im Jahr 1832 schrieb ich mehrere Aufsätze für die erste Serie von *Tait's Magazine* und einen für eine Quartalsschrift mit dem Titel *The Jurist*, welche von einem Club, zusammengesetzt aus Advokaten und Gesetzreformern (zum Teil guten Bekannten von mir) gegründet und eine kurze Zeit fortgeführt worden war. Der fragliche Aufsatz behandelte die Rechte und Pflichten des Staats gegenüber dem Korporations- und Kircheneigentum und bildet jetzt den ersten Beitrag in der Sammlung *Dissertations and Discussions*, in welche auch eine von meinen Abhandlungen für *Tait's Magazine*, »The Currency Juggle« [Die Währungsmanipulation], aufgenommen ist. Was ich sonst schrieb, war nicht von hinreichend bleibendem Wert, um einen Wiederabdruck zu rechtfertigen. Die Abhandlung im *Jurist*, welche ich noch immer für eine sehr vollständige Besprechung der Rechte des Staats über Stiftungen halte, entwickelte beide Seiten meiner Ansichten, indem ich so fest, als ich es nur je hätte tun können, die Doktrin hervorhob, dass alle Stiftungen Nationaleigentum seien und die Regierung sie überwachen dürfe und solle, nicht aber, wie man etwa früher hätte von mir erwarten können, die Schenkungen als solche verdammte und den Vorschlag machte, sie einzuziehen und damit Staatsschulden zu begleichen. Im Gegenteil betonte ich energisch die Wichtigkeit des Besitzes eines Fonds für die Erziehung, der nicht abhängig ist von der bloßen Nachfrage des Marktes, das heißt vom durchschnittlichen Verstand und Wissen der Eltern, sondern sich dafür eignet, eine höhere Bildung zu verbreiten, als es möglicherweise freiwillig von den Käufern des Artikels verlangt wird. Alle diese Ansichten wurden bestätigt und verstärkt durch den ganzen Verlauf meiner späteren Reflexionen.

SECHSTES KAPITEL
BEGINN DER WERTVOLLSTEN FREUNDSCHAFT
IN MEINEM LEBEN. TOD MEINES VATERS. SCHRIFTEN
UND ANDERE AKTIVITÄTEN BIS 1840

In die Periode des Fortschrittes, welchen jetzt mein Geist erreicht hatte, fällt die Bildung einer Freundschaft, welche die Ehre und der Hauptsegen meines Daseins wurde, wie auch die Quelle von vielem, was ich zur Verbesserung der Menschheit versucht habe oder noch zu erzielen hoffe. Die Eröffnung meiner Bekanntschaft mit der Frau, welche nach zwanzigjähriger Freundschaft einwilligte, meine Gattin zu werden, fand 1830 statt, als ich in meinem fünfundzwanzigsten und sie in ihrem dreiundzwanzigsten Jahre stand. Der Familie ihres Gatten war ich von früheren Zeiten her nicht fremd. Sein Großvater wohnte in einem Haus unmittelbar neben dem meines Vaters in Newington Green, und der alte Herr hatte mich als Knaben bisweilen zum Spielen in seinen Garten eingeladen. Er war ein Musterbild von einem alten schottischen Puritaner, ernst und achtunggebietend, aber sehr freundlich gegen Kinder, auf welche solche Männer einen bleibenden Eindruck machen. Obgleich es nach meiner Einführung Jahre dauerte, ehe meine Bekanntschaft mit Frau Taylor eine vertrauliche wurde, fühlte ich doch sehr bald, dass sie die bewundernswerteste Person war, mit der ich je in Berührung gekommen war. Man darf jedoch nicht glauben, dass sie oder überhaupt jemand im Alter, in welchem ich ihr zum ersten Mal begegnete, schon war oder sein konnte, was sie später wurde. Am wenigsten ließ sich dies von ihr erwarten, bei der Selbstveredelung, Fortschritt im höchsten Sinn und nach jeder Richtung ein Naturgesetz war, eine Notwendigkeit, welche in gleicher Weise hervorging aus dem Eifer, mit dem sie nach innerem Aufschwung strebte, und der aus eigenem Antrieb sprossenden Tendenz ihrer Fähigkeiten, die keinen Eindruck, keine Erfahrung aufgreifen konnten, ohne sie zu einer Quelle oder einem Anlass der Bereicherung an Weisheit zu machen. Um die Zeit, als ich sie zum ersten Mal sah, hatte ihre reiche und gewaltige Natur sich hauptsächlich nach dem hergebrachten Typus des weiblichen Genius entfaltet. Für ihren äußeren Kreis war sie die geistvolle Schönheit mit einem Zug von natürlicher Distinktion, der von allen gefühlt wurde, welche ihr nahe kamen; für den inneren Kreis war sie eine Frau von tiefem, starkem Gefühl, durchdringender und intuitiver Intelligenz, von anschauendem und hervorragend poetischem Wesen. Sie hatte früh einen höchst tüchtigen und ehrenhaften Mann von liberalen Ansichten und guter Erziehung geheiratet, dem jedoch die intellektuellen und künstlerischen Vorlieben fehlten, welche ihn zu einem harmonischen Gefährten für sie hätten machen können; doch besaß sie an ihm einen treuen, liebevollen Freund, an dem sie mit wahrer Hochachtung und Innigkeit hing und den sie nach seinem Ableben schmerzlich betrauerte. Da außerdem die gesellschaftliche Beschränkung der Frauen ihr nicht gestattete, ihre höchsten Fähigkeiten auf eine angemessene Weise auszuleben und zu üben, so sah sie sich auf ein Leben innerer Beschaulichkeit hingewiesen, in das nur der vertraute Verkehr mit einem kleinen Kreis von Freunden Abwechslung brachte. Unter letzteren befand sich bloß eine einzige, seitdem längst verblichenen Person von Genius oder von Gefühls- und Verstandeseigenschaften, die mit den Ihrigen verwandt waren; aber alle teilten mehr oder weniger ihre Gesinnungen und Ansichten. Zu diesem Kreis war ich so glücklich zugelassen zu werden, und ich fand bald, dass sie im Verein alle jene Eigenschaften besaß, die ich bei sämtlichen anderen Personen meiner Bekanntschaft immer nur vereinzelt gefunden hatte. Bei ihr stammten die vollständige Emanzipation von Aberglauben jeder Art (einschließlich dessen, welcher der Naturordnung und dem All eine angebliche Vollkommenheit zuschreibt) und die ernste Verwahrung gegen viele Dinge, welche noch einen Teil der hergebrachten Gesellschaftseinrichtungen bilden, nicht aus dem starren Verstand, sondern aus der Kraft eines edlen, gehobenen Gefühls und konnte neben einer mit Ehrfurcht erfüllten Natur recht wohl bestehen. Sowohl in den allgemeinen geistigen Charakterzügen als auch im Temperament und in der Organisation habe ich sie, wie sie damals war, oft mit Shelley verglichen; im Denken aber und im Verstand war Shelley, soweit sich seine Kräfte während seines kurzen Lebens entwickeln konnten, nur ein Kind im Vergleich mit dem, was sie zuletzt wurde. In den höchsten Regionen der Spekulation so gut wie in den kleineren praktischen Angelegenheiten des täglichen Lebens war ihr Geist dasselbe vollkommene Werkzeug, das bis in das Herz und Mark des Stoffes eindrang und stets die wesentliche Idee oder das Prinzip erfasste. Dieselbe Exaktheit und Schnelligkeit, die sowohl ihre gefühlsmäßigen als auch ihre geistigen Fähigkeiten ausmachten, würde sie bei ihren Gefühls- und Imaginationsgaben befähigt haben, eine vollendete Künstlerin zu werden, wie ihre feurige und zarte Seele, ihre lebhafte Beredsamkeit sicherlich eine große Rednerin aus ihr gemacht hätten; auch besaß sie eine tiefe Kenntnis der Menschennatur und eine große Klugheit und Unterscheidungsgabe im praktischen Leben, so dass sie in den Zeiten, welche den Frauen eine derartige Laufbahn eröffnete, unter den Eliten des Menschengeschlechts [rulers of mankind] eine hochstehende Rolle hätte spielen müssen. So standen ihre intellektuellen Eigenschaften nur im Dienst eines moralischen Charakters, der so edel und im Gleichgewicht war, wie ich nie einem ähnlichen im Leben begegnete. Ihre Selbstlosigkeit war nicht die eines angelernten Systems von Pflichten, sondern die eines Herzens, das sich ganz und gar identifizierte mit den Gefühlen anderer, ja wohl darüber hinausging, indem sie diese Gefühle imaginativ mit der Intensität ihrer eigenen Gefühle ausstattete. Die Leidenschaft für Gerechtigkeit hätte man vielleicht für ihr stärkstes Gefühl halten können; allein es wurde noch überboten durch ihre schrankenlose Großzügigkeit und eine Liebesfülle, die stets bereit war, sich über jedes oder alle Menschenwesen zu erstrecken, die dafür nur das kleinste Gefühl zu erwidern vermochten. Ihre übrigen moralischen Charakterzüge standen in naturgemäßem Einklang mit solchen Eigenschaften des Geistes und des Herzens – die echteste Bescheidenheit in Verbindung mit dem edelsten Stolz, die größte Einfachheit und Aufrichtigkeit gegen alle, die sich dafür empfänglich zeigten, die tiefste Verachtung gegen das Gemeine und Feige und ein glühender Unwille über alles Rohe und Tyrannische, Treulose oder Unehrenhafte im Benehmen und Charakter, während sie recht wohl unterschied zwischen *mala in se* und bloßen *mala prohibita*, zwischen Handlungen, welche aus einer Schlechtigkeit des Gefühls und des Charakters hervorgehen, und solchen, welche bloß Verstöße gegen eine gute oder schlechte Konvention, die an sich weder gut noch schlecht ist und die von Personen begangen werden mögen, die in jeder anderen Beziehung liebens- und bewundernswert sein können.

Der Zugang zu irgendeinem Grade von geistigem Verkehr mit einem solchen Wesen konnte nur den wohltätigsten Einfluss auf meine Entwicklung haben, obschon die Wirkung sich erst allmählich äußerte und viele Jahre vergingen, bis ihr geistiger Fortschritt in der endlich erreichten vollständigen Gemeinschaft mit dem meinigen vorwärts ging. Die Wohltat, die mir zu Teil wurde, war weit größer als irgendeine, die ich dagegen zu geben hoffen konnte, obschon sie, die zuerst ihre Ansichten aus der moralischen Intuition eines mit starken Gefühlen begabten Charakters geschöpft hatte, ohne Zweifel Hilfe und Ermutigung zu holen vermochte von einem Mann, der durch Studium und Nachdenken vielfach zu denselben Resultaten gekommen war, so dass sie sicherlich bei der Geschwindigkeit ihres geistigen Wachstums und ihrer intellektuellen Regsamkeit aus mir wie aus anderen Quellen manchen anregenden Stoff empfing. Was ich ihr in intellektueller Beziehung selber zu danken habe, ist im Einzelnen fast endlos; wenige Worte werden eine nur sehr unvollkommene Vorstellung davon geben.

Für diejenigen, welche, gleich den besten und weisesten Menschen, unzufrieden sind mit dem menschlichen Leben, wie es ist, und deren Gefühle völlig aufgehen im Streben nach einer radikalen Besserung, gibt es zwei Bereiche des Nachdenkens; der eine betrifft die letzten Ziele, die konstituierenden Elemente des höchsten erreichbaren Ideals vom menschlichen Leben; der andere befasst sich mit dem, was unmittelbar nützlich und praktisch erreichbar ist. In beiden Bereichen habe ich mehr aus ihrer Belehrung gewonnen als aus allen anderen Quellen zusammengenommen. Um die Wahrheit zu sagen: in diesen beiden Extremen liegt hauptsächlich die wahre Gewissheit. Meine eigene Stärke lag ganz in der ungewissen und glitschigen Zwischenregion, nämlich in der Theorie oder der ethischen und politischen Wissenschaft, und bezüglich der Folgerungen aus derselben, in welcher Form ich sie aufgenommen oder angeregt haben mochte, ob als Ökonomie, analytische Psychologie, Logik, Philosophie der Geschichte oder etwas anderes, bin ich ihr intellektuell in hohem Grade verpflichtet. Sie regte den weisen Skeptizismus in mir an, der mich nicht hinderte, mein Denkvermögen ehrlich zu üben, zu welchem Resultat auch die Folgerungen führen mochten, mich aber bewahrte, vorschnell diesen Folgerungen ein Vertrauen zu schenken, das in der Natur solcher Spekulationen nicht begründet ist, so dass mein Geist frei blieb, selbst in Fragen, über die ich am meisten nachgedacht hatte, nicht nur die Möglichkeit einer klareren Auffassung und besseren Begründung einzuräumen, sondern sie auch willkommen zu heißen und ihr mit Eifer nachzugehen. Ich habe oft Lob geerntet, das ich nur teilweise selber verdiene, weil meine Schriften praktischer seien als die der meisten Denker, die ebenfalls zu weitreichenden Verallgemeinerungen neigten; allein die Arbeiten, in welchen diese Eigenschaft bemerkt worden ist, waren nicht die eines Geistes, sondern einer Verschmelzung von zweien, von welchen der eine ebenso ungemein praktisch in Auffassung und Beurteilung der bestehenden Dinge, als hoch und kühn in den Vorgefühlen einer fernen Zukunft war.

In der gegenwärtigen Periode war jedoch dieser Einfluss nur einer unter vielen, welche den Charakter meiner künftigen Entwicklung bilden halfen, und selbst nachdem er, wie ich in Wahrheit sagen kann, das oberste Prinzip meines geistigen Fortschritts geworden war, änderte er nicht den Pfad, sondern bewirkte nur, dass ich kühner und zugleich vorsichtiger dieselbe Richtung verfolgte. Die einzige wirkliche Umwälzung, die je in meiner Denkweise stattgefunden hatte, war bereits vollbracht. Die neuen Richtungen mussten in einigen Beziehungen verstärkt, in anderen gemäßigt werden, und die einzige konsequente Gesinnungsänderung, die mir noch bevorstand, betraf die Politik; sie bestand einerseits, soweit die letzten Aussichten der Menschheit in Rechnung kommen, in einer größeren Annäherung an einen qualifizierten Sozialismus, andererseits in einer Übertragung meines politischen Ideals von der reinen Demokratie, wie sie gewöhnlich von ihren Parteigängern verstanden wird, auf die modifizierte Form derselben, welche ich in meinen *Considerations on Representative Government* dargelegt habe.

Diese letztere Wandlung, welche sich sehr allmählich vollzog, nahm ihren Anfang von der Lektüre oder vielmehr dem Studium der Schrift von Alexis de Tocqueville *Die Demokratie in Amerika*, welche mir unmittelbar nach ihrem ersten Erscheinen in die Hände geriet. In diesem bemerkenswerten

Werk wurden die Vorzüge der Demokratie in maßgebenderer, weil spezifischerer Weise herausgestellt, als ich dies je selbst bei den begeistertsten Demokraten gefunden hatte. Der Autor stellte die eigentümlichen Gefahren, welche die Demokratie als eine Herrschaft der zahlenmäßigen Mehrheit bedrängen, in ein gleich starkes Licht und analysierte in meisterhafter Weise, nicht als Gründe für den Widerstand gegen etwas, was er als das unvermeidliche Resultat des menschlichen Fortschritts betrachtete, sondern als Hinweise auf die schwachen Punkte einer Volksregierung, die Schutzvorkehrungen zu ihrer Bewahrung und die Korrektive, welche ihr beigegeben werden müssen, damit, ohne Einbuße an der freien Entfaltung der wohltätigen Tendenzen, eine Neutralisierung oder Milderung der Nachteile stattfinden möge. Ich war jetzt wohl vorbereitet für derartige Spekulationen, und von dieser Zeit ab bewegten sich meine Gedanken mehr und mehr im selben Kanal, obschon die späteren Modifikationen meines politischen Glaubensbekenntnisses das Werk vieler Jahre sind, wie man sehen wird, wenn man meine erste Beurteilung der *Demokratie in Amerika*, welche 1835 geschrieben und veröffentlicht wurde, mit der von 1840 (wieder abgedruckt in den *Dissertations*) und letztere mit den *Betrachtungen zur repräsentativen Regierung* vergleicht.

Ein weiteres Thema, wozu ich aus dem Studium von Tocqueville gleichfalls sehr profitierte, war die Fundamentalfrage der Zentralisation. Die kraftvolle philosophische Analyse, welcher er die Erfahrung in Amerika und Frankreich unterzog, ließ ihn die größte Wichtigkeit darin erkennen, dass die kollektive Angelegenheit der Gesellschaft soviel als mit Sicherheit möglich ist vom Volk selbst ausgeführt werde, ohne Einmischung der exekutiven Gewalt, sei es durch Übernahme der Regierungstätigkeit oder durch Mitbestimmung der Art und Weise derselben. Er betrachtete diese praktische politische Tätigkeit des individuellen Bürgers nicht nur als eines der wirksamsten Mittel, die sozialen Gefühle und den praktischen Verstand des Volks, diese an sich so wichtigen und für eine gute Regierung unerlässlichen Elemente, zu bilden, sondern auch als ein spezifisches Gegengewicht gegen einige von den charakteristischen schwachen Seiten der Demokratie und als notwendige Schutzwehr, damit sie nicht in den einzigen Despotismus ausartete, von welchem uns in der modernen Welt wirkliche Gefahr droht – in die absolute Herrschaft des Haupts der Exekutivgewalt über eine große Anzahl isolierter Individuen, die zwar alle gleich, aber alle Sklaven sind. Aus dieser Quelle war allerdings keine unmittelbare Gefahr zu befürchten für England, wo neun Zehntel der inneren Angelegenheiten, die anderwärts der Regierung zufallen, durch nicht von ihr abhängige Agenten besorgt werden – wo die Zentralisation nicht nur das Missfallen der Verständigen, sondern auch das Vorurteil der Nichtdenkenden gegen sich hatte und hat – wo die Eifersucht gegen eine Regierungsintervention in einem blinden Gefühl bestand, das sich hindernd oder widerstrebend verhielt selbst gegen die höchst wohlwollenden Bemühungen der gesetzgebenden Gewalt, die Missbräuche einer dünkelhaften Lokalselbstregierung zu verbessern, in welcher nur allzuoft in selbstsüchtiger Weise die Lokalinteressen durch eine beschränkte, krämerhafte Lokaloligarchie schlecht verwaltet wurden. Allein mit der Sicherheit, auf der Seite der Zentralisation nicht irre gehen zu können, stieg auch die Gefahr für die philosophischen Reformer, in den entgegengesetzten Irrtum zu verfallen und die Übel zu übersehen, die ihnen nicht durch eigene schmerzliche Erfahrung nahe gelegt worden waren. Ich selbst war damals eifrig beschäftigt mit der Verteidigung wichtiger Maßnahmen, zum Beispiel der großen Armeegesetzreform, gegen ein unvernünftiges Geschrei, das sich auf das Antizentralisationsvorurteil gründete, und hätte ich nicht die Lehren Tocquevilles beherzigt, so weiß ich nicht, ob ich

nicht, gleich vielen Reformern vor mir, in das entgegengesetzte Extrem verfallen wäre; so aber steuerte ich behutsam
zwischen beiden Irrtümern durch, und mag ich nun die Linie richtig gezogen haben oder nicht, so hob ich wenigstens
die beiderseitigen Übel mit gleichem Nachdruck hervor und
machte die Mittel, die Vorteile von beiden zu vereinbaren,
zum Gegenstand einer ernsthaften Studie.

Inzwischen hatte die Wahl des ersten reformierten Parlaments stattgefunden, dem mehrere der berühmtesten von
meinen radikalen Freunden und Bekannten angehörten –
Grote, Roebuck, Buller, Sir William Molesworth, John und
Eduard Romilly und andere; dazu kamen noch Warburten,
Strutt und einige, die schon früher im Parlament gesessen
hatten. Die Männer der eigenen Gedanken oder – wie sie
von ihren Freunden genannt wurden – die philosophischen
Radikalen hatten nun, wie es schien, eine gute Gelegenheit,
in einer vorteilhafteren Stellung als je zuvor, zu zeigen, was
in ihnen steckte, und sowohl ich als auch mein Vater setzten
große Hoffnung auf sie. Die Erwartung ging jedoch nicht
in Erfüllung. Die Männer waren, was ihre Abstimmungen
betraf, ehrlich und blieben trotz aller entmutigenden Verhältnisse ihren Ansichten treu. Als Maßnahmen beantragt
wurden, die in schreiendem Widerspruch standen zu ihren Grundsätzen, zum Beispiel die irische Zwangsvorlage
oder die kanadische Zwangsvorlage, traten sie tapfer auf und
wollten lieber jede Gehässigkeit, jedes Vorurteil über sich
ergehen lassen als das Richtige im Stiche zu lassen. Im Ganzen jedoch trugen sie sehr wenig zur Verbreitung der neuen
Anschauungen bei; es fehlte am Unternehmungsgeist, an
der Rührigkeit, so dass die Führung der radikalen Partei
des Hauses in den alten Händen, in denen eines Hume und
O'Connell verblieb. Eine teilweise Ausnahme muss gemacht
werden zugunsten eines oder zweier der jüngeren Männer,
und namentlich hat sich Roebuck dadurch einen bleibenden

Anspruch an die Erinnerung gesichert, dass er schon im ersten Jahr seiner parlamentarischen Laufbahn die Bewegung für die Nationalerziehung hervorrief, oder doch nach Broughams erfolglosem Versuch wieder in Gang brachte, und dass er der erste war, welcher den Kampf für die Selbstregierung der Kolonien begann und jahrelang fast allein fortführte. Die anderen taten nichts, was sich im Ganzen diesen beiden Gegenständen hätte an die Seite setzen lassen, selbst diejenigen nicht, von welchen man es am meisten erwartete. Bei einem ruhigen Rückblick bemerke ich jetzt freilich, dass die Schuld weit weniger an den Männern lag, und dass wir eben zu viel von ihnen erwartet hatten; die Umstände stritten gegen sie. Ihre Tätigkeit fiel in die zehn Jahre der unvermeidlichen Reaktion, als die Gewalt in ihrer natürlichen Richtung zurückgravitierte zu denen, welche die Dinge lassen wollten, wie sie waren, nachdem der Eifer für Reformen [reform excitement] vorüber und das geringe Maß gesetzgeberischer Verbesserung, welches das Volk wirklich verlangte, rasch durchgeführt war. Der öffentliche Geist sehnte sich nach Ruhe und war weniger als in irgendeiner Periode seit dem Frieden geneigt, sich durch Versuche, die Reformstimmung zugunsten neuer Dinge in Gang zu bringen, bewegen zu lassen. Bei einer solchen Stimmung des Volkes wäre, um durch parlamentarische Verhandlungen etwas wirklich Großes zu erzielen, auch ein großer politischer Führer nötig gewesen, und wenn einer dieses nicht ist, so kann es ihm niemand zum Vorwurf machen. Mein Vater und ich, wir hatten gehofft, dass irgendein kompetenter Anführer an die Spitze treten werde – ein Mann von philosophischer Bildung und volkstümlichem Talent, der Feuer brächte in die vielen Jüngeren oder weniger Angesehenen, die bereit gewesen wären, sich um ihn zu scharen – der sie für die öffentliche Verbreitung fortschrittlicher Ideen nach ihren Talenten zu nützen wüsste – der sich des Unterhauses als einer Rednerbühne oder Lehrkanzel bediente, um den öffentlichen Geist zu unterrichten und vorwärts zu drängen – und der entweder die Whigs zur Annahme der von ihm vorgeschlagenen Maßnahmen gezwungen, oder ihnen die Führung der Reformpartei abgenommen hätte. Einen solchen Führer hätte man gehabt, wenn mein Vater im Parlament gewesen wäre; aber in Ermangelung des geeigneten Mannes mussten sich die unterrichteten Radikalen begnügen, eben den linken Flügel der Whigpartei zu bilden. In meinem lebhaften und, wie ich jetzt denke, übertriebenen Gefühl von den Möglichkeiten, die sich für die Radikalen auftaten, wenn sie sich nur in ganz gewöhnlicher Weise für ihre Ansichten bemühten, war ich von dieser Zeit an bis 1839 tätig, um sowohl durch meinen persönlichen Einfluss als auch durch Schriften in die Köpfe unserer Parteigenossen Ideen und in ihre Herzen Vorsätze zu bringen. Dies schlug bei einigen an, zum Beispiel bei Charles Buller und Sir William Molesworth, die beide wertvolle Dienste leisteten; aber leider wurde ihrer Wirksamkeit schon fast nach Beginn ein Ende gesetzt. Im Ganzen erwies sich mein Versuch als vergeblich; um dafür Aussicht zu haben, hätte meine Stellung eine andere sein müssen. Erfolgreich wirken konnte nur ein Mann, der selbst im Parlament saß, in täglicher Beratung mit den radikalen Mitgliedern verkehrte und in der Lage war, selbst an die Spitze seiner Partei zu treten, ohne dass er es nötig hatte, andere zu drängen, dass sie die Führung übernehmen sollten.

Was durch Schreiben geschehen konnte, tat ich. Während des Jahres 1833 arbeitete ich fortwährend für den Examiner mit Fonblanque, der damals eifrig den Kampf für den Radikalismus gegen das Whig-Ministerium aufrecht erhielt. Während der Sitzungsperiode von 1834 schrieb ich Bemerkungen über laufende Ereignisse, wie sie die Zeitungen brachten (unter dem Titel »Notes on the Newspaper«), in das *Monthly Repository*, eine Monatsschrift, herausgegeben von Fox, dem wohlbekannten Prediger und politischer Redner, später Parlamentsmitglied für Oldham, mit dem ich in letzter Zeit bekannt geworden war und um dessen willen ich hauptsächlich für das *Repository* schrieb. Ich verfasste für diese Zeitschrift auch einige andere Artikel, von denen der bedeutendste über die Theorie der Poesie in den *Dissertations* wieder abgedruckt ist. Abgesehen von den Zeitungsartikeln dürften die Schriften, welche ich von 1832 bis 1834 veröffentlichte, wohl einen starken Band füllen. Dazu gehören jedoch auch Auszüge aus mehreren Dialogen Platons mit einleitenden Bemerkungen, die ich, obschon sie erst 1834 gedruckt wurden, schon mehrere Jahre früher geschrieben hatte; ich fand später verschiedene Male Gelegenheit, zu bemerken, dass sie von vielen Personen gelesen worden waren, die, obschon sie den Namen des Autors kannten, nie zuvor eine andere von meinen Arbeiten zu Gesicht bekommen hatten. Um die Geschichte meiner literarischen Tätigkeit in jener Periode zu vervollständigen, muss ich beifügen, dass ich auf Ersuchen von Bulwer, der damals den Schluss zu seinem *England und die Engländer* ausarbeitete (ein Werk, das dem öffentlichen Geist weit voraus war), für ihn einen kritischen Bericht über Benthams Philosophie anfertigte, den er zu einem keinen Teil in seinen Text aufnahm, während er den Rest mit ehrenvoller Anerkennung in einem Nachtrag beigab. In dieser Abhandlung erschien zum ersten Mal neben der zustimmenden auch ein Teil der ablehnenden Seite meiner Bewertung von Benthams Lehren, als eine vollständige Philosophie betrachtet, im Druck.

Doch nun bot sich eine Gelegenheit, durch die ich, wie es schien, in die Lage kam, der Partei der philosophischen Radikalen eine wirksamere Hilfe und zugleich einen Ansporn zu geben, als es mir bisher möglich gewesen war. Eines der Projekte, das zwischen meinem Vater, mir, einigen Parlamentsmitgliedern und anderen Radikalen, welche unser

Haus zu besuchen pflegten, gelegentlich zur Sprache kam, betraf die Gründung eines periodischen Organs des philosophischen Radikalismus, welches die Stelle ausfüllen sollte, welche dem *Westminster Review* zugedacht gewesen war. Der Entwurf war so weit gediehen, dass man bereits an die Beschaffung der Geldmittel und die Wahl eines Redakteurs dachte. Die Sache wollte jedoch lange nicht gelingen, bis im Sommer 1834 Sir William Molesworth, der selbst viel studierte, ein präziser metaphysischer Denker war und die Angelegenheit sowohl durch seine Feder als auch finanziell unterstützen konnte, sich freiwillig zur Gründung einer Zeitschrift anbot, vorausgesetzt, dass ich, wenn auch nicht dem Namen, so doch der Tat nach die Redaktion übernehme. Ein solcher Antrag liess sich nicht zurückweisen, und die Zeitschrift entstand, anfangs unter dem Namen *London Review*, später unter dem des *London and Westminster Review*, da Molesworth das Westminster-Blatt seinem Eigentümer, dem General Thomson, abkaufte und die beiden zu einem verschmolz. In den Jahren zwischen 1834 und 1840 nahm die Führung dieser neuen Zeitschrift den größeren Teil meiner verfügbaren Zeit in Anspruch. Als Ganzes vertrat sie in der ersten Zeit meine Ansichten nur wenig, da ich den unvermeidlichen Mitarbeitern viele Konzessionen machen musste. Die Zeitschrift hatte die Aufgabe, als Organ der »philosophischen Radikalen« zu dienen, mit denen ich jetzt über viele wesentliche Punkte im Streit lag und unter denen ich mich nicht einmal das wichtigste Individuum zu sein rühmen konnte. Die Mitwirkung meines Vaters als Autor schien uns allen unerlässlich, und er lieferte auch viele Beiträge, bis er durch seine letzte Krankheit gehindert wurde. Die Gegenstände seiner Artikel und die Kraft und Entschiedenheit, womit er darin seinen Ansichten Ausdruck gab, bewirkten, dass die Zeitung anfangs Ton und Färbung weit mehr von ihm, als von irgendeinem andern Mitarbeiter erhielt. An seinen Einsendungen konnte ich natürlich nicht die Kritik des Redakteurs walten lassen, und ich war bisweilen genötigt, um seinetwillen Arbeiten von mir zurückzustellen. So bildeten die Doktrinen des alten *Westminster Review* mit nur geringen Modifikationen den Hauptanteil der Zeitschrift; doch hoffte ich, neben diesen auch anderen Ideen, einem andern Ton Bahn zu brechen und für Darlegung meiner eigenen nuancierten Meinungen Boden zu gewinnen. Dieses Ziel hatte ich hauptsächlich im Auge, als ich die Bedingung aufstellte, dass jeder Artikel eine Chiffre oder eine andere Signatur tragen müsste und damit der Meinungsausdruck des individuellen Autors gekennzeichnet werde; der Redakteur sollte nur dafür die Verantwortung tragen, dass die Arbeit druckwürdig sei und nicht im Widerspruch stehe mit dem Zweck, um dessen willen die Zeitschrift gegründet wurde. Ich hatte Gelegenheit, meinen Plan, den alten »philosophischen Radikalismus« mit dem neuen zu versöhnen, durch die Wahl des Themas für meinen ersten Beitrag in die Praxis umzusetzen. Professor Sedgwick, ein Mann, der sich mit der Behandlung eines besonderen Zweiges der Naturwissenschaften einen bedeutenden Namen erworben hatte, aber sich nicht in die Philosophie hätte verirren sollen, hatte eine Abhandlung über die Studien in Cambridge drucken lassen, welche als auffälligstes Merkmal einen maßlosen Angriff auf die analytische Psychologie und die utilitaristische Ethik in der Form einer Kontroverse gegen Locke und Paley enthielt. Diese Schrift war bei meinem Vater und anderen auf eine meines Erachtens wohlverdiente Entrüstung gestoßen, und ich dachte, hier einen guten Anlass gefunden zu haben, zu gleicher Zeit einen ungerechten Angriff zurückzuweisen und meiner Verteidigung des Hartleyismus und Utilitarismus einige der Ansichten beizugeben, in denen ich nicht mit meinen alten Parteigenossen übereinstimmte. Dies gelang mir auch teilweise, obschon es mir durch mein Verhältnis zu

meinem Vater sehr erschwert, ja unmöglich wurde, in einer
Zeitschrift, für die er schrieb, meine Gesinnung unumwun-
den auszusprechen.

Ich glaube jedoch, dass mein Vater gegen den Gedankengang, in welchem ich mich von ihm zu unterscheiden
meinte, nicht so sehr voreingenommen war, als es den Anschein hatte – dass seine eigenen Anschauungen im Wesen
sich nicht ganz so verhielten, wie sie unter den unwillkürli-
chen Übertreibungen seines vorzugsweise polemischen Verstandes geworden waren waren – und dass er, wenn er nicht
gerade einen Gegner im Visier hatte, bereit war, einem großen Teil der Wahrheiten, die er zu leugnen schien, stattzu-
geben. Ich habe häufig bemerkt, dass er in der Praxis Erwägungen, die in seiner Theorie keinen Platz fanden, große
Zugeständnisse machte. Sein »Fragment über Mackintosh«,
das er um diese Zeit schrieb und veröffentlichte, las ich, obschon ich einzelne Teile sehr bewunderte, im Ganzen doch
mit mehr Unbehagen als Freude; als ich es aber lange Zeit
nachher wieder vornahm, fand ich, dass die darin ausgesprochenen Ansichten im Ganzen doch gerecht waren, und ich
kann sogar mit seinem Widerwillen gegen den Wortschwall
Mackintoshs sympathisieren, wenn er auch in der Schärfe,
womit er denselben rügte, sowohl das Maß der Klugheit als
auch der Fairness überschritt. Ein gutes Vorzeichen schien
mir damals zu sein, dass er Tocquevilles *Demokratie in Amerika* sehr günstig aufnahm. Allerdings sprach und dachte er
mehr über das, was Tocqueville zugunsten der Demokratie,
als über das, was er von den Nachteilen derselben sagte; jedoch wirkte die hohe Wertschätzung, welche er einem Buch
zu Teil werden ließ, das im Gegensatz zu seiner rein deduktiven Methode [purely rationcinative] die Regierungsfrage
ganz induktiv und analytisch behandelte, sehr ermutigend
auf mich. Er billigte auch einen Beitrag, den ich in der ersten
Nummer nach der Fusion der beiden Zeitschriften unter dem

Titel »Zivilisation« (wieder abgedruckt in den *Dissertations*) veröffentlichte, obschon ich darin viele meiner neuen Ansichten niederlegte und namentlich mit ziemlichem Nachdruck die geistigen und moralischen Richtungen der Zeit in einer Weise und auf solchen Grundlagen kritisierte, die ich sicherlich nicht von ihm gelernt hatte.

Die Hoffnungen jedoch, die ich in eine mögliche, spätere Entwicklung der Ansichten meines Vaters setzte, um mit ihm in bleibender Gemeinschaft für die Verbreitung unserer Ideen wirken zu können, waren von keinem langen Bestand. Während des ganzen Jahrs 1835 hatte seine Gesundheit gelitten; die Symptome waren unverkennbar die einer Lungenschwindsucht und er starb am 23. Juni 1836. Bis auf die letzten paar Tage seines Lebens war der Geist vollkommen klar geblieben; sein Interesse an Personen und Dingen, an denen er früher Anteil genommen, erlitt keine Abschwächung, und selbst die Todesnähe brachte, wie sich von einem so kräftigen und festen Charakter erwarten ließ, nicht das mindeste Schwanken in seinen Überzeugungen von der Religion. Als er fühlte, dass sein Ende nahe war, schien seine Hauptbefriedigung im Gedanken daran zu liegen, was er getan hatte, um die Welt besser zu machen, als er sie vorgefunden hatte, wobei er nur bedauerte, dass ihm nicht eine längere Frist gestattet war, um noch mehr zu bewirken.

Er nimmt sowohl in der politischen als auch in der Literaturgeschichte von England einen hohen Rang ein, und es ist durchaus nicht ehrenvoll für die Generation, welcher sein Wert zu gut kam, dass sie so wenig von ihm spricht und, im Vergleich mit weit unter ihm stehenden Männern, seiner so selten gedenkt. Dies hat wahrscheinlich in zwei Ursachen seinen Grund. Erstens vermischt sich sein Name zuviel mit dem verdient höheren Rufe von Bentham, obschon James Mill nichts weniger als ein bloßer Anhänger oder Schüler des letzteren genannt werden kann. Eben deshalb, weil er einer der originellsten Denker seiner Zeit war, gehört er auch unter die ersten, welche die wichtigste Summe von Originalgedanken, die von der ihm vorangehenden Generation aufgestellt wurden, zu würdigen und sich anzueignen wussten. Sein Geist war von wesentlich anderer Art als der von Bentham. Er besaß nicht alle die hohen Eigenschaften Benthams, aber auch Bentham nicht alle die seinigen. Es wäre in der Tat lächerlich, wenn ich für ihn das Lob aussprechen wollte, er habe der Menschheit so glänzende Dienste geleistet wie Bentham; allein, wenn man absieht von jenem Teil seiner Bemühungen, in welchem er aus Benthams Leistungen Nutzen zog, und nur in Rechnung nimmt, was er in einem Gebiet vollbrachte, in welchem Bentham nichts getan hat – ich meine im Gebiet der analytischen Psychologie –, so wird in diesem besonders wichtigen Zweig der Spekulation, auf welchem schließlich alle ethischen und politischen Wissenschaften beruhen, die Nachwelt seinen Namen unter die größten einreihen, von denen ein wesentlicher Fortschritt ausgegangen ist. Zweitens besteht der andere Grund, warum er weniger Ruf erworben hat, als er verdiente, wohl darin, dass eine große Zahl seiner Ansichten, welche jetzt teilweise in Folge seiner eigenen Bemühungen allgemeine Anerkennung gefunden haben, im Ganzen einen Geist verraten, der in scharfem Gegensatz zum damaligen Zeitgeist stand. Wie Brutus der letzte Römer hieß, so könnte man ihn den letzten Vertreter des achtzehnten Jahrhunderts nennen, dessen Gedankenton und Sinnesart, obschon mit Änderungen und Verbesserungen, er in das neunzehnte hineintrug, ohne weder an den guten noch an den schlimmen Einflüssen der Reaktion gegen die abgelaufene Ära, dieses Hauptcharakterzugs der ersten Hälfte des neunzehnten Jahrhunderts, teilzunehmen. Das achtzehnte Jahrhundert war eine große Zeit, eine Zeit der starken, mutigen Männer, und er einer ihrer tüchtigsten, stärksten und mutigsten Genossen. Seine

Schriften und sein persönlicher Einfluss dienten seiner Generation als großes Lichtzentrum. In seinen späteren Jahren war er ebensogut das Haupt und der Führer der intellektuellen Radikalen Englands, wie es Voltaire war für die Philosophen Frankreichs. Es ist nur eines seiner kleineren Verdienste, dass er durch sein größtes Werk, jenes über Indien, einer vernünftigen Staatskunst Bahn brach. Er schrieb über keinen Gegenstand, den er nicht mit wertvollen Gedanken bereichert hätte, und mit Ausnahme der *Elements of Political Economy* (bei seinem Erscheinen ein sehr gutes Buch, obschon es jetzt für einige Zeit ausgedient haben wird) dürfte es lange währen, bis eine von seinen Schriften ganz verdrängt sein oder aufhören wird, eine belehrende Lektüre zu bilden für alle, die ein gründlicheres Interesse an ihren Themen haben. In der Macht, durch die bloße Gewalt des Geistes und des Charakters die Überzeugungen und Ziele anderer zu beeinflussen, und im eifrigen Bemühen, vermittelst dieses Einflusses die Freiheit und den Fortschritt zu fördern, hat er meines Wissens unter den Männern keinen seinesgleichen und unter den Frauen nur eine einzige zurückgelassen.

Obschon ich wohl fühlte, wie wenig ich von den Eigenschaften besaß, durch die er sein persönliches Übergewicht errungen hatte, musste ich doch jetzt versuchen, was ich möglicherweise ohne ihn zu leisten vermochte, und das *Review* war das Organ, auf das ich hauptsächlich meine Hoffnung setzte, einen nützlichen Einfluss auf die liberale und demokratische Partei zu gewinnen. Zwar fehlte mir die Unterstützung meines Vaters, aber damit war ich auch des Zwanges enthoben, mit welchem ich sie hatte erkaufen müssen. Es war kein anderer radikaler oder politischer Schriftsteller da, dem ich mich weiter unterzuordnen verpflichtet gefühlt hätte, als es sich mit meinen Ansichten vertrug, und da ich Molesworths volles Vertrauen besaß, so beschloss ich, meinen Anschauungen freien Spielraum zu lassen und das *Re-*

view allen Schriftstellern zugänglich zu machen, welche mit dem Fortschritt, wie ich ihn auffasste, sympathisierten, auf die Gefahr hin, die Unterstützung meiner früheren Verbündeten zu verlieren. Von dieser Zeit an schrieb Carlyle häufig im *Review,* und bald darauf lieferte auch Sterling gelegentliche Beiträge; so entsprach denn die Zeitschrift in einem akzeptablen Ausmaß meinem generellen Tonfall, obschon jeder Artikel Ausdruck der Privatansichten des Einsenders blieb. Als Subredakteur zog ich einen jungen Schotten Namens Robertson bei, einen fähigen, unterrichteten Kopf und fleißigen Arbeiter, der sich mit guten Entwürfen trug, um das Blatt verkäuflicher zu machen, und auf dessen Eigenschaften in dieser Richtung ich große Hoffnung setzte. Das letztere tat ich zum großen Schaden meines finanziellen Interesses sehr unklugerweise in einer Ausmaß, dass ich beschloss, als Molesworth zu Anfang des Jahrs 1837 seiner Verbindlichkeiten enthoben zu werden wünschte, weil er der Fortführung der Zeitschrift unter stetigem Verlust überdrüssig war (er hatte das Seinige ehrenhaft getan und eine nicht geringe Geldsumme zugesetzt), auf eigene Gefahr im Unternehmen weiter zu machen und den Plänen meines Mitarbeiters Spielraum zu lassen. Die Entwürfe waren nicht schlecht, und ich hatte nie einen Grund, meine Ansicht darüber zu ändern; ich glaube jedoch nicht, dass es irgendeinem Kunstgriff möglich gewesen wäre, eine radikale demokratische Zeitung, welche an den Redakteur oder Subredakteur und die Mitarbeiter anständige Honorare zahlte, schuldenfrei zu machen. Ich selbst und mehrere fleißige Korrespondenten lieferten zwar, wie wir es schon für Molesworth getan hatten, unsere Beiträge unentgeltlich; die anderen Mitarbeiter aber wurden im gewöhnlichen Maßstab des *Edinburgh* und *Quaterly Review* bezahlt, und so viel warf der Verkauf nicht ab.

Im selben Jahr (1837) und mitten in diesen Beschäftigungen nahm ich die Logik wieder auf. Ich hatte über diesen

Gegenstand, in welchem ich bis zur Schwelle der Induktion gekommen, fünf Jahre lang meine Feder ruhen lassen; denn es war mir allmählich klar geworden, dass mir zur Bewältigung der Schwierigkeiten in diesem Teil meiner Aufgabe ein umfassender und zugleich genauer Überblick über den ganzen Kreis der physikalischen Wissenschaft abging, den ich, wie ich fürchtete, nur durch ein langes Studium zu bewältigen vermochte. Ein Buch oder einen anderen Leitfaden, welcher die Allgemeinheiten und Prozesse der Wissenschaften vor mir ausgebreitet hätte, kannte ich nicht, und so schien mir keine andere Wahl zu bleiben, als, so gut es eben ging, von diversen Werken detaillierte Auszüge anzufertigen. Zum Glück für mich veröffentlichte um jene Zeit Doktor Whewell seine Geschichte der induktiven Wissenschaften. Ich las sie mit Begier und fand nahezu alles, was ich brauchte. Von der Philosophie des Werkes schien freilich viel, wo nicht das meiste angreifbar zu sein; allein das Material war da, auf dem meine Gedanken fortbauen konnten, und der Verfasser hatte seinem Stoff jenen ersten Grad von Ausarbeitung zu Teil werden lassen, welcher so sehr die spätere Mühe erleichtert und abkürzt. Ich besaß jetzt, was mir gefehlt hatte. Unter dem Impuls der durch Whewell in mir angeregten Gedanken las ich wieder Sir John Frederic William Herschels *Abhandlung über das Studium der Naturphilosophie* und war nun fähig, den Fortschritt, den mein Geist gemacht hatte, nach der großen Hilfe zu bemessen, welche ich jetzt in diesem Werke fand, aus dem ich einige Jahre früher nicht viel Nutzen gezogen hatte, obschon ich es sogar rezensiert hatte. Ich ging nun eifrig ans Werk, mein Thema in Gedanken und auf dem Papier auszuarbeiten, obschon ich die Zeit dazu dringlicheren Geschäften abstehlen musste. Ich konnte in dieser Periode zwischen meiner literarischen Tätigkeit für das *Review* gerade zwei Monate aufbringen, während welcher ich das erste Konzept zu einem Drittel, dem schwierigsten Drittel des Buchs, zustande brachte. Meine frühere Arbeit bildete gleichfalls ungefähr einen Drittel, so dass nur noch der letzte Drittel ausstand. Was ich damals schrieb, bestand aus dem Rest der Lehre vom Schließen (die Theorie der Kettenschlüsse und der Demonstration) und dem größeren Teil des Buches von der Induktion. Nachdem dies fertig war, hatte ich, wie mir schien, alle wirklich schwierigen Knoten gelöst, und die Vollendung des Werks war nur noch eine Frage der Zeit. Ich musste jetzt unterbrechen, um zwei Artikel für das *Review* zu schreiben. Danach kehrte ich zum Gegenstand zurück, und nun kriegte ich zum ersten Mal Comtes *Cours de Philosophie positive* (oder vielmehr die zwei Teile, die damals erschienen waren) in die Hände.

Meine Theorie der Induktion war dem Wesen nach fertig, ehe ich Comtes Buch kannte, und es ist vielleicht gut, dass ich mein Ziel auf einem anderen Weg erreichte als er, sofern sich daraus ergab, dass meine Abhandlung, was von der seinigen sicherlich nicht behauptet werden kann, den induktiven Prozess auf strenge Regeln und einen wissenschaftlichen Probierstein, wie es der Syllogismus für das Schließen ist, zurückführt. Comte ist immer präzis und gründlich in seiner Forschungsmethode, allein er macht nicht einmal den Versuch, die Bedingungen des Beweises genau zu definieren, und seine Schriften zeigen, dass er von letzteren nie einen richtigen Begriff gehabt hat. Dies war aber speziell das Problem, das ich mir in der Behandlung der Induktion zur Aufgabe gemacht hatte. Gleichwohl verdanke ich Comte viel, womit ich beim späteren Umschreiben meine Kapitel bereichern konnte, und sein Buch leistete mir wesentliche Dienste in einigen von den Teilen, die ich noch verarbeiten musste. Seine späteren Bände erschienen nur allmählich; ich las sie mit Begier, aber, als er an das Thema der Sozialwissenschaft kam, mit wechselnden Gefühlen. Der vierte Teil entsprach ganz und gar nicht meinen Erwartungen, da er

Ansichten über soziale Fragen aufstellte, zu denen die meinigen in geradem Widerspruch standen; doch der fünfte, der einen zusammenhängenden Überblick über die Geschichte gibt, entzündete aufs neue meinen Enthusiasmus, der durch den sechsten oder Schlussband nicht wesentlich beeinträchtigt wurde. Vom rein logischen Standpunkt aus ist der einzige leitende Gedanke, für den ich ihm verpflichtet bin, der von der umgekehrten deduktiven Methode als der hauptsächlich auf die verwickelten Gegenstände der Geschichte und Statistik anwendbaren – ein Vorgehen, das sich von der gewöhnlichen Form der deduktiven Methode darin unterscheidet, dass es zu seinen Konklusionen nicht durch generelles Schließen und Belegen derselben durch die spezifische Erfahrung gelangt, sondern die Verallgemeinerungen aus spezifischen Erfahrungen zusammenträgt und sie durch die Untersuchung verifiziert, ob sie sich auch wirklich aus bekannten allgemeinen Prinzipien folgern lassen. Das war eine mir ganz neue Idee, auf die ich ohne Comte nicht so bald oder vielleicht nie gestoßen wäre.

Ich war lange ein feuriger Bewunderer von Comtes Schriften gewesen, ehe ich mit ihm selbst in Verkehr kam, und habe ihn überhaupt nie persönlich kennengelernt; doch korrespondierten wir mehrere Jahre fleißig mit einander, bis zuletzt unser Briefwechsel den Ton der Kontroverse annahm und unser Eifer erkaltete. Ich war der erste, der sich flauer erwies, und er der erste, welcher die Korrespondenz ganz fallenließ. Ich fand (und ihm erging es wahrscheinliche ebenso), dass ich nicht auf seinen Geist einwirken und alles Gute, was bei ihm zu erholen, aus seinen Büchern lernen konnte. Dies würde allerdings keine Unterbrechung unseres Verkehrs herbeigeführt haben, so lang die Meinungsverschiedenheiten sich auf einfache Fragen der Doktrin beschränkt hätten; so aber betrafen sie hauptsächlich Ansichten, mit denen unsere lebhaftesten Gefühle verkettet waren und welche die ganze

Richtung unserer Bestrebungen bestimmten. Ich war vollkommen mit ihm einverstanden, als er behauptete, dass die Masse der Menschheit, einschließlich sogar ihrer Eliten, in allen praktischen Zweigen des Lebens die meisten ihrer Ansichten über politische und soziale Fragen je nach der Dringlichkeit des Falls, wie es ja auch bei physikalischen geschehe, auf die Autorität derjenigen hin annehmen muss, welche solche Gegenstände gründlicher studiert haben, als es im Allgemeinen möglich ist. Diese Lehre hatte einen starken Eindruck auf mich gemacht im Erstlingswerk Comtes, von dem ich oben gesprochen habe. Und es gab nichts in seiner großen Abhandlung, was ich mehr bewundert hätte als seine bemerkenswerte Darlegung der Wohltaten, welche im Mittelalter die Nationen des modernen Europas historisch durch die Trennung der weltlichen und geistlichen Gewalt und die gesonderte Organisation der letzteren gewonnen haben. Ich war mit ihm einverstanden, dass das moralische und intellektuelle Übergewicht, das einst die Priester behaupteten, mit der Zeit in die Hände der Philosophen übergehen musste, sobald diese hinreichend einig würden und auch in anderen Beziehungen sich dessen würdig machten. Aber als er diesen seinen Gedankengang übertrieb und zu einem praktischen System gestaltete, in welchem die Philosophen eine Art hierarchische Korporation bilden sollten, bekleidet mit fast derselben geistigen Suprematie (doch ohne weltliche Gewalt), wie sie einst die katholische Kirche besessen hatte; als ich fand, dass er in dieser spirituellen Autorität die einzige Bürgschaft einer guten Regierung, das einzige Bollwerk gegen praktische Unterdrückung sah und sogar erwartete, dass durch sie selbst ein System von Despotismus im Staat und in der Familie unschädlich und wohltätig gemacht werde – da darf es wohl niemand wundernehmen, dass wir, obschon wir als Logiker gut mit einander harmonierten, als Soziologen nicht mehr zusammengehen konnten. Comte hat diese

Lehren bis in ihre äußersten Konsequenzen fortgeführt, indem er in seinem letzten Werk, dem *Système de politique positive*, den Plan zu einem System des vollendeten geistlichen und weltlichen Despotismus entwickelte, das, mit Ausnahme vielleicht von Ignatius Loyola, je einem menschlichen Gehirn entsprosste – ein System, durch welches das Joch einer allgemeinen Meinung, gehandhabt durch eine organisierte Körperschaft von spirituellen Lehrern und Lenkern, allen Handlungen, ja, soweit es menschenmöglich ist, sogar allen Gedanken des Individuums aufgezwungen wird, sowohl in Dingen, die bloß das Individuum selbst berühren, als auch in solchen, bei welchen es sich um die Interessen anderer handelt. Ich lasse Comte Gerechtigkeit widerfahren, wenn ich sage, dass dieses Werk in vielen Belangen des Gefühls einen beträchtlichen Fortschritt gegen seine früheren Schriften über die gleichen Fragen darstellt; allein in Beziehung auf Sozialphilosophie scheint es mir nur den einzigen Wert zu haben, dass es Schluss macht mit der Vorstellung, es lasse sich wirksam keine moralische Autorität üben über die Gesellschaft ohne Beihilfe eines religiösen Glaubens; denn Comtes Werk anerkennt keine Religion als die der Menschheit, obschon es die unabweisbare Überzeugung zurücklässt, dass jedem moralischen Glauben, über den sich ein Gemeinwesen geeinigt hat, ein in beunruhigender Weise zwingender Einfluss auf das Verhalten und Leben der einzelnen Mitglieder verschafft werden könne. Für die Denker über Gesellschaft und Politik bildet das Buch ein Warnzeichen vor den Folgen, wenn der Mensch in seinen Spekulationen den Wert der Freiheit und der Individualität aus dem Auge verliert.

Um auf mich selbst zurückzukommen – das *Review* nahm noch für eine Weile fast alle die Zeit in Anspruch, welche ich schriftstellerischer Tätigkeit oder den Gedanken darüber widmen konnte. Die Artikel aus dem *London and Westminster Review*, welche in den *Dissertations* wieder abgedruckt sind, bilden kaum den vierten Teil dessen, was ich schrieb. Bei der Führung der Zeitschrift hatte ich zwei Zwecke im Auge. Der eine war, den philosophischen Radikalismus vom Vorwurf des sektiererischen Benthamismus zu befreien. Ich wünschte, während ich die Präzision des Ausdrucks, die Bestimmtheit der Meinung und die Geringschätzung deklamatorischer Phrasen und verschwommener Allgemeinheiten, diese ehrenhaften Kennzeichen der Ausrichtung sowohl meines Vaters als auch Benthams, beibehielt, den radikalen Spekulationen eine freiere Basis, einen freieren, natürlicheren Charakter zu verleihen und zu zeigen, dass es eine bessere und vollständigere radikale Philosophie gebe als jene Benthams, wenn sie auch von diesem alles, was bleibenden Wert besaß, in sich aufgenommen hatte. Dies erreichte ich bis zu einem gewissen Maße. Die zweite Aufgabe, die ich mir gestellt hatte, bestand im Ziel, die gebildeten Radikalen innerhalb und außerhalb des Parlaments zur Regsamkeit aufzustacheln und sie zu Benützung der geeigneten Mittel zu bewegen, um sich als mächtige Partei zu konstituieren, welche imstande wäre, die Regierung des Landes zu übernehmen oder wenigstens die Bedingungen zu diktieren, unter denen sie dieselbe mit den Whigs teilen wollte. Dieser Versuch war von Anfang an chimärisch, zum Teil wegen der ungünstigen Zeit, da der Reformeifer nachgelassen hatte und der Tory-Einfluss sich wieder machtvoll verstärkte, aber noch mehr, weil es, wie Austin so richtig sagte, »dem Land an Männern fehlte«. Unter den Radikalen im Parlament befanden sich wohl mehrere, die geeignet waren, als nützliche Glieder in einer aufgeklärten radikalen Partei mitzuwirken, aber keiner, der imstande gewesen wäre, eine solche Partei zu bilden und zu führen. Die Ermahnungen, die ich an sie richtete, fanden keinen Anklang. Einmal ergab sich eine Gelegenheit, welche dem Radikalismus Boden zu bieten schien für einen kühnen und erfolgreichen Streich. Lord Durham war aus dem Ministerium ausgetreten, angeblich weil es ihm zu wenig liberal war; später übernahm er von seinen früheren Kollegen die Aufgabe, die Ursachen der kanadischen Rebellion zu erforschen und zu beseitigen. Zu Beginn des neuen Amts bekundete er den Wunsch, sich mit radikalen Ratgebern zu umgeben, und seine ersten Maßnahmen waren sowohl in ihrer Absicht als auch in der Wirkung gut; da sie jedoch von der englischen Regierung nicht gebilligt und wieder umgestoßen wurden, so nahm er seine Entlassung und trat in offene Opposition gegen die Minister. Hier hatte man nun ein mögliches Haupt für die radikale Partei in der Person eines bedeutenden Mannes, welchen die Tories hassten und der eben erst von den Whigs gekränkt worden war. Wer auch nur den elementarsten Begriff von Parteitaktik hatte, würde eine solche günstige Gelegenheit zu nutzen versucht haben. Lord Durham wurde von allen Seiten bitter angegriffen, geschmäht von seinen Feinden und aufgegeben von seinen schüchternen Freunden, während diejenigen, welche ihn gern verteidigt hätten, nicht wussten, was sie sagen sollten. Er schien als ein geschlagener, in seiner Ehre geschädigter Mann heimkehren zu müssen. Ich war den Ereignissen in Kanada von Anfang an gefolgt, hatte zu den Souffleuren seiner Ratgeber gehört, und sein politisches Handeln stand ganz im Einklang mit meinen Ansichten; ich befand mich also in der Lage, für ihn einzutreten. Ich schrieb und veröffentlichte in der Zeitschrift ein Manifest, in welchem ich mich für ihn aufs hohe Ross schwang und nicht bloß Freispruch, sondern Lob und Ehren beanspruchte. Diesen Ton nahm sogleich auch eine Anzahl anderer Journalisten auf, und ich glaube, Lord Durham hatte nicht ganz unrecht, als er bald nachher mit höflicher Übertreibung zu mir sagte, dass er jenem Artikel den triumphierenden Empfang verdanke, der ihm bei seiner Rückkehr nach England bereitet wurde. Jedenfalls hat mein Wort zur rechten Zeit, im kritischen Augenblick gesprochen, viel zu diesem Resultat beigetragen; es war der Anstoß, welcher einen auf einer Höhe in Bewegung gesetzten Stein bestimmt, ob er in der einen oder in der anderen Richtung weiter rollen soll. Wohl schwanden die auf Lord Durham als Politiker gesetzten Hoffnungen bald, aber für Kanada und die Kolonialpolitik im Allgemeinen war das Feld gewonnen. Mit Lord Durhams Bericht, der, teilweise von Wakefield inspiriert, von Charles Buller geschrieben war, begann eine neue Ära; zwei oder drei Jahre später waren seine Anträge, die auf eine vollständige innere Selbstregierung abzielten, in Kanada zur Ausführung gekommen, wie denn auch seitdem alle die anderen Kolonien europäischer Rasse, welche bedeutsame Gemeinwesen bilden, die gleichen Rechte errungen haben. Und ich kann sagen, dass ich, indem ich den Ruf Lord Durhams und seiner Berater im wichtigsten Augenblick erfolgreich unterstützte, wesentlich zu diesem Resultat beitrug.

Während meiner Redaktion des *Review* kam noch ein anderer Fall vor, welcher in ähnlicher Weise die Wirkung einer schnellen Initiative illustriert. Ich glaube, dass der rasche Erfolg und Ruf von Carlyles *Französischer Revolution* einen beträchtlichen Vorschub erhielt durch das, was ich darüber im *Review* schrieb. Unmittelbar nach der Veröffentlichung und ehe die Alltagskritik, deren Regeln und Bräuchen darin Trotz geboten wird, Zeit hatte, ihre Verurteilung dem Publikum vorzusetzen, schrieb ich über das Buch eine Rezension, in welcher ich dasselbe als eines jener genialen Produktionen begrüßte, die über den hergebrachten Regeln stehen und sich selbst Gesetz sind. Weder in diesem Falle, noch in jenem des Lord Durham schreibe ich den Eindruck, welchen ich durch meine Arbeit hervorgebracht zu haben glaube, einem besonderen Verdienst der Ausführung zu; ja, ich fürchte sogar, dass zumindest der Artikel über Carlyle nicht einmal besonders gut abgefasst war. Ich bin überzeugt, dass da wie dort jeder, der sich in der Lage befand, gelesen zu werden, wenn er genau in derselben Zeit derselben Ansicht Ausdruck gegeben und durch die gerechten Gründe einigermaßen gut belegt hätte, das gleiche Resultat erzielt haben würde. Nachdem meine Hoffnungen, den radikalen Politikern mit Hilfe der Zeitschrift neues Leben einzuhauchen, jedoch vollständig fehlgeschlagen sind, freut es mich, einen Blick zurück werfen zu können auf diese beiden Beispiele von Erfolg in einem ehrenhaften Versuch, den Sachen und den Personen, die es verdienten, einen unmittelbaren Dienst zu erweisen.

Die letzte Hoffnung, eine radikale Partei zu bilden, war entschwunden, und ich sah mich genötigt, dem bedeutenden Aufwand an Zeit und Geld, welchen mich das *Review* gekostet, Einhalt zu tun. Bis zu einem gewissen Maße hatte es meinem persönlichen Zweck, meinen Anschauungen als Organ zu dienen, entsprochen, indem es mich befähigte, viel von meiner veränderten Denkweise zu veröffentlichen und mich selbst auf eine offensichtliche Weise vom engeren Benthamismus meiner Schriften loszulösen. Dies geschah durch den allgemeinen Ton alles dessen, was ich schrieb, mit Einschluss unterschiedlicher rein literarischer Artikel, hauptsächlich aber durch die zwei in den *Dissertations* wieder abgedruckten Aufsätze, in welchen ich mich in einer philosophischen Würdigung von Bentham und Coleridge versuchte. Im ersten, welcher den Verdiensten Benthams volle Gerechtigkeit widerfahren lässt, wies ich gleichwohl auf das hin, was mir in seiner Philosophie irrtümlich und mangelhaft zu sein schien. Ich halte dem Wesen nach diese Kritik noch immer für vollkommen gerecht; doch sind mir bisweilen Zweifel aufgestiegen, ob es auch recht war, sie gerade in jener Zeit zu veröffentlichen. Ich habe oft gefühlt, dass Benthams Philosophie als Werkzeug des Fortschritts einigermaßen in Misskredit gekommen ist, ehe sie ihr Werk vollbracht hatte, und dass ich den Fortschritt eher schädigte, als ihm einen Dienst erwies, indem ich Hand bot, ihren Ruf zu schmälern. Jetzt scheint freilich eine Gegenreaktion im Interesse des Guten, das im Benthamismus liegt, in Gang zu kommen, und ich kann mit mehr Befriedigung auf die Kritik seiner Mängel zurückschauen, namentlich da ich sie ausglich durch die Rehabilitierungen der Fundamentalprinzipien von Benthams Philosophie, welche in derselben Sammlung wieder zum Abdruck gekommen sind. In der Abhandlung über Coleridge versuchte ich die europäische Reaktion gegen die negative Philosophie des achtzehnten Jahrhunderts zu kennzeichnen, und wenn man bloß die Wirkung dieses einen Beitrags ins Auge fasst, so könnte man zur Ansicht gelangen, ich habe hier ungebührlich die vorteilhafte, wie in Benthams Falle die ungünstige Seite hervorgehoben. Hier wie dort mag mich der Eifer, mit welchem ich mich vom dem, was unhaltbar war in Benthams Lehren und in jenen des achtzehnten Jahrhunderts, loslösen wollte, dem Anschein, obschon nicht der Wirklichkeit nach, zu weit in das entgegengesetzte Lager gedrängt haben, aber was den Artikel über Coleridge betrifft, so muss ich zu meiner Verteidigung hervorheben, dass ich für die Radikalen und Liberalen schrieb und dass es mir ein Anliegen war, bei den Schriftstellern einer anderen Schule hauptsächlich das zu betonen, aus dessen Kenntnisnahme am meisten Nutzen für den Fortschritt gewonnen werden konnte.

Die Nummer des *Review*, welche den Aufsatz über Coleridge enthielt, war die letzte, die unter meiner Redaktion erschien. Im Frühjahr 1840 trat ich die Zeitschrift an Hickson ab, der früher häufig ohne Honorar Beiträge geliefert hatte, indem ich nur die Bedingung machte, dass die Veränderung durch Wiederaufnahme der alten Bezeichnung »Westminster Review« markiert werde. Unter diesem Namen führte Hickson die Zeitschrift noch zehn Jahre nach dem Plan fort, dass nur der Reinertrag der Zeitung unter die Mitarbeiter verteilt werden sollte, während er selbst als Herausgeber und Autor auf ein Honorar verzichtete. Da es bei der niedrigen Bezahlung nicht leicht war, Autoren zu gewinnen, so gereicht es ihm sehr zur Ehre, dass es ihm gelang, dem *Review* so lange in akzeptablem Ausmaß den Charakter eines Organs für Radikalismus und Fortschritt zu erhalten. Ich hörte nicht ganz auf, für das *Review* zu schreiben, sondern lieferte gelegentlich Beiträge, aber nicht ausschließlich, denn der größere Leserkreis des *Edinburgh Review* veranlasste mich, hin und wieder auch diesem Artikel anzubieten, wenn ich etwas zu sagen hatte, für welches diese Zeitschrift das passende Organ zu sein schien. Die Schlussbände der *Demokratie in Amerika*, die damals eben erschienen waren, gaben mir Anlass, mich mit einem Artikel über dieses Werk, der sich auch als erster im zweiten Band meiner *Dissertations* befindet, in den Mitarbeiterkreis des *Edinburgh Review* einzuführen.

Von dieser Zeit an bleibt das, was von meinem Leben zu berichten lohnt, in einem sehr kleinen Bereich, da ich keine weiteren geistigen Wandlungen, sondern nur, wie ich hoffe, einen stetigen geistigen Fortschritt zu verzeichnen habe; dieser lässt jedoch keine fortlaufende Geschichte zu, und die Resultate dürften sich am besten aus meinen Schriften ergeben. Ich werde daher die Chronik meiner späteren Jahre kurz zusammenfassen.

Nachdem ich meine Verbindung mit dem *Review* aufgelöst hatte, nutzte ich meine Muße zunächst dazu, meine *Logik* zu beendigen. Im Juli und August 1837 hatte ich freie Zeit gefunden, um auszuführen, was am Originalkonzept des dritten Buches noch fehlte. Bei der Bearbeitung der logischen Theorie der Naturgesetze, welche nicht Kausalgesetze oder aus diesen abgeleitet sind, gelangte ich zur Erkenntnis, dass die Arten Wesenheiten in der Natur und nicht bloß Definitionen für die Übersicht sind, ein Licht, das mir beim Schreiben des ersten Buches noch nicht aufgegangen war und mich nun nötigte, mehrere Kapitel desselben zu ändern und zu erweitern. Das Buch von den Namen und der Klassifikation und das Kapitel von der Klassifikation der Fehlschlüsse wurde im Herbst desselben Jahres entworfen, der Rest des Werkes im Sommer und Herbst 1840. Vom nächsten April an bis zum Ende 1841 widmete ich meine verfügbare Zeit einer völligen Revision des Buches von Anfang an. In dieser Weise sind alle meine Schriften verfasst worden, indem ich sie stets wenigstens zweimal niederschrieb, zuerst als Konzept des ganzen Werks, und dann von neuem, wobei ich dem zweiten Manuskript alle Sätze und Satzteile aus dem alten einverleibte, welche mir so zweckentsprechend schienen als irgend etwas, was ich an ihre Stelle hätte setzten können. In diesem System der doppelten Redaktion habe ich große Vorteile gefunden. Es verbindet besser als jede andere Kompositionsweise die Frische und Kraft der ersten Auffassung mit der Präzision, die man durch längeres Nachdenken gewinnt. Außerdem habe ich am eigenen Beispiel entdeckt, dass eine sorgfältige Ausarbeitung des Einzelnen in Komposition und Ausdruck viel weniger Geduld und Anstrengung kostet, wenn man seinen Gegenstand einmal vollständig durchgearbeitet und, wie unvollkommen es auch sein mag, zu Papier gebracht hat. Nur auf die Anordnung verwende ich schon im ersten Konzept alle mir mögliche Sorgfalt, denn ist diese verfehlt, so verwirren sich die Fäden, welche den Ideen als Halt dienen sollen; Gedanken, in unrichtigen Zusammenhang gebracht, lassen sich nicht zu klaren Erläuterungen benützen, und eine erste Verarbeitung, die an diesem Fehler leidet, ist für die endgültige Ausfertigung nahezu unbrauchbar.

Während ich mit dem Umschreiben der *Logik* beschäftigt war, erschien Dr. Whewells *Philosophie der induktiven Wissenschaften* – ein für mich günstiger Umstand, da er mir das bot, was ich hauptsächlich brauchte, nämlich eine ausführliche Behandlung des Gegenstands durch einen Antagonisten, während ich dadurch sogleich in die Lage versetzt wurde, meine Ideen klarer und nachdrücklicher zu fassen, wie auch sie reicher und mannigfaltiger zu entwickeln, sofern es sich darum handelte, sie gegen bestimmte Einwürfe zu verteidigen oder an einer entgegengesetzten Theorie zu messen. Sowohl die Kontroversen gegen Dr. Whewell als auch viele aus Comte geschöpfte Stoffe fanden erst im Laufe des Umschreibens ihren Weg in mein Buch.

Zu Ende des Jahrs 1841 war ich mit meiner Arbeit fertig, und ich bot das Manuskript Murray an, der es so lange behielt, bis es zu spät war, es für diese Saison in den Druck zu bringen; dann wies er es aus Gründen zurück, die er ebensogut gleich am Anfang hätte nennen können. Ich hatte jedoch keine Ursache, seine Ablehnung zu beklagen, welche mich veranlasste, mein Buch Parker anzubieten, von dem es auch im Frühling 1843 herausgegeben wurde. Meine ursprünglichen Erwartungen bezüglich des Erfolgs waren äußerst bescheiden. Wohl hatte Erzbischof Whateley den Namen der Logik und das Studium der Formen, Regeln und Irrtümer des Schließens wieder zu Ehren gebracht und Doktor Whewell angefangen, durch seine Schriften ein Interesse zu wecken für den anderen Teil meines Themas, die Theorie der Induktion, aber eine Abhandlung über einen so abstrakten Gegenstand konnte mit keinem großen Leserkreis rechnen. Ein Verständnis dafür war nur bei Studierenden zu erwarten; aber solche, welche sich für ähnliche Gegenstände interessierten, gab es wenigstens in England nur wenige, sofern sich die Forschung hauptsächlich der entgegengesetzten metaphysischen Schule, der ontologischen und der Lehre von den »angeborenen Prinzipien« zukehrte. Ich hoffte daher nicht, dass mein Buch einen sonderlichen Beifall finden werde und versprach mir auch wenig praktischen Erfolg davon, es sei denn, dass dadurch die Tradition einer, wie ich dachte, besseren Philosophie ihren Fortgang nahm. Die Aussicht, eine unmittelbare Aufmerksamkeit zu erregen, gründete ich vor allem auf den polemischen Geist des Doktor Whewell, der, wie ich aus seinem Verhalten in anderen Fällen schloss, schwerlich lange wartete, um gegen ein Buch, das Angriffe auf seine Meinungen enthielt, ins Feld zu rücken. Die Antwort kam auch richtig, aber erst 1850, gerade noch rechtzeitig, um in der dritten Auflage meines Buches Rede stehen zu können. Wie es zuging, dass ein derartiges Werk einen solchen Erfolg erzielte, habe ich mir nie recht klar machen können; auch vermag ich mir nicht zu denken, welchen Kreisen die vielen angehören, die mein

Buch – ich wage nicht zu sagen – gelesen, sondern eben gekauft haben. Fasse ich allerdings die seitdem aufgetauchten zahlreiche Beweise für ein Wiederaufleben der Spekulation, und zwar einer freien Spekulation in Sphären, wo ich es am wenigsten erwartet habe (an den Universitäten zum Beispiel) zusammen, so wird die Tatsache einigermaßen begreiflich. Ich habe nie der Selbsttäuschung Raum gegeben, dass durch das Buch ein beträchtlicher Einfluss auf die philosophische Meinung ausgeübt werde. Die deutsche oder aprioristische Anschauung vom menschlichen Wissen und dem Erkenntnisvermögen wird wahrscheinlich (obschon ich hoffe, in abnehmendem Grade) noch einige Zeit länger vorherrschen unter denen, welche sich diesseits und jenseits des Kanals mit den gleichen Fragen befassen; aber das *System der Logik* entspricht einem Bedürfnis als Textbuch der entgegengesetzten Doktrin, welche alles Wissen aus der Erfahrung und alle moralischen und intellektuellen Qualitäten hauptsächlich aus der Richtung ableitet, die durch die Assoziation gegeben wird. Ich bin so bescheiden als irgend jemand in Würdigung dessen, was durch eine Analyse der logischen Prozesse oder einen anderen möglichen Beweiskanon an sich in der Führung oder Berichtigung der Verstandesoperationen geleistet werden mag. In Verbindung mit anderen Erfordernissen halte ich sie sicherlich für sehr nützlich; was aber in solchen Dingen den praktischen Wert einer richtigen Philosophie ausmacht, kann den Nachteilen gegenüber, die aus einer falschen hervorgehen, kaum hoch genug angeschlagen werden. Die Vorstellung, dass äußere Wahrheiten aus innerer Anschauung oder aus dem Bewusstsein erkannt werden können, unabhängig von Beobachtung und Erfahrung, ist meiner Überzeugung nach in unseren Tagen die intellektuelle Hauptstütze falscher Doktrinen und schlechter Institutionen. Mit Hilfe dieser Theorie kann jeder eingewurzelte Glauben und jedes intensive Gefühl, dessen Ursprung sich der Erinnerung entzieht, die Verbindlichkeit, sich durch den Verstand zu rechtfertigen, ablehnen und sich selbst als allgenügende Gewähr und Rechtfertigung hinstellen. Nie ist ein gefügigeres Werkzeug ersonnen worden, um alle tiefsitzenden Vorurteile zu heiligen. Und die Hauptkraft dieser falschen Philosophie in der Moral, Politik und Religion liegt in der von ihr beliebten Berufung auf das Zeugnis der Mathematik und der ihr verwandten Naturwissenschaftszweigen. Sie aus diesen vertreiben heisst sie ihrer Festung berauben, und weil dies nie wirksam geschehen war, so hatte die intuitive Schule selbst nach dem, was mein Vater in seiner *Analyse des Geistes* geschrieben, dem Anschein nach und soweit die veröffentlichten Schriften in Frage kamen, im Ganzen das Beste des Arguments für sich. Im Versuch, die wahre Natur des Beweises mathematischer und physikalischer Wahrheiten aufzuklären, begegnete das *System der Logik* den intuitiven Philosophen auf einem Boden, den sie bisher für unangreifbar gehalten hatten, und gab aus der Erfahrung und Assoziation ihre eigene Erklärung des eigentümlichen Charakters der sogenannten notwendigen Wahrheiten, welcher als Beweis herangezogen wird, dass ihre Beweiskraft aus einer tieferen Quelle als aus der Erfahrung stammen müsse. Ob dies wirklich mit Erfolg geschehen ist, schwebt noch *sub judice*; und selbst dann gelangt man, wenn man eine so stark in menschlichen Vorurteilen und Parteilichkeiten wurzelnde Denkweise ihrer bloß spekulativen Stütze beraubt, nicht weit in ihrer Überwindung; aber auch dieser eine Schritt ist unerlässlich, sofern Vorurteile nur erfolgreich durch Philosophie bekämpft werden und wir diesen nicht nachhaltig beikommen können, wenn wir nicht zeigen, dass sie keine Philosophie auf ihrer Seite haben.

Da ich jetzt befreit war von jeder aktiven Beteiligung an der laufenden Politik und keinen literarischen oder persönlichen Verkehr mit Autoren von Artikeln zu unterhalten brauchte, so befand ich mich in der Lage, meiner für denkende Personen, nachdem sie über das Alter der knabenhaften Eitelkeit weg sind, so natürlichen Neigung zur Beschränkung des Umgangs auf einen sehr kleinen Kreis Raum zu geben. Gesellschaft im Allgemeinen ist, wie die Sache jetzt in England betrieben wird, ein so schales Ding selbst für diejenigen, welche sie zu dem machen, was sie ist, dass man sie eher um jedes anderen Grundes als um des Vergnügens willen aufsucht. Jede ernste Besprechung von Gegenständen, über welche die Ansichten auseinandergehen, gilt als ungebildet, und da der volkstümliche Mangel an Lebhaftigkeit und Geselligkeit nichts von der Pflege der Kunst, über Kleinigkeiten sich angenehm zu unterhalten, durch welche sich die Franzosen des vorigen Jahrhunderts auszeichneten, wissen will, so besteht die einzige Verlockung der sogenannten Gesellschaft für jene, welche nicht auf der Spitze des Baumes sitzen, in der Hoffnung, durch sie ein bisschen höher hinaufzukommen, während diejenigen, welche sich bereits oben befinden, eben aus Tradition und weil sie meinen, dass ihre Stellung es fordere, mitmachen. Für einigermaßen denkende und fühlende Personen muss, wenn sie nicht besondere Zwecke dabei verfolgen, eine solche Gesellschaft äußerst unattraktiv sein, und wer heutzutage wirklich irgendwelche hohen intellektuellen Ansprüche erfüllt, pflegt ihr in einer Weise auszuweichen, dass man ihn fast als ganz zurückgezogen betrachten könnte. Personen von geistiger Überlegenheit, die es anders halten, erlangen beinahe ohne Ausnahme nichts Gutes davon. Abgesehen vom Zeitverlust wird der Ton ihrer Gefühle niedriger gestimmt; der Eifer für ihre Ansichten, über die sie in ihrer Gesellschaft schweigen müssen, verliert sich; die erhabensten Ziele erscheinen ihnen nachgerade als unpraktisch oder wenigstens für die Ausführung zu fern liegend, um mehr als ein Gegenstand der Vision oder der Theorie zu sein; oder wenn im besten Falle ihre edleren Grundsätze auch unangetastet bleiben, so müssen sie doch, ohne dass sie es selbst merken, bezüglich der Personen und Angelegenheiten der Gegenwart allmählich sich einen Gefühls- und Beurteilungsstil aneignen, für den sie bei den Leuten, mit denen sie umgehen, auf Verständnis hoffen können. Eine hochbegabte Person sollte nie in eine nichtintellektuelle Gesellschaft gehen, es sei denn in der Eigenschaft eines Apostels, wo dann der Zweck die Nachteile neutralisiert; solche aber, die geistig vorwärts streben, tun viel besser, wenn sie, wo immer es angeht, den Verkehr nur mit Ihresgleichen und mit solchen pflegen, die ihnen in Kenntnissen, Verstand und Gesinnungstüchtigkeit überlegen sind. Zudem hat man zu allen Zeiten, wenn der Charakter einmal gebildet ist und der Geist Wurzel gefasst hat, eine auf Überzeugung gegründete Harmonie in den wenigen Kardinalpunkten menschlicher Meinung als eine wesentliche Anforderung daran erkannt, was bei einem wirklich ernsten Geist den Namen Freundschaft verdient. Alles dies zusammengenommen schränkt die Zahl derjenigen, deren Gesellschaft und noch mehr deren vertrauten Umgang ich jetzt freiwillig suchte, auf einen sehr kleinen Rahmen ein.

Unter ihnen befand sich vor allem die unvergleichliche Freundin, von der ich bereits gesprochen habe. Sie lebte damals mit einer jungen Tochter meist in einem ruhigen Teil des Landes und kam nur gelegentlich mit ihrem ersten Gatten Taylor nach London. Ich besuchte sie an beiden Orten und bin ihr sehr dankbar für die Charakterstärke, welche sie befähigte, sich über die falsche Deutung meiner häufigen Besuche in der Abwesenheit ihres Gatten und unseres gelegentlichen Zusammentreffens hinwegzusetzen, obgleich in jeder anderen Rücksicht unser Verhalten während jener Jahre nicht den leisesten Grund zu einer anderen Unterstellung als der richtigen bot, dass unsere Beziehungen eben die der Anhänglichkeit und eines vertrauten Umgangs seien.

Zwar betrachteten wir die Regeln der Gesellschaft in einer
so ganz persönlichen Angelegenheit nicht für bindend, allein wir hielten es für unsere Pflicht, uns so zu benehmen,
dass es ihrem Gatten und daher ihr selbst in keiner Weise
Unehre machte.

In dieser (wie sie genannt werden kann) dritten Periode
meines geistigen Fortschritts, der nun Hand in Hand mit
dem ihren ging, gewannen meine Anschauungen an Umfang und Tiefe; ich verstand mehr Dinge, und diejenigen,
die ich vorher verstanden hatte, erkannte ich jetzt gründlicher. Vom Übermaß meiner Reaktion gegen den Benthamismus war ich ganz abgekommen, obgleich ich schon
auf dem Höhepunkt meiner Polemik weit mehr Nachsicht
walten ließ gegen die gewöhnlichen Ansichten der Welt und
der Gesellschaft und mich williger darein fand, mich mit
Unterstützung der oberflächlichen Verbesserung derselben,
welche um sich zu greifen begann, zufrieden zu geben, als
es einem Manne ziemte, dessen Überzeugungen sich von ihnen in so vielen Punkten unterschieden. Ich war weit mehr
geneigt, als ich jetzt billigen kann, den entschieder häre-
tischen Teil meiner Ansichten, welchen ich jetzt fast für den
einzig geeigneten halte, um die Gesellschaft zu regenerieren,
ruhen zu lassen, obschon unsere damaligen Auffassungen
weit häretischer waren als die meinigen in den Tagen meines extremsten Benthamismus. In jenen Tagen hatte ich die
Möglichkeit einer grundsätzlichen Verbesserung der sozialen
Einrichtungen so ziemlich durch die Brille der alten Schule
der politischen Ökonomie betrachtet. Das Privateigentum,
wie es jetzt verstanden wird, und das Erbrecht schienen mir
wie ihnen das *dernier mot* der Gesetzgebung zu sein, und ich
dachte nicht weiter, als die in diesen Institutionen enthaltenen Ungleichheiten durch Beseitigung des Erstgeburtsrechts
und der Erbteilung [primogenitur and entails; vgl. Mill,
Collected Works III, 889–894] zu mildern. Den Gedanken,

dass es möglich sei, in der Abschaffung der Ungerechtigkeit weiter zu gehen (denn Ungerechtigkeit ist es, ob man es vollständig abschaffen kann oder nicht), dass einige zum Reichtum, bei weitem die meisten aber zur Armut geboren sind, betrachtete ich damals für ein Hirngespinst und hoffte nur, dass durch allgemeine Erziehung, die zu freiwilliger Geburtenkontrolle führe, das Los der Armen erträglicher gemacht werden könnte. Kurz: ich war ein Demokrat und keine Spur von einem Sozialisten. Jetzt waren wir viel weniger Demokraten, als ich zuvor gewesen war, weil wir, so lang die Erziehung fortfährt, so kläglich unvollkommen zu sein, die Unwissenheit, namentlich aber die Selbstsucht und Brutalität der Massen fürchteten; doch ging unser Ideal von definitiver Verbesserung weit über die Demokratie hinaus und würde uns entschieden unter die Gesamtbezeichnung »Sozialisten« einreihen. Während wir mit allem Nachdruck die Tyrannei der Gesellschaft über das Individuum verwarfen, die man den meisten sozialistischen Systemen unterstellt, nahmen wir doch eine Zeit in Aussicht, in welcher die Gesellschaft sich nicht mehr in Arbeiter und Müßiggänger spalten würde – in welcher die Regel, »wer nicht arbeitet, soll auch nicht essen« nicht bloß auf die Armen, sondern unparteiisch auf alle Anwendung findet – in welcher die Verteilung des Arbeitserzeugnisses, statt, wie es jetzt in so hohem Grade geschieht, vom Zufall der Geburt abzuhängen, durch einstimmige Beschlüsse oder nach anerkannten gerechten Grundsätzen vor sich geht – in welcher es nicht länger unmöglich sein oder für unmöglich gehalten werden wird, dass menschliche Wesen sich eifrig bemühen und Vorteile [benefits] schaffen, die nicht ausschließlich ihnen, sondern auch der Gesellschaft, der sie angehören, zu gut kommen. Das soziale Problem der Zukunft schien uns darin zu bestehen, wie die größte individuelle Freiheit des Handelns mit einem gemeinschaftlichen Eigentumsrecht an den Rohstoffen der Erde und der gleichen Teilnahme aller an den Wohltaten der vereinigten Arbeitsleistung in Verbindung zu bringen sei. Wir trugen uns allerdings nicht mit der anmaßenden Vorstellung, dass wir bereits voraussehen könnten, durch welche präzise Institutionen ein solches Ziel sich am besten dürfte erreichen lassen, oder in wie naher oder ferner Zeit der Gedanke praktikabel werden möchte; wohl aber erkannten wir klar, dass, um eine solche soziale Umwandlung möglich oder wünschenswert zu machen, in der ungebildeten Masse der Arbeiter und der Mehrheit der Arbeitgeber eine entsprechende Änderung des Charakters stattfinden müsse. Diese beiden Klassen müssen durch Übung lernen, für edle oder jedenfalls für öffentliche und soziale Zwecke zu arbeiten und vereint zu wirken, nicht bloß wie bisher für selbstsüchtige Interessen. Die Fähigkeit dazu hat immer im menschlichen Geschlecht bestanden, besteht noch und wird wahrscheinlich nie erlöschen. Durch Erziehung, Gewohnheit und Pflege der Gesinnung kann auch der gemeine Mann bewogen werden, für sein Land zu graben oder zu weben, wie er sich bereit erweist, für das Vaterland zu kämpfen. Allerdings können die Menschen erst durch langsame Abstufungen und ein System von generationenübergreifender Kultur bis zu diesem Punkt gebracht werden; aber das Hindernis liegt nicht im Wesen der menschlichen Natur. Das Interesse am Gemeinwohl ist gegenwärtig eine so schwache Triebfeder, nicht weil es nicht anders sein kann, sondern weil der Geist nicht gewöhnt ist, darauf zu sinnen, so wie er von morgens bis abends nach Dingen trachtet, die nur dem persönlichen Vorteil dienen. Wird dieses, wie es jetzt nur beim Selbstinteresse der Fall ist, durch den täglichen Gang des Lebens aktiviert und durch das Verlangen nach Auszeichnung und die Furcht vor Schande angespornt, so ist es fähig, auch bei ganz gewöhnlichen Menschen die eifrigsten Anstrengungen sowie geradezu heroische Opfer hervorzurufen. Die eingefleischte Selbstsucht, welche den

Allgemeincharakter des derzeitigen Gesellschaftszustandes bildet, wurzelt nur deshalb so tief, weil sie durch die ganze Kette der bestehenden Einrichtungen genährt wird, und zwar durch die neueren Institutionen in manchem Betracht mehr als durch die alten, sofern die Gelegenheiten, in welchen für das Individuum die Aufgabe erwächst, ohne Bezahlung etwas für die Öffentlichkeit zu tun, im modernen Leben viel seltener sind, als in den kleineren Gemeinwesen des Altertums. Diese Erwägungen ließen uns das Törichte unreifer Versuche, mit den Verlockungen des Privatinteresses in sozialen Angelegenheiten zu brechen, so lang für sie kein Ersatz geboten werden kann, nicht übersehen; allein wir betrachteten alle bestehenden Einrichtungen und gesellschaftlichen Zustände als »bloß provisorisch« (ein Ausdruck, den ich einmal von Austin gehört hatte) und begrüßten mit freudiger Teilnahme alle sozialistischen Experimente ausgewählter Individuen (zum Beispiel der Kooperativgesellschaften), die, mochten sie nun Erfolg haben oder nicht, auf eine höchst nützliche Erziehung der daran Beteiligten hinarbeiten mussten, indem sie deren Vermögen, nach direkt am Gemeinwohl orientierten Motiven zu handeln, kultivierten oder auf die Hindernisse aufmerksam machten, die dem Menschen bei einem solchen Handeln im Weg standen.

Diese Anschauungen sind in den *Principles of Political Economy* veröffentlicht, in der ersten Auflage weniger klar und vollständig, in der zweiten schon etwas mehr und in der dritten völlig eindeutig. Der Unterschied entstand teilweise aus dem Wandel der Zeiten. Die erste Auflage wurde geschrieben und zu Druck gebracht vor der französischen Revolution von 1848, nach welcher die öffentliche Meinung zugänglicher wurde für die Aufnahme neuer Ansichten, und Lehren als gemäßigt erschienen, die kurz vorher noch mächtigen Skandal erregt haben würden. In der ersten Auflage waren die Schwierigkeiten des Sozialismus so stark hervorgehoben, dass im Ganzen der Ton eher ablehnend war; in den zwei darauffolgenden Jahren hatte ich viel Zeit auf das Studium der besten sozialistischen Schriftsteller und eine reifliche Erwägung und Erörterung aller Themen dieser Debatte verwendet. Das Resultat war, dass das meiste, was ich über das einschlägige Thema in die erste Auflage aufgenommen hatte, gestrichen und durch Gründe und Reflexionen ersetzt wurde, welche eine fortschrittlichere Gesinnung repräsentierten.

Die *Politische Ökonomie* wurde viel rascher ausgeführt als die *Logik* oder überhaupt etwas von Wichtigkeit, was ich früher geschrieben hatte. Ich begann damit im Herbst 1845, und noch vor Ende 1847 war das Manuskript druckreif. In diese Periode von wenig mehr als zwei Jahren fiel eine Unterbrechung von sechs Monaten, während welcher ich mich im *Morning Chronicle*, das unerwartet mit Wärme auf meinen Antrag einging, für die Bildung von kleinen Bauerngütern auf den öden Strichen Irlands einsetzte. Es herrschte damals der Hungerwinter von 1846 auf 1847, und der Notstand der Zeit schien eine Aussicht zu bieten, Aufmerksamkeit zu gewinnen für die meines Erachtens einzige Verfahrensweise, direkte Abhilfe mit einer nachhaltigen Verbesserung in der sozialen und ökonomischen Lage des irischen Volkes zu verbinden. Doch die Idee war neu und ungewöhnlich; in England hatte man für ein solches Verfahren keinen Präzedenzfall, und die tiefe Unwissenheit der Politiker und des englischen Volks bezüglich aller sozialen Phänomenen, die, wie häufig sie auch anderwärts vorkommen mögen, in England selten sind, vereitelte alle meine Anstrengungen. Statt einer großen Operation auf dem Ödland und der Umwandlung von Rentnern in Eigentümer erließ das Parlament ein Armengesetz, welches die Schwerbetroffenen als Arme behandelte; und wenn die Nation durch die vereinigte Wirkung der alten Übel und des quacksalberischen Hilfsmittel nicht in unentwirrbare Schwierigkeiten geraten ist, so hat sie es nur einer unerwarteten und überraschenden Tatsache zu danken, der Entvölkerung Irlands nämlich, die mit dem Hungertyphus begann und durch Auswanderung fortgesetzt wurde.

Der rasche Erfolg der *Politischen Ökonomie* zeigte, dass das Publikum ein solches Buch brauchte und dafür vorbereitet war. Es erschien anfangs 1848, und eine Auflage von tausend Exemplaren wurde in weniger als einem Jahr abgesetzt. Die zweite Auflage erschien im Frühling 1849 und die dritte in einer Auflage von 1250 Exemplare anfangs 1852. Das Buch wurde von Anfang an beharrlich als eine Autorität zitiert, weil es nicht bloß die abstrakte Wissenschaft, sondern auch ihre Anwendung behandelte. Die Ökonomie stand nicht da als ein Ding für sich, sondern als Fragment eines größeren Ganzen, als ein Zweig der sozialen Philosophie, welcher so verwoben war mit allen anderen, dass seine Folgerungen selbst auf dem ihm eigenen Gebiet nur bedingt wahr und der Einmischung und Gegenwirkung von Ursachen unterworfen sind, die nicht unmittelbar in ihrem Bereich liegen. Abgesehen von anderen Sorten von Betrachtungen erhebt die politische Ökonomie keinen Anspruch darauf, als praktischer Führer dienen zu können; sie hat sich in der Tat nie angemaßt, der Menschheit nur mit ihrem eigenen Licht Rat zu erteilen, wenn auch Leute, die nichts als die politische Ökonomie und daher diese nur schlecht kennen, es auf sich genommen haben, Rat zu spenden, natürlich nur nach den Lichtern, die ihnen zu Gebot standen. Freilich haben die zahlreichen sentimentalen Feinde der politischen Ökonomie und ihre noch zahlreicheren interessierten Feinde in sentimentaler Maske neben anderen unverdienten Unterstellungen erfolgreich den Glauben zu verbreiten gewusst, dass sie dies wirklich beabsichtige, und die *Prinzipien* [*der ökonomischen Theorie*], die trotz der Freiheit ihrer Ansichten zur Zeit die populärste Abhandlung über den Gegenstand sind, trugen viel dazu bei, die Gegner eines so wichtigen Studiums zu entwaffnen. Über ihren Wert als Darlegung der Wissenschaft, wie auch über den Wert der verschiedenen Anwendungen, zu denen sie anregt, müssen natürlich andere urteilen.

Von da ab veröffentlichte ich eine beträchtliche Zeit kein größeres Werk mehr, obschon ich gelegentlich in Zeitschriften schrieb und meine Korrespondenz (zum Teil mit mir ganz unbekannten Personen) über Gegenstände von öffentlichem Interesse beträchtlich zunahm. Während jener Jahre schrieb oder begann ich zumindest damit, verschiedene Abhandlungen über einzelne Fundamentalfragen des menschlichen und sozialen Lebens zur gelegentlichen Verwendung zu verfassen – Manuskripte, von denen mehrere das *nonum prematur* des Horaz bereits längst überschritten haben. [Vgl. Horaz: *Ars poetica* II, 388 f. Neun Jahre sollten Schriftsteller ihre Werke unter Verschluss halten, bevor sie diese zum Druck bringen, lautet der Rat von Horaz.] Zugleich fuhr ich fort, dem Gang der öffentlichen Ereignisse mit lebhaftem Interesse zu folgen, obschon dieser im Ganzen nicht viel Ermutigendes bot. Die europäische Reaktion nach 1848 und der Erfolg eines grundsatzlosen Usurpators im Dezember 1851 machten, wie es schien, vorläufig jeder Hoffnung auf Freiheit oder soziale Verbesserung in Frankreich und auf dem Kontinent ein Ende. Allerdings war ich Zeuge, wie in England viele von den Ansichten meiner Jugend allgemeine Anerkennung fanden und manche Reformen in den Staatseinrichtungen, für die ich mein Leben lang gekämpft, entweder zur Ausführung kamen oder in Angriff genommen wurden; doch erzielten diese Veränderungen lange nicht die von mir erwartete wohltätige Wirkung auf das Gemeinwesen, weil sie kaum bessernd in die intellektuellen und moralischen Zustände eingriffen, von denen allein eine wahre Verbesserung im Los des Menschengeschlechts abhängt; ja, es dürfte sogar fraglich sein, ob die verschiedenen Ursachen der Verschlechterung, die inzwischen wirksam gewesen waren, nicht den Drang nach Besserem überboten haben. Die Erfahrung hatte mich gelehrt, dass man viele falsche Ansichten gegen richtige vertauschen kann, ohne dass dadurch die Gewohnheiten des Geistes, aus denen die irrtümlichen Anschauungen hervorgingen, auch nur im mindesten geändert wurden. Das englische Publikum zum Beispiel ist in Gegenständen der politischen Ökonomie noch ebenso ungeschickt und stumpfsinnig, seit die Nation sich zum Freihandel bekehrt hat, wie vorher, und in noch höherem Grad ist dies der Fall, wo es sich um Gegenstände von edlerem Charakter handelt; man sieht da nichts von einer Gewöhnung an bessere Gedanken und Gefühle bzw. von irgendeiner Stärkung gegen den Irrtum. Gewisse Irrtümer sind allerdings abgestreift, aber die allgemeine Disziplin ihres Geistes, vom intellektuellen und moralischen Standpunkt aus betrachtet, hat keine Änderung erfahren. Ich bin jetzt überzeugt, dass kein bedeutender Fortschritt im Los der Menschheit möglich ist, bevor ein großer Wandel in der fundamentalen Mentalität stattgefunden hat. Die alten Ansichten über Religion, Moral und Politik sind bei den Intellektuellen so diskreditiert, dass sie den größeren Teil ihrer Wirksamkeit für das Gute verloren haben, während sie noch Leben genug in sich tragen, um das Gedeihen besserer Anschauungen in solchen Dingen machtvoll zu blockieren. Wenn die philosophischen Geister der Welt nicht länger an ihre Religion glauben oder nur mit Modifikationen daran glauben können, welche den Charakter derselben wesentlich verändern, so beginnt eine Übergangsperiode schwacher Überzeugungen, gelähmter Verstandeskräfte und lauer Grundsätze, die kein Ende nehmen kann, bis auf der Grundlage ihres Glaubens eine Erneuerung stattfindet, welche zur Entwicklung eines entweder religiösen oder rein humanen Glaubens führt, dem sie sich wirklich hinzugeben vermögen; und so lange dieser Zustand anhält, hat alles Denken und Schreiben, das nicht auf eine solche Erneuerung hinarbeitet, sehr wenig anderen als bloß momentanen Wert. Da in der öffentlichen Stimmung des Zeitgeistes nicht viel lag, was eine Tendenz in dieser Richtung andeutete, so hoffte ich kaum auf unmittelbare Aussichten für eine menschliche Verbesserung. In neuerer Zeit aber ist ein Geist für freie Spekulation erwacht; und, parallel zur Erneuerung, unter besseren Vorzeichen, die Bewegung für politische Freiheit im übrigen Europa – sie hat der gegenwärtigen Situation der Menschheit ein hoffnungsvolleres Aussehen verliehen.[1]

Zwischen der Zeit, von der ich gesprochen habe, und der Gegenwart fanden die wichtigsten Ereignisse meines Privatlebens statt. Das erste davon (im April 1851) war meine Heirat mit der Frau, deren unvergleichlicher Wert viele Jahre hindurch, während welcher wir nie erwarteten, in nähere Beziehung zu einander zu treten, ihre Freundschaft zur wichtigsten Quelle meines Glücks und Fortschritts gemacht hatte. So glühend ich mich auch nach dieser vollständigen Vereinigung unserer Leben zu jeder Zeit im Laufe meines Daseins, in welcher es ausführbar gewesen wäre, gesehnt habe, hätten doch sowohl ich als auch sie viel lieber auf ein solches Vorrecht für immer verzichtet, als dass wir es dem frühzeitigen Tod eines Mannes verdanken mussten, dem ich die aufrichtigste Achtung und sie die innigste Liebe zollte. Als er jedoch im Juli 1849 starb, fasste ich den Entschluss, den Unfall zu meinem Besten zu wenden, indem ich der Gemeinsamkeit des Denkens, Fühlens und Schreibens, die schon lange bestanden, die Vereinigung unseres ganzen Daseins hinzufügte. Sieben und ein halbes Jahr konnte ich diesen Segen mein nennen – nur sieben und ein halbes Jahr! Ich finde keine Worte, um auch nur in knappen Zügen zu schildern, was dieser Verlust für mich war und ist. Aber weil ich weiß, dass sie es gewünscht

---

[1] Geschrieben 1861.

haben würde, so bemühe ich mich, was mir noch vom Leben übrig bleibt, aufs Beste zu nutzen und für ihre Pläne mit der ungeminderten Kraft, die ich aus den Gedanken und der Erinnerung an sie schöpfen kann, fortzuarbeiten.

Wenn zwei Personen in ihrer Denkweise und in ihren Spekulationen vollkommen übereinstimmen – wenn alle Gegenstände des intellektuellen oder moralischen Interesses von ihnen im täglichen Leben erörtert und weit gründlicher geprüft werden, als es gewöhnlich oder üblicherweise in Schriften geschieht, die an ein allgemeines Publikum gerichtet sind – wenn sie von denselben Prinzipien ausgehen und durch gemeinsam verfolgte Verfahren zu ihren Schlüssen gelangen, so ist es hinsichtlich der Originalitätsfrage von geringem Belang, wer von ihnen die Feder führt. Jene, die am wenigsten zur Redaktion beiträgt, hat vielleicht den weit größeren Anteil an den Gedanken; die Schriften, die so geschaffen werden, sind das vereinigte Produkt von beiden, und es muss oft unmöglich werden, mit Sicherheit jeder Person ihren Anteil am Ganzen zuzuteilen. In diesem weiteren Sinne waren nicht nur während unserer Ehe, sondern auch während der vorangegangenen vielen Jahre unserer vertrauten Freundschaft alle Schriften, die ich veröffentlichte, ebensogut ihr Werk wie das meinige, indem ihr Anteil daran mit jedem Jahr zunahm. In gewissen Fällen jedoch lässt sich das, was ihr gehört, speziell bezeichnen. Abgesehen vom mächtigen Einfluss ihres Geistes auf den meinigen, gingen die wertvollsten Ideen und Merkmale in unseren vereinten Produktionen, welche zu den wichtigsten Resultaten führten und am meisten zum Erfolg und Ruf der Werke selbst beitrugen, von ihr aus, es waren die Erzeugnisse ihres Geistes, während ich für mich keinen größeren Teil daran beanspruchen kann als an jedem anderen Gedanken, den ich in älteren Schriftstellern gefunden und nur dadurch zu meinem Eigentum gemacht habe, dass ich ihn meinem Gedankensystem einverleibte. Während des größeren Teils meines literarischen Wirkens habe ich ihr gegenüber das Amt versehen, das ich von früh an als die meinen Fähigkeiten angemessenste Rolle im Bereich der Gedanken betrachtete – das eines Dolmetschers der originellen Denker und eines Vermittlers zwischen ihnen und dem Publikum; denn ich hatte immer eine bescheidene Meinung von meinen Kräften als Originaldenker, die abstrakten Wissenschaften (Logik, Metaphysik und die theoretischen Prinzipien der politischen Ökonomie und Politik) ausgenommen, obschon ich den meisten meiner Zeitgenossen in der Bereitwilligkeit und Fähigkeit, von jedermann zu lernen, überlegen zu sein glaubte. Ich kannte nämlich kaum einen, der so sehr bestrebt war, alles, was zu Verteidigung einer neuen oder alten Ansicht vorgebracht werden konnte, gründlich zu untersuchen, weil ich der Überzeugung lebte, es dürfte auch dem Irrtum irgend etwas Wahres zugrunde liegen, und jedenfalls werde die Wahrheit nur gewinnen, wenn man entdecke, warum der Irrtum Beifall gefunden habe. Demgemäß hatte ich es mir zur Aufgabe gemacht, meine Tätigkeit vorzugsweise in dieser Richtung nutzbar zu machen, um so mehr, da meine Bekanntschaft mit den Ideen der Coleridgeaner, der deutschen Denker und Carlyles, die alle in so schroffer Opposition zur mir anerzogenen Denkweise standen, mich davon überzeugte, dass sie neben viel Irrtum auch viel Wahrheit enthielten, welche freilich für diejenigen, die sonst wohl geeignet gewesen wären, sie zu erkennen, verschleiert war durch die transzendentale und mystische Phrasendrescherei, auf welche die Urheber nicht verzichten wollten oder konnten. Ich zweifelte trotzdem nicht daran, dass ich imstande sein werde, das Wahre vom Falschen zu trennen und letzteres in Ausdrücken bloßzustellen, welche jenen auf meiner Seite der Philosophie verständlich und nicht anstößig wären. Bei solcher Vorbereitung wird man mir wohl glauben, dass, als ich in nähere geistige Gemeinschaft kam mit einer Person von ausgezeichneten Fähigkeiten, deren Genius, während er auf dem Gebiete des Denkens wuchs und sich entfaltete, stets lang vor mir Wahrheiten auffand, in welchen ich nicht, wie bei anderen, eine Beimischung von Irrtum zu entdecken vermochte – ich sage, man wird mir glauben, dass unter solchen Umständen mein geistiges Wachstum vor allem in der Assimilation dieser Wahrheiten und der wertvollste Teil meiner intellektuellen Arbeit im Brückenbauen und in der Lichtung der Pfade bestand, durch welche sie mit meinem allgemeinen Gedankensystem sich vereinbaren ließen.[1]

[1] Was die Stufen meines geistigen Wachstums betrifft, welche ich ihr verdanke, dürfte wohl jeder, der nicht genau von der Sachlage unterrichtet ist, eine sehr irrige Vorstellung haben. So wird man zum Beispiel vermuten, dass meine entschiedene Überzeugung über die vollständige Gleichberechtigung von Männern und Frauen in allen gesetzlichen, politischen, sozialen und häuslichen Beziehungen bei ihr den Ausgangspunkt habe. Dies ist nicht der Fall. Jene Überzeugung gehört unter die ersten Früchte der Anwendung meines Geistes auf politische Gegenstände, und die Entschiedenheit, mit welcher ich sie festhielt, war, wie ich glaube, mehr als irgendetwas anderes der ursprüngliche Auslöser des Interesses, das sie für mich empfand. Nur so viel hat seine Richtigkeit: bevor ich sie kannte, war die Anschauung für mich kaum mehr als ein abstraktes Prinzip. Ich sah keinen triftigen Grund, warum Frauen durch das Gesetz anderen mehr untergeordnet sein sollten als Männer. Sicherlich forderten ihre Interessen ebenso vollständigen Schutz wie die der Männer und hatten aller Wahrscheinlichkeit nach ebenso wenig Aussicht, denselben zu erhalten, wenn die Frauen bei der Schaffung der Gesetze, die für sie bindend sein sollten, nicht auch eine Stimme hatten. Doch die Auffassung der ungeheuren praktischen Tragweite der Benachteiligungen [disabilities] der Frauen, wie sie im Buche *Die Hörigkeit der Frauen* [*The Subjection of Women*] niedergelegt ist, entstammt hauptsächlich ihren Belehrungen. Ohne Zweifel wären meine Anschauungen die gleichen geblieben; aber ohne ihre sonst selten anzutreffende Kenntnis der menschlichen Natur und ohne ihre richtige Würdigung der moralischen und sozialen Einflüsse würde ich nur eine sehr ungenü-

Das erste meiner Bücher, in dem ihre Teilnahme deutlich wird, waren die *Prinzipien der Politischen Ökonomie*. Das *System der Logik* verdankt ihr wenig, abgesehen von kleineren Angelegenheiten der Gestaltung [composition] - eine Seite, nach welcher hin sie auf alle meine Schriften, große und kleine, durch ihre genaue und klarblickende Kritik einen sehr vorteilhaften Einfluss übte.[1] Das Kapitel der politischen

gende Vorstellung von der Art gewonnen haben, wie die Folgen der unterlegenen Stellung der Frauen in alle Übel der bestehenden Gesellschaft hineinspielen und sich mit den Hindernissen des menschlichen Aufschwungs verweben. Ich bin mir schmerzlich bewusst, wie viele von ihren besten Gedanken über dieses Thema ich nur dürftig wiedergegeben habe und wie sehr diese kleine Abhandlung hinter dem zurücksteht, was sie hätte werden können, wenn ihre ganze Anschauung über die betreffende Frage zu Papier gebracht worden oder sie am Leben geblieben wäre, um, wie sie es sicherlich getan haben würde, meine unvollkommene Darlegung zu revidieren und zu verbessern.

[1] Die einzige Person, von der ich für die Vorbereitung des *Systems der Logik* unmittelbaren Beistand erhielt, war der seitdem mit Recht durch seine philosophischen Schriften so berühmt gewordene Bain. Er ging das Manuskript sorgfältig durch, ehe es in Druck gegeben wurde, und bereicherte es mit einer großen Anzahl von zusätzlichen Beispielen und Illustrationen aus der Wissenschaft, von denen ich viele, darunter einige separate Bemerkungen zu Bestärkung meiner logischen Ansichten, nahezu in seinen eigenen Worten abdrucken ließ. Meine Verpflichtung gegen Comte bezieht sich bloß auf dessen Schriften oder vielmehr auf jenen Teil seines *Cours de Philosophie Positive*, der damals erschienen war; auch habe ich bereits erwähnt, dass der Umfang dieser Verpflichtung weit geringer ist, als bisweilen behauptet wurde. Der erste Band, welcher die Grundlehren des Buchs enthält, war dem Wesen nach fertig, ehe ich Comtes Abhandlung zu Gesicht bekam. Allerdings entnahm ich ihm viele wertvolle Gedanken, namentlich im Kapitel über Hypothesen und in der Logik der Algebra; doch erst im letzten Buch, in der Logik der Ethik [Logic of the Moral Sciences], verdanke ich ihm eine radikale Verbesserung meiner Vorstellung von der Anwendung der logischen Methode. Worin diese Verbesserung bestand, habe ich in einem früheren Abschnitt des gegenwärtigen Werkes angedeutet.

Ökonomie, das am meisten Eindruck machte, nämlich jenes
»Über die wahrscheinliche Zukunft der arbeitenden Klassen«, rührt ganz von ihr her; im ersten Konzept stand es
nicht. Sie wies auf die Notwendigkeit eines solchen Kapitels
hin und überzeugte mich, wie unvollständig das Buch sein
würde, wenn es fehlte; so veranlasste sie denn dessen Abfassung, und der allgemeinere Teil davon, die Darlegung und
Erörterung der zwei sich gegenüberstehenden Theorien über
die eigentliche Lage [proper position] der arbeitenden Klassen, war ganz und gar eine Darstellung ihrer Gedanken, oft
in ihren eigenen Worten. Auf den rein wissenschaftlichen
Teil der politischen Ökonomie ließ sie sich nicht ein; doch
verlieh ihr Einfluss dem Buch hauptsächlich jenen allgemeinen Ton, durch welchen es sich von allen früheren Behand-
lungen der politischen Ökonomie, die eine wissenschaftliche Bedeutung beanspruchten, unterschied und es zur
Versöhnung der Geister verwendbar machte, die durch die
bisherige Behandlung desselben Gegenstandes abgestoßen
worden waren. Dieser Ton bestand vor allem in der geeigneten Unterscheidung zwischen den Gesetzen der Produktion des Reichtums, welche wahre Naturgesetze sind und
sich auf die Eigenschaften der Gegenstände gründen, und
den Arten seiner Verteilung, welche gewissen Bedingungen unterliegen und vom menschlichen Willen abhängen.
Gewöhnlich werfen die politischen Ökonomen all dies unter der Bezeichnung »ökonomische Gesetze« durcheinander,
die ihrer Ansicht nach durch menschliches Bemühen nicht
abgeschwächt oder modifiziert werden können, und schreiben Dingen, welche auf den unwandelbaren Bedingungen
unseres irdischen Daseins beruhen, wie denen, welche mit
letzteren nur von gleichlanger Dauer sind, weil sie die unabweisbaren Folgen von besonderen sozialen Anordnungen
darstellen, dieselbe Notwendigkeit zu. Zugegeben, dass gewisse Institutionen und Bräuche, Lohn, Gewinn und Ren-

ten durch gewisse Ursachen bestimmt werden; aber diese Klasse von Ökonomen lässt die unerlässliche Voraussetzung fallen und argumentiert, dass diese Ursachen vermöge einer ihnen innewohnenden Notwendigkeit, die kein menschliches Mittel abzuwehren imstande ist, die Anteile festsetzen, welche bei der Verteilung des Produkts den Arbeitern, den Kapitalisten und den Grundbesitzern zufallen. Die *Principles of Political Economy* blieben hinter keinem der Vorgänger zurück bezüglich einer angestrebten wissenschaftlichen Würdigung der Wirkung solcher Ursachen unter den Bedingungen, welche durch sie vorausgesetzt werden; allein sie geben ein Beispiel dafür, diese Bedingungen nicht als endgültig zu behandeln. Sie betrachten die ökonomischen Verallgemeinerungen, welche nicht von Naturnotwendigkeiten, sondern von deren Verbindung mit den bestehenden Einrichtungen der Gesellschaft abhängen, nur als provisorisch und je nach dem Fortschritt des sozialen Aufschwungs wandelbar. Teilweise hatte ich in der Tat diese Anschauung der Dinge aus Gedanken gewonnen, welche durch die Spekulationen des Saintsimonismus in mir angeregt worden waren; allein dass sie zu einem lebendigen Prinzip wurde, welches das ganze Buch durchdrang, ist auf die Eingebung meiner Frau zurückzuführen. Dieses Beispiel gibt wohl ein geeignetes Bild von dem, was sie zu meinen Schriften beitrug. Die abstrakten und rein wissenschaftlichen Teile fielen mir zu; das humane Element aber rührte von ihr her. In allem, was mit der Anwendung der Philosophie auf die Bedürfnisse der menschlichen Gesellschaft und des Fortschritts zusammenhing, war ich ihr Schüler, ebenso in der kühnen Spekulation und in der Behutsamkeit des praktischen Urteils. Denn einerseits war sie viel mutiger und weitsichtiger, als ich es ohne sie gewesen wäre, in den Vorgefühlen einer künftigen Ordnung der Dinge, in welcher viele von den beschränkten Verallgemeinerungen, die man jetzt so oft mit allgemeingültigen Prinzipien verwechselt, anwendbar zu sein aufhören werden. Die Abschnitte meiner Schriften, namentlich der *Politischen Ökonomie*, welche sich mit Betrachtung künftiger Möglichkeiten in einer Weise befassten, dass sie, von Sozialisten aufgestellt, von den Ökonomen im Allgemeinen scharf bestritten worden wären, würden entweder nie niedergeschrieben worden sein, oder doch eine weit schüchternere Haltung gewonnen haben; allein während sie in der Spekulation über menschliche Angelegenheiten meinen Mut anspornte, wusste sie andererseits zugleich durch ihre praktische Geistesrichtung und ihre fast nie irrende Beurteilung der praktischen Hindernisse zu verhüten, dass ich ins Übermaß des Träumers verfiel. Ihr Geist gab allen Ideen eine konkrete Gestalt und bildete sich eine Vorstellung davon, wie sie in der Tat wirken würden; auch besaß sie eine so sichere Menschenkenntnis, dass ihr der schwache Punkt in einem unpraktischen Gedanken selten entging.[1]

Während der Jahre zwischen dem Beginn meines ehelichen Lebens und der Katastrophe, welche dessen Abschluss herbeiführte, betrafen die Hauptereignisse meines äußeren Daseins (wenn ich von einem ersten Anfall der Familienkrankheit und einer dadurch veranlassten sechsmonatigen Erholungsreise in Italien, Sizilien und Griechenland absehe) meine Stellung im India House. 1859 wurde ich im Dienst, in welchem ich rund dreiunddreißig Jahre gearbeitet hatte, zum Chef ernannt. Der Posten, der eines Examinators der indischen Korrespondenz, war nach dem des Sekretärs der höchste im einheimischen Dienst der ostindischen Kompanie und umfasste die gesamte Korrespondenz mit den indi-

---

[1] Einigen Widmungsexemplaren der ersten Auflage meiner *Politischen Ökonomie* war ein Widmungsblatt vorangestellt, auf welchem ich in ein paar Zeilen anerkannte, was das Buch ihr zu danken hatte. Ihre Abneigung vor der Öffentlichkeit war Ursache, dass jenes Blatt in den übrigen Exemplaren getilgt wurde.

schen Verwaltungsbehörden – Militär, Flotte und Finanzen ausgenommen. Ich verwaltete dieses Amt, solange es noch bestand, das heißt nicht viel länger als zwei Jahre; dann beliebte es dem Parlament oder, mit anderen Worten, Lord Palmerston, der ostindischen Kompanie als einem Zweig der Regierung Indiens unter der Krone ein Ende zu machen und die Verwaltung dieses Landes in eine Prämie umzuwandeln, um welche die zweite und dritte Klasse der englischen Parlamentspolitiker sich balgten. Ich leitete hauptsächlich den Widerstand, welchen die Kompanie ihrem politischen Erlöschen entgegenstellte, und muss bezüglich meiner Ansicht über das Törichte und Nachteilige dieser übelberatenen Maßnahme auf die Briefe und Petitionen, welche ich in der Angelegenheit schrieb, wie auf das Schlusskapitel meiner Abhandlung über Repräsentativregierung verweisen. Persönlich gewann ich durch den Wechsel, da ich Indien genug von meinem Leben gewidmet zu haben glaubte und mich daher nicht ungern mit der Entschädigung, die mir freigebig zugemessen wurde, zurückzog. Lord Stanley, der erste Staatssekretär für Indien, bot mir zwar unmittelbar nach der Auflösung den ehrenvollen Posten eines Rats in seinem Kabinett an, und der Antrag wurde später, als eine Vakanz im Kollegium eintrat, von diesem selbst erneuert; allein bei der Stellung der indischen Regierung unter dem neuen System sah ich bloß nutzlosen Ärger und eitle Mühe voraus, und was seitdem geschah, war nicht geeignet, mich meine Ablehnung bereuen zu lassen.

Während der zwei Jahre, welche meinem Rücktritt aus dem öffentlichen Dienst unmittelbar vorangingen, arbeitete ich mit meiner Frau an der Freiheitsschrift [*On Liberty*], zu der ich schon 1854 den Plan entworfen und in einer kurzen Schrift zu Papier gebracht hatte. Als ich im Jahr 1855 die Stufen des Kapitols hinauf stieg, kam mir zum ersten Mal der Gedanke, dieses Thema zu einem Band auszuarbeiten. Keine von meinen Schriften ist je so sorgfältig abgefasst und korrigiert worden wie diese. Nachdem ich sie wie gewöhnlich zweimal niedergeschrieben hatte, behielten wir sie bei uns, holten sie von Zeit zu Zeit hervor und gingen sie aufs Neue durch, wobei jeder Satz erwogen und kritisiert wurde. Die Schlussrevision wollten wir im Winter 1858 auf 1859, dem ersten nach meinem Rücktritt, welchen wir im südlichen Europa zuzubringen gedachten, vornehmen; allein diese und jede andere Hoffnung wurde vereitelt durch das unerwartete, schmerzliche Ereignis ihres Todes; sie starb, als wir auf dem Weg nach Montpellier waren, in Avignon an einer Lungenentzündung.

Seitdem habe ich die Erleichterung, die mein Zustand zuließ, in einer Lebensweise gesucht, welche mich befähigte, sie mir noch immer nahe zu fühlen. Ich kaufte ein Häuschen in möglichster Nähe des Platzes, wo sie begraben liegt, und da lebe ich nun mit ihrer Tochter, meiner Mit-Leidtragenden und jetzt meinem Haupttrost, während eines großen Teils des Jahrs. Meine Lebensziele sind nur diejenigen, welche sie mit mir teilte und die mich stetig an sie erinnern. Ihr Andenken ist für mich eine Religion und ihr Beifall die Richtschnur, nach der ich, da sie alles Würdige und Edle einschließt, mein Leben zu regeln bemüht bin.[1]

Nach meinem unersetzlichen Verlust betraf eine meiner ersten Sorgen den Druck und die Veröffentlichung der Abhandlung, an der die Verstorbene einen so wesentlichen Anteil genommen hatte; sie sollte das Denkmal sein, das ich ihr widmete. Ich habe keine Änderungen vorgenommen, keine Zusätze gemacht, und werde es auch nie tun. Wohl fehlt ihr der letzte Schliff von ihrer Hand, aber die meine wagt es nicht, einen Ersatz dafür zu versuchen.

---

[1] Bis hierher wurde diese Autobiographie vor oder im Jahr 1861 geschrieben oder revidiert; was nunmehr folgt, stammt aus dem Jahr 1870.

Die Freiheitsschrift war im unmittelbaren und buchstäblichen Sinne des Worts mehr unsere gemeinsame Arbeit als irgend etwas, was meinen Namen trägt, denn es ist kein Satz darin, der nicht mehrmals von uns gemeinsam durchgegangen, nach allen Richtungen erörtert und von allem Unkraut, welches wir im Gedanken oder in der Diktion entdecken konnten, befreit worden wäre. Die Abhandlung übertrifft daher auch ohne ihre Schlussrevision schon als exemplarischer Aufsatz alles, was je vorher oder nachher von mir ausgegangen ist. In Beziehung auf die Gedanken fällt es schwer, ihr irgendeinen besonderen Teil, ein besonders Element mehr als die anderen zuzuschreiben; die ganze Denkweise, welcher das Buch Ausdruck verleiht, ist ganz und gar ihre, obschon auch ich mich so hineingelebt habe, dass uns naturgemäß dieselben Gedanken kamen. Dass ich jedoch so durchdrungen davon war, verdanke ich in hohem Grade ihr. Es gab in meinem geistigen Fortschritt einen Moment, in welchem ich sowohl in Politik als auch in Gesellschaft leicht einer Vorliebe für staatliche Überregulierung [over-government] hätte verfallen können; ebenso gab es einen Moment, in welchem mir durch die Reaktion vom gegenteiligen Übermaß her ein Anlass geboten wurde, in meinen radikalen und demokratischen Anschauungen flauer zu werden. In diesen beiden wie in vielen anderen Punkten wirkte sie wohltätig auf mich ein, indem sie mir einesteils zeigte, wo ich recht hatte, andernteils mich auf neue Wahrheiten führte und mir half, meine Irrtümer loszuwerden. Meine rasche Bereitwilligkeit, von jedermann zu lernen und in meinen Ansichten jeder neuen Errungenschaft Raum zu geben, indem ich die neuen den alten anpasste, hätte mich ohne ihren festigenden Einfluss verleiten können, meine früheren Anschauungen allzusehr zu modifizieren. Durch nichts leistete sie meiner geistigen Entwicklung einen wertvolleren Dienst, als durch das richtige Abmessen der verhältnismäßigen Wichtigkeit gewisser Erwägungen; dadurch bewahrte sie mich oft davor, Wahrheiten, die ich erst kürzlich erkannt hatte, einen bedeutsameren Platz in meinen Gedanken einzuräumen, als ihnen eigentlich gebührte.

Vielleicht mit Ausnahme der *Logik* wird wahrscheinlich *On Liberty* alles, was ich sonst geschrieben, überleben, weil die Verbindung ihres Geistes mit dem meinigen daraus eine Art philosophischen Textbuchs für eine einzige Wahrheit gemacht hat, die in den Veränderungen, welche in der modernen Gesellschaft progressiv um sich greifen, mehr und mehr hervortreten wird – ich meine die Wichtigkeit für den Menschen und die Gesellschaft, dass die Charaktere so verschieden sind und dass der menschlichen Natur volle Freiheit gegeben werde, sich in unzähligen und widerstreitenden Richtungen zu entfalten. Nichts kann die tiefe Begründung dieser Wahrheit besser zeigen als der große Eindruck, welchen die Darlegung dieser Schrift in einer Zeit gemacht hat, die bei oberflächlicher Betrachtung einer solchen Lehre nicht zu bedürfen schien. Die Befürchtungen, welche wir ausdrückten, das unvermeidliche Wachstum der sozialen Gleichheit und der Herrschaft der öffentlichen Meinung könnte dem Menschengeschlecht ein drückendes Joch von Gleichförmigkeit in den Ansichten und im Handeln aufladen, dürfte jenen leicht als chimärisch erschienen sein, die mehr die gegenwärtigen Tatsachen als die Tendenzen ins Auge fassten; denn die allmähliche Umwälzung, die in der Gesellschaft und in ihren Einrichtungen stattfindet, ist bisher der Entwicklung neuer Ansichten entschieden günstig gewesen und weit vorurteilsfreier aufgefasst worden als früher. Doch dies ist ein Zug, der zu den Übergangsperioden gehört, wenn alte Vorstellungen und Gefühle unsicher werden und noch keine neuen Lehren sie verdrängt haben und an ihre Stelle getreten sind. In solchen Zeiten schenken Leute von regsamem Geist, die ihren alten Glauben aufgegeben haben und noch nicht wissen, was sie davon unverändert beibehalten können, neuen Anschauungen ein offenes Gehör; allein dieser Zustand ist nur vorübergehend. Allmählich sammelt eine besondere Lehre [body of doctrin] die Mehrheit um sich, organisiert sachgemäß die sozialen Institutionen und Aktionsweisen, die Erziehung drückt das neue Glaubensbekenntnis den nachwachsenden Generationen ohne die geistigen Prozesse auf, die dazu geführt haben, und so gewinnt es im Lauf dieselbe Gewalt, Menschen zusammenzuschweißen [power of compression], die so lange von den verdrängten Glaubensbekenntnissen ausgeübt worden ist. Ob diese schädliche Gewalt ausgeübt wird, hängt davon ab, ob jedermann in der Zwischenzeit gewahr wurde, dass sie nicht ausgeübt werden kann, ohne die menschliche Natur zu verstümmeln und zu verkleinern [stunting and dwarfing human nature]. Dann werden die Lehren der Freiheitsschrift ihren größten Wert haben, und es ist zu befürchten, dass sie diesen Wert lange behalten werden.

Was die Originalität betrifft, so hat das Buch natürlich keine andere als die, welche jeder denkende Mensch seiner Auffassung und Darstellung von Wahrheiten gibt, die gemeinsames Eigentum sind. Der leitende Gedanke hat der Menschheit wahrscheinlich seit dem Beginn der Zivilisation nie ganz gefehlt, obschon er viele Jahrhunderte hindurch auf einzelne Denker beschränkt blieb. Um nur von den letzten paar Generationen zu sprechen – er ist unverkennbar im wichtigen Gedankengang über Erziehung und Bildung enthalten, der durch die Arbeiten und den Genius Pestalozzis in Europa verbreitet wurde. Dessen uneingeschränkte und großartige Verteidigung durch Wilhelm von Humboldt wird in der Schrift erwähnt; doch stand dieser keineswegs allein da in Deutschland. Zu Anfang des gegenwärtigen Jahrhunderts wurden die Rechte der Individualität und der Anspruch der moralischen Natur, sich nach ihrer eigenen Weise zu entwickeln, von einer ganzen Schule deutscher Autoren selbst bis zur Übertreibung hervorgehoben, und die Werke Goethes, des meist gefeierten von allen deutschen Schriftstellern, obschon er weder dieser noch einer andern Schule angehörte, sind durchdrungen von Ansichten über Moral und Lebensführung, die zwar meines Erachtens oft nicht haltbar sind, aber doch stets auf der Suche danach, welche Zugeständnisse sie der Theorie vom Recht und der Pflicht der Selbstentwicklung machen können. In England ist, ehe das Buch *On Liberty* geschrieben wurde, die Lehre von der Individualität mit Begeisterung verfochten worden, zunächst in einem Stil, dessen lebhafte Deklamation an Fichte erinnert, von William Maccall, der eine ganze Reihe von Schriften veröffentlichte, darunter die am meisten ausgearbeitete unter dem Titel *Elements of Individualism.* Ferner muss ich einen bemerkenswerten Amerikaner, Josiah Warren, erwähnen, der auf der Grundlage der »Souveränität des Individuums« ein Gesellschaftssystem errichtete, Anhänger um sich sammelte und wirklich die Bildung einer Dorfgemeinschaft begann (ob sie noch besteht, weiß ich nicht), welche trotz einer oberflächlichen Ähnlichkeit mit einigen Projekten der Sozialisten im Prinzip diesen doch gerade entgegensteht, sofern sie in der Gesellschaft keine andere Autorität über das Individuum anerkennt als die, gleiche Freiheit der Entwicklung für jeden Einzelnen durchzusetzen. Da das Buch, welches meinen Namen trägt, keinen Anspruch erhebt auf Originalität für irgendeine seiner Lehren und keine Geschichte derselben geben will, so war der einzige von meinen Vorgängern, über den ich etwas sagen zu müssen glaubte, Humboldt, welcher mir das Motto zum Werk geliefert hat, obschon ich auch an einer Stelle den Warreniten ihre Formulierung »Souveränität des Individuums« geborgt habe. Es ist kaum nötig, hier zu bemerken, dass zwischen der Auffassung der Doktrin durch irgendeinen der von mir genannten Vorgänger und jener in meinem Buch viele Differenzen im Detail bestehen.

Die politischen Ereignisse der Zeit veranlassten mich, bald nachher eine Schrift (*Gedanken zur Parlamentsreform*) zu beendigen und zu veröffentlichen, die zum Teil schon einige Jahre früher bei Gelegenheit eines der totgeborenen Reformanträge geschrieben und damals von meiner Frau gebilligt und revidiert worden war. Die Hauptzüge darin bestanden in einer Ablehnung des Wahlverfahrens (unsere Meinungsänderung, in der sie mir vorangegangen war) und im Postulat einer Vertretung für Minoritäten, obschon ich damals nicht über das von Garth Marshall vorgeschlagene Kummulativ-Votum hinausging. Als die Schrift im Hinblick auf die Verhandlung über die Reformvorlage unter Lord Derbys und Disraelis Ministerium (1859) für den Druck vorbereitet wurde, fügte ich einen weiteren Zug bei, das Mehrfachstimmrecht, welche nicht dem Eigentum, sondern einer nachgewiesenen überlegenen Erziehung erteilt werden sollte. Auf diese Weise gewann man ein geeignetes Mittel, die unabweisbaren Ansprüche von Mann oder Frau zur Regelung von Angelegenheiten, die Lebensfragen für sie sind, angehört zu werden und auch eine Stimme zu haben, mit dem Gewicht zu vereinbaren, das mit Recht den auf überlegene Kenntnisse gegründeten Ansichten gebührt. Diese Andeutung war jedoch nie mit meiner fast unfehlbaren Ratgeberin besprochen worden, und ich weiß nicht, ob sie damit einverstanden gewesen wäre. So viel ich bemerken konnte, hat der Gedanke bei niemandem Gunst gefunden; wer immer eine Ungleichheit in den Wahlstimmen einzuräumen geneigt gewesen wäre, wollte diese nur im Interesse des Besitzes, nicht aber des Geistes und der Kenntnisse gewähren; auch wird sich die starke Abneigung, welche dagegen besteht, erst überwinden lassen, wenn einmal eine systematische Nationalerziehung eingeführt ist, welche die verschiedenen Grade

politisch wertvollen Wissens genau abgrenzen und erheben
lässt. So lang dies nicht der Fall, wird die Idee stets einer lebhaften und vielleicht schlüssigen Anfechtung ausgesetzt sein,
die im Gegenteil wohl von selbst wegfallen dürfte.

Bald nach Veröffentlichung der *Gedanken über Parlamentsreform* wurde ich mit Hares bewundernswertem System der
persönlichen Repräsentation bekannt, das damals in seiner
gegenwärtigen Gestalt zum ersten Mal erschien. Ich sah in
dieser großen praktischen und philosophischen Idee den
größten Fortschritt, dessen das System der Repräsentativ-
Regierung fähig ist – eine Verbesserung, welche in glück-
lichster Weise dem scheinbaren Grundmangel des Reprä-
sentativsystems begegnet und ihn heilt, ich meine den, dass
es einer numerischen Mehrheit alle, nicht bloß eine mit der
Zahl im Verhältnis stehende Macht erteilt und damit die
stärkste Partei befähigt, in der Nationalversammlung alle
schwächeren nicht einmal zum Wort kommen zu lassen,
wenn diesen nicht etwa einmal durch die zufällige unglei-
che Verteilung der Ansichten an verschiedenen Örtlichkei-
ten Gelegenheit dazu geboten wird. Gegen diesen schweren
Missstand schienen nur sehr unvollkommene Gegenmittel
möglich zu sein; aber Hares System lässt eine Radikalkur
zu. Seine große Entdeckung in der politischen Kunst (denn
es ist eine Entdeckung) flößte mir und, wie ich glaube, allen denkenden Personen, welche sich für sie erklärten, neue
und stärkere Hoffnungen für die Aussichten der menschlichen Gesellschaft ein, da sie die Form der politischen Institutionen, welcher die zivilisierte Welt augenscheinlich und
unwiderstehlich zustrebt, den Hauptdruck abnahm, der ihre
ultimativen Wohltaten zu schmälern oder zweifelhaft zu machen schien. Minoritäten werden, solange sie solche bleiben,
natürlich und notwendig überstimmt, können aber unter
Einrichtungen, welche jede Versammlung von Stimmbe-
rechtigten, die eine gewisse Zahl ausmacht, befähigen, ei-

nen Repräsentanten ihrer eigenen Wahl in den gesetzgebenden Körper zu schicken, nicht unterdrückt werden. In solcher Weise gelangen unabhängige Ansichten in den Rat der Nation und schaffen sich daselbst Gehör, ein Umstand, welcher bei den bestehenden Formen der repräsentativen Demokratie häufig nicht eintreten kann; die Gesetzgebung aber, statt sich der individuellen Eigentümlichkeiten zu entledigen und sich ganz aus Männern zusammen zu setzen, die einfach das Glaubensbekenntnis der großen politischen oder religiösen Parteien vertreten, wird einen großen Teil der aufgeklärtesten Geister des Landes in sich fassen, die ohne Rücksicht auf Parteiinteressen von Wählern geschickt worden sind, welche ihren individuellen Wert zu würdigen wussten. Ich kann begreifen, dass sonst einsichtsvolle Personen aus Mangel an zureichender Prüfung an Hares Plan Anstoß genommen haben, weil sie das System für zu verwickelt hielten; allein, wer nicht den Mangel fühlt, dem der Entwurf abhelfen will – wer in letzterem bloß eine theoretische Spitzfindigkeit oder einen Einfall sieht, der keinem bedeutenden Zweck dient und der Beachtung praktischer Männer unwürdig ist, kann nicht unter die urteilsfähigen Staatsmänner gerechnet werden und wird der Politik der Zukunft nicht gewachsen sein. – Ich meine, wenn er nicht Minister ist oder Minister werden will; denn wir sind vollkommen daran gewöhnt, dass solche Staatsbeamte offen eine feindselige Haltung einnehmen gegen jede Verbesserung bis fast zum Tag, an welchem ihr Gewissen oder ihr Interesse sie veranlasst, dieselbe als öffentliche Maßnahme in Angriff zu nehmen und durchzuführen.

Wäre mir Hares System vor der Veröffentlichung meiner Schrift zu Gesicht gekommen, so würde ich in derselben darüber Bericht erstattet haben; da dies aber nicht der Fall war, so schrieb ich hauptsächlich zu diesem Zweck einen Artikel in *Fraser's Magazine* (abgedruckt in meinen vermischten

Schriften), obschon ich demselben noch die Rezension von zwei anderen Abhandlungen über die Tagesfrage anfügte: die eine war die Schrift meines alten Freunds John Austin, der in seinen alten Tagen ein Feind aller Parlamentsreformen geworden war, die andere eine tüchtige und lebendige, obschon teilweise fehlerhafte Arbeit von Lorimer. [Es handelt sich um folgende Schriften: Thomas Hare: *A Treatise on the Election of Representatives, Parliamentary, and Municipal*, 1859; John Austin: *A Plea for the Constitution*, 1859; James Lorimer: *Political Progress Not Necessarily Democratic*, 1857.]

Im Laufe desselben Sommers erfüllte ich eine Pflicht gegenüber Bain, die mir besonders am Herzen lag, indem ich in einem Artikel für das *Edinburgh Review* seinem gründlichem Werk über den Geist, von dem der zweite Band erschienen war, die Aufmerksamkeit des Publikums zuzuwenden suchte. [Alexander Bain: *The Emotions and the Will*, 1859. Der frühere Band war *The Senses and the Intellect*, 1855.] Ferner brachte ich eine Auswahl aus meinen kleineren Schriften, welche die ersten zwei Bände meiner *Dissertations and Discussions* bildete, zum Druck. Die Zusammenstellung war noch zu Lebzeiten meiner Frau gemacht worden, allein die im Hinblick auf den Wiederabdruck begonnene gemeinsame Revision war nicht weit gediehen, und als mir die Orientierung an ihrem Urteil nicht mehr zu Gebot stand, verzweifelte ich an der Fortführung der Aufgabe; ich ließ daher die Papiere drucken, wie sie waren, indem ich nur solche Stellen ausmerzte, die nicht mehr im Einklang waren mit meinen Ansichten. Meine literarischen Arbeiten dieses Jahrs wurden durch eine Abhandlung in *Fraser's Magazine* (später in den dritten Band der *Dissertations and Discussions* aufgenommen) abgeschlossen, welche den Titel trägt: *A Few Words on Non-Intervention*. Ich wurde dazu veranlasst durch den Wunsch, England gegen die auf dem Kontinent beliebte Unterstellung zu verteidigen, dass es in der auswärtigen Politik nur die Selbstsucht zur Richtschnur nehme, wollte aber zugleich meine Landsleute warnend darauf aufmerksam machen, dass dieser Unterstellung ein Anschein von Wahrheit gegeben werde durch den vulgären Ton, in welchem englische Staatsmänner von englischer Politik zu sprechen pflegen, als kämen dabei nur englische Interessen in Frage, und durch das Verhalten von Lord Palmerston, der zur gleichen Zeit damals gegen den Plan des Suez-Kanals in Opposition trat. Ich nutzte die Gelegenheit, Ideen, mit denen ich mich längst getragen hatte (einige davon stammten aus meinen indischen Erfahrungen, andere aus den internationalen Fragen, welche damals das europäische Publikum in hohem Grade beschäftigten), über die wahren Grundsätze einer internationalen Moral und den durch den Unterschied der Zeit und der Umstände darin zulässigen Modifikationen zum Ausdruck zu bringen – ein Thema, das ich schon in geringerem Umfang in der Verteidigung der provisorischen französischen Regierung von 1848 gegen die Angriffe Lord Broughams und anderer behandelt hatte; der erste Aufsatz erschien seiner Zeit im *Westminster Review* und gelangte später in den *Dissertations* wieder zum Abdruck.

Ich hatte nun, wie ich glaubte, für den Rest meines Lebens auf rein literarischem Boden Anker geworfen, wenn anders von rein literarischem Boden die Rede sein kann bei einer Beschäftigung, die sich vorzugsweise mit Politik, und zwar nicht bloß mit theoretischer, sondern mit praktischer Politik befasst, obschon ein großer Teil des Jahrs viele hundert Meilen entfernt vom Hauptsitz der Politik Englands, über die ich in erster Linie schrieb, verbracht wurde. Allerdings hat in unseren Tagen die Erleichterung der Verkehrsmittel für einen politischen Schriftsteller in leidlichen guten Verhältnissen nicht nur alle die Nachteile des Fernseins vom Schauplatz der politischen Tätigkeit beseitigt, sondern sie sogar in Vorteile umgewandelt. Der schnelle und regelmäßige

Empfang von Zeitungen und periodischen Schriften hält ihn selbst bezüglich der flüchtigsten politischen Ereignisse auf dem Laufenden und gewährt ihm einen viel angemesseneren Überblick über den Stand und Fortschritt der öffentlichen Meinung, als ihm dies bei dem persönlichen Kontakt mit Individuen möglich gewesen wäre, denn jeder beschränkt seinen gesellschaftlichen Verkehr mehr oder weniger auf Kreise und Klassen, die mit ihren Meinungen abgeschlossen haben, und die Erfahrung lehrt, dass diejenigen, welche ihre Zeit den alles andere verdrängenden Ansprüchen der sogenannten Gesellschaft widmen und daher der Muße entbehren, sich in großem Ausmaß mit den Organen der Meinung bekannt zu machen, viel weniger vom Allgemeinzustand des öffentlichen Geistes oder von den rührigsten und bestunterrichteten Trägern desselben wissen, als der Einsiedler, der seine Zeitungen liest. Ohne Zweifel ist es ein Übelstand, wenn man allzulang von seinem Lande getrennt ist und nicht gelegentlich die Menschen und Dinge in jenem Licht sieht, in welchem sie erscheinen, wenn man sich in ihrer Mitte bewegt; aber das überlegte Urteil, das man sich in der Ferne bildet, ungetrübt durch die Ungleichheiten der Perspektive, wird um so verlässlicher, selbst für die Anwendung auf die Praxis. Indes befand ich mich bald in dieser, bald in jener Lage und konnte daher die Vorteile beider miteinander verbinden. Auch war ich, obschon die Muse meiner besten Gedanken nicht mehr an meiner Seite weilte, nicht allein; sie hat mir eine Tochter hinterlassen, meine Stieftochter, die Erbin eines großen Anteils ihrer Weisheit und ihres gesamten edlen Charakters, deren stets zunehmende und reifende Talente vom Tage unseres großen Verlustes an bis heute denselben großen Zielen nachstrebten und ihren Namen bereits bekannter machten als jenen ihrer Mutter, doch sicher noch weniger bekannt, als er nach meiner Voraussage noch werden wird. Über den Wert ihrer direkten Zusammenarbeit mit mir werde ich noch etwas sagen; es wäre vergeblich, eine angemessene Vorstellung vermitteln zu wollen von ihrer großen Macht des orginellen Denkens und der Vernünftigkeit in ihrem praktischen Urteil. Sicherlich ist vor mir nie jemand so glücklich gewesen, nach einem Verlust wie dem meinen einen solchen zweiten Preis aus der Lotterie des Lebens zu ziehen – eine weitere Begleiterin, Anregerin, Beraterin und Lehrerin von seltener Qualität. Wer immer, sei es jetzt oder später, meiner oder der von mir geleisteten Arbeit gedenken mag, möge nie vergessen, dass er darin nicht das Produkt eines einzigen Geistes, eines einzigen Bewusstseins vor sich hat, sondern das von Dreien, wobei mein Beitrag dazu der geringste und am wenigsten originelle ist, auch wenn das Produkt meinen Namen trägt.

Die Leistungen der Jahre 1860 und 1861 bestanden hauptsächlich aus zwei Abhandlungen, von denen ich nur die eine sofort zum Druck bestimmte; diese, welche den Titel *Betrachtungen zur repräsentativen Regierung* [*Considerations on Representative Government*] trägt, war eine zusammenhängende Darlegung dessen, was ich nach vieljährigem Nachdenken als die beste Form einer Volksverfassung erkennen gelernt hatte. Der Band enthält eben so viel von der Regierungstheorie im Allgemeinen als nötig ist, um diesem besonderen Teil eine praktische Grundlage zu geben, meine reifen Ansichten über die Hauptfragen im Bereich der rein organischen Institutionen, welche die gegenwärtige Zeit bewegen, und regt einige andere Fragen an, auf welche früher oder später das zunehmende Bedürfnis die Aufmerksamkeit sowohl der theoretischen als auch der praktischen Politiker hinweisen wird. Unter den praktischen Politikern hebe ich den Unterschied zwischen der Funktion der Redaktion von Gesetzen [making laws] hervor, für welche sich eine zahlreiche Volksvertretung durchaus nicht eignet, und der Funktion, die Redaktion guter Gesetze in Auftrag zu geben [getting good laws made], die eine besondere Aufgabe ist und nicht von irgendeiner anderen Autorität befriedigend erfüllt werden kann: daher das Bedürfnis eines gesetzgebenden Ausschusses, der einen bleibenden Bestandteil in der Konstitution eines freien Landes bildet und aus einer kleinen Anzahl hochgebildeter politischer Geister besteht, welcher die Aufgabe zufällt, ein Gesetz zu redigieren, sobald sich das Parlament für dessen Schaffung entschieden hat; dem Parlament bleibt es dann vorbehalten, den Gesetzesentwurf zu genehmigen oder zu verwerfen, aber keine anderweitigen Veränderungen daran vorzunehmen, sondern bloß etwa Verbesserungsanträge einzusenden, welche vom Ausschuss gewürdigt werden. Die hier aufgeworfene Frage über die wichtigste von allen öffentlichen Funktionen, die der Gesetzgebung, ist ein Hauptelement im großen Problem der modernen politischen Organisation und meines Erachtens zum ersten Mal in vollem Ausmaß von Bentham behandelt worden, obschon er sie meiner Ansicht nach nicht immer befriedigend gelöst hat. In solcher Weise wird die vollständige Beaufsichtigung der öffentlichen Angelegenheit durch das Volk mit der größten erreichbaren Vollkommenheit der Kompetenz [skilled agency] kombiniert.

Die andere um jene Zeit geschriebene und erst ein paar Jahre später[1] veröffentlichte Abhandlung führt den Titel *The Subjection of Women*. Sie wurde niedergeschrieben auf Anregung meiner Tochter und weil ich für alle Fälle eine schriftliche Darlegung meiner Ansichten in dieser großen Frage hinterlassen wollte, und zwar so vollständig und endgültig, als es mir nur möglich war. Sie sollte unter anderen ungedruckten Arbeiten liegenbleiben und nur gelegentlich zum Zweck allfälliger Verbesserungen hervor genommen werden, bis eine Zeit einträte, in der sich von der Veröffentli-

---

[1] Im Jahr 1869.

chung eventuell ein nennenswerter Nutzen erhoffen ließ. Als sie endlich im Druck erschien, wurde sie um einige wichtige Ideen und Passagen von meiner Tochter bereichert.

Die gründlichsten und eindrücklichsten Stellen darin rühren von meiner Frau her, wie überhaupt das Ganze aus dem Gedankenschatz geschöpft ist, den wir gemeinschaftlich durch unserer zahlreichen Besprechungen und Erörterungen eines Gegenstands sammelten, der unseren Geist so sehr ausfüllte.

Bald nachher holte ich aus ihrem Lager einen Teil der ungedruckten Schriften hervor, welche ich während der letzten Jahre unseres Ehestandes geschrieben hatte, und stellte sie mit einigem zusätzlichen Material in einem kleinen Werk unter dem Titel *Utilitarianism* zusammen, das zuerst in drei aufeinanderfolgenden Heften von *Fraser's Magazine* erschien und später (1861) in einem einzigen Band wieder abgedruckt wurde.

Schon vorher war jedoch durch den Beginn des amerikanischen Bürgerkriegs der Stand der öffentlichen Angelegenheiten ungemein kritisch geworden. Ich folgte dem Kampf mit dem lebhaftesten Interesse, denn ich fühlte von Anfang an, dass er für unabsehbare Zeiten einen Wendepunkt im Gang der menschlichen Angelegenheiten bedeuten werde, sei es zum Guten oder zum Schlimmen. Schon viele Jahre vor dem offenen Bruch hatte ich die Sklavereifrage in Amerika sorgfältig studiert und die Überzeugung gewonnen, dass in allen ihren Stadien sich nur das aggressive Bestreben erkennen ließ, das Territorium der Sklaverei weiter auszudehnen unter den vereinigten Einflüssen des Geldinteresses, junkerlicher Anmaßung und des Fanatismus einer Klasse für ihre Klassenprivilegien – Privilegien, die im vortrefflichen Werk *The Slave Power* meines Freundes Professor Cairnes mit meisterhaften Zügen geschildert sind. Ihr Sieg musste ein Sieg der bösen Mächte sein, der durch die ganze zivilisierte Welt die Feinde des Fortschritts ermutigen und die Anstrengungen seiner Freunde lahm legen würde; denn die Folge davon wäre die Herstellung einer furchtbaren Militärmacht, gegründet auf die schlimmste und asozialste Form der Tyrannei von Menschen über Menschen, und auf lange Zeit hinein das Erlöschen des Nimbus der großen demokratischen Republik, aus welchem alle privilegierten Klassen Europas ein falsches Vertrauen fassten, das sich wahrscheinlich nur mit Blut ersticken ließe. Wenn dagegen der Geist des Nordens hinreichend erregt wurde, um den Krieg zu einem erfolgreichen Abschluss zu bringen, und dieser Abschluss nicht zu rasch und zu leicht vor sich ging, so ließ sich aus den Gesetzen der menschlichen Natur und aus der Erfahrung, welche in anderen Revolutionen gemacht worden waren, voraussehen, dass er ein endgültiger sein werde. Bei der Masse der Bevölkerung im Norden war bisher das Gewissen nur so weit erwacht, dass sie einer weiteren Ausbreitung der Sklaverei entgegentrat, aber bei ihrem treuen Festhalten an der Verfassung der vereinigten Staaten nichts von einem Versuch wissen wollte, die Föderalregierung mit einer Einmischung in das Sklavensystem da zu beauftragen, wo es bereits bestand; wurde jedoch die Verfassung durch eine bewaffnete Rebellion erschüttert, so gestaltete sich die Sachlage anders; sie weckte dann den Ruf nach Abschaffung der fluchwürdigen Einrichtung für immer und sammelte das Volk um das Banner der Körperschaft der edlen Abolitionisten, unter denen der einfache Garrison der mutige Apostel, Wendell Philipps der begeistere Redner und John Brown der freiwillige Märtyrer war.[1] Dann war aber auch der ganze

---

[1] Das Wort dieses echten Helden nach seiner Gefangennahme, dass er durch das Hängen mehr Wert gewinne als durch irgendeinen anderen seiner Lebenszwecke [that he was worth more for hanging, than for any other purpose], erinnert durch die Vereinigung von Witz, Weisheit und Opferwilligkeit an Sir Thomas More.

Geist der amerikanischen Staaten von seinen Banden befreit und nicht länger durch die vermeintliche Notwendigkeit angefault, sich gegen Fremde wegen der schreiendsten Verletzung der freien Prinzipien ihrer Verfassung zu verteidigen; der Tendenz eines feststehenden Gesellschaftszustandes, eine Summe von nationalen Meinungen stereotyp zu fixieren, wurde wenigstens zeitweilig Einhalt getan, und der Volksgeist gewann mehr Freiheit für die Beurteilung dessen, was in den Institutionen oder Bräuchen des Volks schlecht war. Diese Hoffnungen haben sich vollständig erfüllt, soweit die Sklaverei in Frage kommt, und sie werden sich auch in anderen Beziehungen allmählich erfüllen. Da ich von Anfang an diesen doppelten Gang der Folgen, den der Sieg oder die Niederlage der Rebellion voraussichtlich nehmen musste, im Auge hatte, so kann man sich denken, welche Gefühle es mir einflößte, als ich in England die oberen und mittleren Klassen, selbst diejenigen, welche für liberal gelten wollten, so wütend für die Südstaaten Partei nehmen sah; es waren fast ausschließlich die arbeitenden Klassen und die Männer der Wissenschaft, die sich vom allgemeinen Wahnsinn fern hielten. Nie zuvor empfand ich es so bitter, wie wenig nachhaltige Verbesserung der Geist unserer einflussreichen Kreise gewonnen hatte und von welch geringem Wert die liberalen Anschauungen waren, mit welchen sie zu prunken pflegten. Auf dem Kontinent haben sich die Liberalen nirgends den gleichen furchtbaren Missgriff zu Schulden kommen lassen. Die Generation, welche unsern westindischen Pflanzern die Sklavenemanzipation [negro emancipation] abgerungen hatte, war freilich dahin und an ihre Stelle eine andere getreten, die trotz der vieljährigen Verhandlungen nicht gelernt hatte, das Ungeheuerliche der Sklaverei in seiner ganzen Tiefe zu fühlen; der Engländer ist so daran gewöhnt, allem, was außerhalb seiner Insel in der Welt vorgeht, keine Aufmerksamkeit zu schenken, dass man bezüg-

lich der ganzen Vorgeschichte des Konflikts in vollständiger
Unwissenheit befangen blieb; ja man glaubte sogar während
der ersten zwei Jahre des Kriegs in England, dass der Streit
sich bloß um die Sklaverei drehe. Es gab selbst Männer von
hohen Grundsätzen und unzweifelhaft freisinnigen Ansichten, welche meinten, die Misshelligkeit betreffe einfach den
Zolltarif, oder es ringe da ein Volk um seine Unabhängigkeit
und habe deshalb einen Anspruch auf ihre Sympathien.

Unter der kleinen Minderheit, welche gegen diese verkehrte Stimmung des öffentlichen Geistes Einspruch erhob,
hielt ich es für meine Pflicht, öffentlich Protest zu erheben.
Ich war nicht der erste, der dieser Aufgabe gerecht wurde,
und ich muss zunächst der Herren Hughes und Ludlow eh-
renvolle Erwähnung tun, die schon beim ersten Beginn des
Kampfes durch ihre Schriften den Anfang machten. Dann
trat Bright in einer seiner gewaltigsten Reden für den Norden auf und ließ andere nicht minder schlagende folgen. Ich
war gerade dabei, auch ein Wort dazu zu geben, als gegen das
Ende des Jahres 1861 die Gefangennahme der südländischen
Gesandten an Bord eines englischen Schiffs durch einen Of-
fizier der vereinigten Staaten stattfand. Selbst die englische
Vergesslichkeit hat noch nicht Zeit gehabt, die Erinnerung
an den Sturm, welchen diese Handlung in England hervorrief, an das Geschrei nach Krieg mit der Union, das einige
Wochen anhielt, und an die Kriegsvorbereitung, welche bei
uns wirklich in Angriff genommen wurden, völlig zu tilgen.
Solange dieser Zustand der Dinge dauerte, war keine Aussicht vorhanden, einer der amerikanischen Sache günstigen
Anschauung Gehör zu verschaffen, und außerdem war ich
mit denen einverstanden, welche glaubten, die Gewalttat sei
eine unberechtigte gewesen und England befugt, von den
Nordstaaten den Widerruf zu verlangen. Als dieser Widerruf stattfand und der Kriegslärm verstummt war, schrieb
ich im Januar 1862 einen Aufsatz in *Fraser's Magazine*, beti-

telt: »The Contest in America«, und ich werde mich immer meiner Tochter zu Dank verpflichtet fühlen, dass sie mich dazu nachdrücklich veranlasste, denn wir waren damals an der Vorbereitung auf eine Reise für einige Monate in Griechenland und der Türkei; ohne ihr Drängen hätte ich die Niederschrift bis zu unserer Rückkehr aufgeschoben. Dieser Artikel diente den Liberalen, welche sich von der Flut der illiberalen Anschauungen überwältigt sahen, zur Ermutigung und trug dazu bei, im Interesse der guten Sache einen Kern von Anhängern zu bilden, der zuerst allmählich, dann aber mit reißender Geschwindigkeit größer wurde im Verhältnis, in welchem die Wahrscheinlichkeit des endlichen Siegs der Nordländer anstieg. Nach der Rückkehr von unserer Reise schrieb ich einen zweiten Aufsatz, eine Rezension von Professor Cairnes Buch, die im *Westminster Review* erschien. England muss nun auf verschiedene unbequeme Weisen den nachhaltigen Groll fühlen, den seine herrschenden Klassen durch ihre auf den Ruin Amerikas als Nation abgesehenen und unverhohlen ausgesprochenen Wünsche in den Vereinigten Staaten geschürt haben, und mag sich nun bei den wenigen bekannten Schriftstellern bedanken, welche in der Zeit der größten Schwierigkeit treu zur Sache des Nordens hielten, wenn dieses bittere Gefühl einigermaßen abgelenkt wurde und Großbritannien den Amerikanern nicht mehr so gründlich verhasst ist.

Nachdem ich mich dieser Aufgabe entledigt hatte, beschäftigte ich mich während der nächsten zwei Jahre kaum mehr mit politischen Themen. Das Erscheinen von Austins Vorlesungen über Jurisprudenz, das erst nach dessen Tod erfolgte, gab mir Gelegenheit, seinem Gedanken den verdienten Tribut zu erweisen und zu gleicher Zeit einigen Gedanken über ein Thema, welchem ich in den Tagen meines Benthamismus viel Studium zugewendet hatte, Ausdruck zu verleihen. Doch das Hauptprodukt jener Jahre war *Eine*

Prüfung der Philosophie des Sir William Hamilton. Seine 1860 und 1861 veröffentlichten Vorlesungen hatte ich zu Ende des letzteren Jahres halb mit der Absicht gelesen, in meiner Zeitschrift darüber Bericht zu erstatten; jedoch fand ich bald, dass dies eine eitle Mühe gewesen wäre und dem Gegenstand nur in einem Buch Gerechtigkeit widerfahren konnte; es fragte sich aber nun, ob es empfehlenswert war, wenn ich mich selbst an einer solchen Leistung versuchte. Als ich die Sache in Erwägung zog, schienen starke Gründe dafür zu sprechen. Die Vorlesungen hatten mich nicht befriedigt, obschon ich sicherlich nicht mit einem Vorurteil gegen Sir William Hamilton an die Lektüre gegangen war. Das Studium seiner Anmerkungen zu Reid hatte ich wegen ihres unfertigen Zustandes bis auf diese Zeit verschoben, aber seine *Discussions in Philosophy* nicht vernachlässigt. Ich wusste zwar, dass im Allgemeinen seine Art, Tatsachen aus der Philosophie des Geistes zu behandeln, sich vom Modus unterschied, welcher mir der Beste zu sein schien, doch stieß seine lebhafte Polemik gegen die späteren Transzendentalisten und sein strenges Festhalten an einigen wichtigen Prinzipien, namentlich an der Relativität des menschlichen Wissens, bei mir auf viel Resonanz, so dass ich dachte, die echte Psychologie habe durch seine Autorität und seinen Ruf beträchtlich mehr gewonnen als verloren. Diese Selbsttäuschung wurde freilich durch seine Vorlesungen und durch seine Anmerkungen zu Reid zerstreut, wie auch die *Discussions*, wenn man sie mit den vorigen zusammenhält, viel von ihrem Wert verlieren. Ich fand, dass die scheinbaren Berührungspunkte seiner und meiner Ansichten mehr in den Worten als in der Sache lagen; die philosophischen Grundsätze, die ich bei ihm erkannt zu haben glaubte, erklärte er als wenig- oder nichtsbedeutend wieder weg, verlor sie ohne Unterlass aus dem Auge und vertrat in fast jedem Teil seiner philosophischen Schriften Lehren, die ganz und gar nicht mit jenen Grundsätzen übereinstimmten. Daraus erwuchs dann eine ganz veränderte Würdigung seiner Leistungen; ich hatte ihm zwischen den beiden rivalisierenden Philosophien eine Art Mittelstellung angewiesen, in welcher er die Prinzipien von beiden zusammenfasste und beiden mächtige Waffen zum Angriff und zur Abwehr lieferte; jetzt aber konnte ich in ihm nur noch eine der Stützen, und zwar in England um seines hohen Rufes willen die Hauptstütze derjenigen Seite sehen, welche mir die falsche zu sein schien.

Nun ist aber der Unterschied zwischen diesen zwei philosophischen Schulen, von denen die eine der Intuition Raum gibt, die andere die Erfahrung und Assoziation zur alleinigen Grundlage nimmt, nicht eine bloße Sache der abstrakten Spekulation, sondern reich an praktischen Folgen, und sie liegt allen praktischen Meinungsverschiedenheiten im Zeitalter des Fortschritts zugrunde. Der praktische Reformer muss ohne Unterlass Veränderungen in Dingen vorschlagen, die sich auf mächtige, weitverbreitete Gefühle stützen oder die anscheinende Notwendigkeit und Unzerstörbarkeit von hergebrachten Tatsachen in Frage stellen; es fällt ihm daher oft die unabweisliche Aufgabe zu, darzulegen, woraus diese mächtigen Gefühle entsprangen und wie diese Tatsachen zum Nimbus der Notwendigkeit und Unzerstörbarkeit gekommen sind. Es besteht daher eine natürliche Feindschaft zwischen ihm und einer Philosophie, welche die Erklärung von Gefühlen und moralischen Tatsachen aus den Umständen und der Assoziation zu verhindern sucht und sie lieber als letzte Elemente der menschlichen Natur behandelt – einer Philosophie, welche geneigt ist, in Lieblingsdoktrinen intuitive Wahrheiten zu sehen und in ihrer Intuition die Stimme der Natur und Gottes zu erkennen, die mit weit höherer Autorität sprechen als unsere Vernunft. Es besteht die Tendenz, alle die hervorstechenden Unterschiede in den Charakteren für angeboren und der Hauptsache nach für unzerstörbar zu halten, ohne auf die zwingenden Beweise zu achten, die belegen, wie diese Unterschiede, sei es zwischen Individuen, Rassen oder Geschlechtern, zum großen Teil von der Art sind, dass sie nicht nur möglicherweise durch die Unterschiede der Verhältnisse hervorgebracht werden können, sondern gewöhnlich wohl auch wirklich herbeigeführt werden; und diese Tendenz ist ein Haupthindernis für die rationale Behandlung großer sozialer Fragen, eines der stärksten Hindernisse für den menschlichen Fortschritt. Diese Tendenz hat ihre Quelle in der intuitionistischen Metaphysik, welche die Reaktion des neunzehnten Jahrhunderts gegen das achtzehnte kennzeichnet, und sie ist so bequem für die menschliche Trägheit, überhaupt so gut für die konservativen Interessen verwertbar, dass sie sogar sicherlich noch weiter ginge, als es die gemäßigtere Form der intuitionistischen Philosophie einräumt, wenn man nicht die Axt an die Wurzel legt. Diese Philosophie hat, und zwar nicht immer in ihrer gemäßigten Form, während des größeren Teils eines Jahrhunderts in Europa die Gedanken beherrscht. Die *Analyse des Geistes* meines Vaters, meine *Logik* und Professor Bains große Abhandlung sind zwar Versuche, wieder einen besseren Stil von Philosophie einzuführen, und sie haben in letzter Zeit den Erfolg gehabt, den man von ihnen erwarten konnte; allein ich fühlte bald, dass die bloße Hervorhebung des Gegensatzes in den beiden Philosophien nicht ausreichte; es war ein Duell zwischen beiden nötig, für das man sowohl enthüllende als auch polemische Schriften brauchte, und die Zeit schien gekommen zu sein, in welcher sich von einem solchen Kampfe Nutzen erwarten ließ. Sir W. Hamiltons Schriften und Ruf waren in England das Hauptbollwerk der intuitionistischen Philosophie, das der imponierende Charakter des Mannes und seine in vielfacher Beziehung großen persönlichen Verdienste und geistigen Begabungen nur um so großartiger [formidable] erscheinen ließ; ich dachte daher, es dürfte der Philosophie ein wahrer Dienst geleistet werden durch den Versuch einer gründlichen Prüfung aller seiner wichtigsten Lehren und einer Würdigung seines Allgemeinanspruchs auf geistigen Vorrang, den man ihm als Philosophen einräumte. In meinem Entschluss, einen solchen Versuch zu wagen, wurde ich durch die Wahrnehmung bekräftigt, dass in den Schriften eines Anhängers von Sir W. Hamilton, und zwar des fähigsten unter ihnen, seine eigentümlichen Lehren zu Rechtfertigung einer Religionsanschauung verwertet wurden, die ich für in hohem Grade unmoralisch halte und die besagt, dass es unsere Pflicht sei, uns in Anbetung vor einem Wesen zu verbeugen, von dessen moralischen Attributen wir zugestandenermaßen nichts wissen können und die vielleicht ganz andere sind als jene, welche wir mit der gleichen Bezeichnung belegen, wenn wir von unseren Mitgeschöpfen reden.

Als ich in meiner Arbeit fortfuhr, erlitt Sir W. Hamiltons Ansehen in meinen Augen eine viel größere Einbuße, als ich anfangs erwartet hatte, wegen der fast unglaublichen Menge von Inkonsequenzen, welche sich aus dem gegenseitigen Vergleich der verschiedenen Stellen ergaben. Es war jedoch meine Aufgabe, die Dinge zu zeigen, wie sie waren, und ich schrak nicht davor zurück, obschon ich immer bemüht war, den Philosophen, den ich rezensierte, mit der gewissenhaftesten Ehrlichkeit zu behandeln; denn ich wusste wohl, dass er viele Freunde und Bewunderer hatte, die über mich herfallen würden, wenn ich mir je unabsichtlich eine Ungerechtigkeit gegen ihn erlaubte. Es haben auch viele mehr oder minder ausführlich geantwortet und mich auf Versehen oder Missverständnisse hingewiesen, die allerdings nicht oft vorkamen und meist nur sehr belanglose Punkte betrafen. Diejenigen, welche mir vor Veröffentlichung der letzten Auflage (der dritten) zukamen, sind in dieser verbessert worden, und auch sonst habe ich meinen Kritikern,

soweit es nötig schien, geantwortet. Insgesamt wurde durch
das Buch der beabsichtigte Zweck erreicht: es hat Sir W. Hamiltons schwache Seite gezeigt und seinem allzu großen philosophischen Ruf engere Grenzen gesteckt, vielleicht auch
durch einige seiner Diskussionen und Ausführungen in zwei
Kapiteln über die Begriffe Stoff und Geist ein zusätzliches
Licht auf etliche strittige Fragen im Gebiet der Psychologie
und Metaphysik geworfen.

Nach Beendigung der Schrift über Hamilton ging ich an
eine Arbeit, die aus vielen Gründen namentlich mir obzu-
liegen schien, ich meine eine Darlegung und Würdigung
der Lehren von Auguste Comte. Ich habe mehr als irgend
jemand dazu beigetragen, dass seine Spekulationen in England bekannt wurden, und namentlich durch das, was ich
in meiner *Logik* über ihn sagte, diesseits des Kanals in einer
Zeit, als sein Name in Frankreich noch nicht aus der Dun-
kelheit hervorgetreten war, ihm unter den Denkern Leser
und Bewunderer verschafft. Als meine *Logik* geschrieben
und veröffentlicht war, war er noch so wenig bekannt und
gewürdigt, dass eine Beleuchtung seiner schwachen Punkte
als überflüssig erscheinen mochte, während es eine Pflicht
war, die wichtigen Beiträge, welche ihm das philosophische
Denken verdankt, dem Publikum möglichst zur Kenntnis zu
bringen. Inzwischen hatte sich jedoch der Stand der Dinge
sehr verändert. Sein Name wenigstens war fast überall und
der allgemeine Charakter seiner Lehren in weiten Kreisen
bekannt, so dass nicht nur seine Freunde, sondern auch seine
Gegner in ihm einen der hervorragendsten Denker des Jahrhunderts schätzten. Die besseren Teile seiner Spekulationen
waren mehr und mehr bei jenen Geistern angekommen, die
durch vorgängige Bildung für ihre Aufnahme vorbereitet
waren, und unter ihrem Deckmantel die schwächeren auch
die schlechteren Teile, welche hauptsächlich in seinen späteren Schriften hervortreten, so dass er in England, Frankreich

und anderen Länder viele, darunter manche von nicht unbedeutendem persönlichen Verdienst, zu seinen rührigen und begeisterten Anhängern zählen kann. Diese Gründe machten es nicht nur wünschenswert, dass sich jemand dem Geschäft unterziehe, in Comtes Spekulationen eine Sichtung des Guten und Schlechten vorzunehmen, sondern sie schienen auch die Lösung der Aufgabe mir zuzuweisen. Ich versuchte es, dies in zwei Aufsätzen zu tun, welche in zwei aufeinanderfolgenden Nummern des *Westminster Review* erschienen sind und dann in einem kleinen Band unter dem Titel *Auguste Comte and Positivism* zusammengestellt wurden.

Die bisher erwähnten Abhandlungen nebst einigen kleineren Artikeln für periodische Schriften, welche die Aufbewahrung nicht lohnten, waren alles, was ich von 1859 bis 1865 als Schriftsteller leistete. Zu Anfang des Jahrs 1865 veranstaltete ich, dem von Arbeitern häufig mir gegenüber ausgedrückten Wunsche entsprechend, wohlfeile Volksausgaben derjenigen meiner Schriften, welche unter den arbeitenden Klassen einen Leserkreis in Aussicht stellten, nämlich der Schriften *Principles of Political Economy, On Liberty* und *Considerations on Representative Government*. Meine pekuniären Interessen wurden dadurch natürlich sehr geschädigt, da ich aus den wohlfeilen Ausgaben keinen Vorteil ziehen wollte und nach vorgängiger Verständigung über die niedrigsten Herstellungskosten meinen Buchhändlern die Hälfte des bei gleicher Gewinnteilung mir verbleibenden Honorars überließ, um sie in den Stand zu setzen, den Preis noch mehr zu ermäßigen. Ich muss es den Longmans zur Ehre nachrühmen, dass sie unaufgefordert eine gewisse Zahl von Jahren festsetzten, nach welchen mir das Eigentumsrecht samt den Druckplatten wieder zustehen sollte; auch bestimmten sie eine gewisse Zahl von Exemplaren, nach deren Verkauf ich die Hälfte jeglichen weiteren Gewinns beanspruche. Die *Politische Ökonomie*, die zu 10.000 Druckexemplaren berechnet war, hat schon seit einiger Zeit dieses Maß überschritten, und die Volksausgaben fangen an, mir einen kleinen, aber unerwarteten finanziellen Zuschuss zu liefern, obschon er überhaupt in keinem Verhältnis zur Einbuße an den Bibliotheksausgaben steht.

Im Überblick über mein äußeres Leben bin ich jetzt bei der Periode angelangt, in welcher ich mein ruhiges und zurückgezogenes Dasein mit der weniger gemütlichen Beschäftigung eines Unterhausmitglieds vertauschen sollte. Der Antrag, welcher im Frühling des Jahrs 1865 durch einige Wähler von Westminster an mich erging, rückte mir den Gedanken nicht zum ersten Mal nahe; denn vor mehr als zehn Jahren hatten aus Anlass meiner Artikel über die irische Landfrage Lucas und Duffy im Namen der Volkspartei von Irland sich erboten, mich für einen irischen Landkreis ins Parlament zu bringen, was ihnen leicht möglich gewesen wäre; allein meine Stellung im India House war nicht mit einem Sitz im Parlament vereinbar, und ich musste den Antrag abweisen. Nach dem Austritt aus dem Dienst der in die Hände der Regierung übergegangenen Handelsgesellschaft hätten mich mehrere meiner Freunde sehr gerne im Parlament gesehen; doch schien es nicht wahrscheinlich, dass der Gedanke je eine praktische Form gewinnen könne. Ich war überzeugt, dass kein zahlreicher oder einflussreicher Teil einer Wahlkörperschaft in Wirklichkeit durch einen Mann von meinen Ansichten vertreten zu werden wünschte, und dass man, wenn man keine Lokalverbindungen oder Popularität besaß und sich nicht als bloßes Organ einer Partei aufstellen lassen wollte, geringe Aussicht hatte, irgendwo gewählt zu werden, es sei denn, dass man gehörig mit Geld Nachhilfe leistete. Nun aber war es einer meiner Grundsätze, dass ein Kandidat kein Geld ausgeben sollte für die Übernahme einer öffentlichen Pflicht und die gesetzlichen Kosten einer Wahl ohne Rücksicht auf irgendeinen besonderen Kandidaten als öffentliche Ausgabe entweder von der Regierung oder von der Wahlgemeinde getragen werden müssten. Was zur Unterstützung eines Kandidaten geschah, um dessen Ansprüche der Wählerschaft gehörig vorzutragen, sollte durch unbezahlte Agenten ausgeführt oder durch freiwillige Subskription bestritten werden. Wenn Mitglieder der Wahlkorporation oder andere geneigt sind, von ihrem eigenen Geld beizusteuern, um durch gesetzliche Mittel einen Mann ins Parlament zu bringen, von dem sie glauben, dass er dem Volke nützlich werden könne, so hat niemand ein Recht, dies zu verwehren; dass aber die Kosten oder ein Teil derselben auf den Kandidaten fallen sollen, ist entschieden ein Unrecht und in Wirklichkeit nichts weiteres als ein Erkaufen des Sitzes. Selbst wenn die Art, wie das Geld ausgegeben wird, die günstigste Deutung zulässt, kann man sich des Argwohns nicht erwehren, dass derjenige, welcher wählt, um ein Vertrauensamt zu gewinnen, damit andere als öffentliche Zwecke fördern will, während es andererseits eine Erwägung von größter Wichtigkeit ist, dass man, wenn man den Kandidaten die Wahlkosten aufbürdet, die Nation der Dienste tüchtiger Männern beraubt, welche einen solchen Aufwand nicht bestreiten können oder wollen. Ich will damit nicht sagen, dass ein unabhängiger Kandidat, so lang für ihn keine Aussicht vorhanden ist, ins Parlament zu gelangen, ohne dass er sich der schnöden Tradition fügt, ein moralisches Unrecht begeht, wenn er Geld einsetzt, vorausgesetzt dass nichts davon direkt oder indirekt zur Bestechung benützt wird; aber um einen solchen Schritt zu rechtfertigen, muss er vollkommen überzeugt sein, dass er im Parlament seinem Lande mehr nützen kann als auf irgendeine andere Weise; und diese Überzeugung hatte ich für meine Person nicht gewonnen. Es war mir nicht klar, wie ich zur Förderung der öffentlichen Zwecke, die einen Anspruch an meine Dienste hatten, von den Bänken des Unterhauses aus mehr sollte tun können als von meinem Pult aus, als einfacher Schriftsteller; ich fühlte daher, dass ich mich um keine Parlamentswahl bemühen, geschweige denn Geld dafür ausgeben durfte.

Die Sachlage verhielt sich jetzt jedoch ganz anders, als eine Anzahl Wähler mich aufsuchte und aus freien Stücken sich erbot, mich als ihren Kandidaten aufzustellen. Wenn sich nun zeigte, dass sie hierauf bestanden, obschon sie meine Ansichten kannten und auch an den Bedingungen, unter denen ich allein ihnen gewissenhaft dienen zu können glaubte, keinen Anstoß nahmen, so kann es kaum fraglich erscheinen, ob nicht hier eine von jenen Berufungen vorlag, in denen ein Mitglied des Gemeinwesens dem Drängen seiner Mitbürger gegenüber sich wohl nicht ablehnend verhalten darf. Demgemäß stellte ich ihren ernsthaften Willen auf die Probe durch eine der freimütigsten Erklärungen, die wahrscheinlich je ein Kandidat an seine Wähler erlassen hat. Ich schrieb als Antwort auf den Antrag einen für die Veröffentlichung bestimmten Brief, in welchem ich sagte, dass ich kein Verlangen danach trage, Parlamentsmitglied zu werden und der Ansicht sei, es vertrage sich nicht mit der Würde eines Kandidaten, persönlich eine Wahlkampagne zu führen oder sich mit Wahlkosten zu belasten; ich werde daher weder das eine noch das andere tun. Ferner erklärte ich ihnen, wenn ich gewählt würde, könne ich es nicht auf mich nehmen, meine Zeit und meine Mühe ihren Lokalinteressen zu widmen. Mit Bezugnahme auf die allgemeine Politik teilte ich ihnen ohne Rückhalt mit, wie ich über eine Anzahl wichtiger Fragen dachte, zu denen sie mich um meine Ansicht gefragt hatten, darunter auch die über den Abstimmungsmodus, zu dem ich ihnen, da ich im Fall meiner Erwählung danach zu handeln gedachte, erklärte, dass meiner Überzeugung nach die Frauen ebenso gut wie die Männer ein Recht hätten, im Parlament vertreten zu werden. Ohne Zweifel war dies das erste Mal, dass eine solche Lehre je vor englischen Wählern zur Sprache kam, und die Tatsache, dass ich gleichwohl gewählt wurde, gab der Bewegung für das Frauenstimmrecht, welche sich seitdem so mächtig erweitert hat, einen mächtigen Schub. Nichts schien damals unwahrscheinlicher, als dass ein Kandidat (wenn ich anders so genannt werden konnte), dessen Haltung und Anschauungen so vollständig im Widerspruch mit den hergebrachten Begriffen standen, als Sieger aus dem Wahlkampf hervorgehen werde. Ein wohlbekannter Schriftsteller äußerte sich sogar, dass selbst der Allmächtige keine Aussicht hätte, auf ein solches Programm hin gewählt zu werden. Gleichwohl hielt ich starr am selben fest, indem ich weder Geld ausgab, noch mich auf eine Wahlkampagne einließ, überhaupt keinen weiteren persönlichen Anteil an der Wahl nahm, als dass ich ungefähr eine Woche vor dem Tag der Nomination an einigen öffentlichen Versammlungen teilnahm, um mich über meine Grundsätze auszusprechen und solche Fragen zu beantworten, welche die Wähler zu ihrer eigenen Führung an mich zu stellen berechtigt waren. Ich antwortete ihnen so einfach und rückhaltlos, wie meine Ansprache gewesen war, wobei ich ihnen übrigens von Anfang an mitteilte, dass ich mich nicht auf Fragen über Religion einlassen werde – ein Entschluss, mit dem die Anwesenden vollkommen zufrieden zu sein schienen. Meine Freimütigkeit in allen anderen Punkten, über die ich befragt wurde, nützte mir mehr, als meine Antworten, wie sie auch ausfallen mochten, mir Schaden brachten. Einer der Beweise dafür ist zu bemerkenswert, um hier nicht eine Erwähnung zu verdienen. In der Schrift *Gedanken zur Parlamentsreform* hatte ich etwas derb gesagt, die arbeitenden Klassen seien, obschon sie sich von denen in anderen Ländern dadurch unterschieden, dass sie sich des Lügens schämten, im Allgemeinen dennoch Lügner. Diese Stelle hatte ein Gegner in einem Plakat abdrucken lassen, das mir bei einem hauptsächlich aus Arbeitern bestehenden

Meeting mit der Frage überreicht wurde, ob ich wirklich dies geschrieben und in den Druck gebracht habe. Ich antwortete darauf unverhohlen mit »Ja«. Kaum war dieses Wort über meine Lippen gekommen, als von allen Seiten ein Beifallssturm losbrach. Offensichtlich war die arbeitende Bevölkerung so daran gewöhnt, von denen, welche ihre Stimmen suchten, zweideutige und ausweichende Reden zu erwarten, dass sie, als ihnen das unmittelbare Zugeständnis einer sie verletzenden Tatsache entgegentrat, statt darin eine Beleidigung zu sehen, vielmehr alsbald zur Überzeugung gelangten, dies sei der Mann, dem sie Vertrauen schenken dürften. Wir haben da eines der schlagendsten Beispiele für die Erfahrung, welche meines Erachtens schon von den sachkundigsten Personen gemacht worden ist, dass man sich bei den Arbeiterkreisen am besten durch vollständige Geradlinigkeit empfiehlt; man bricht damit vielen der kräftigsten Einwände die Spitze ab, während auch beliebig viele andere Qualitäten den offensichtlichen Mangel an Offenheit nicht kompensieren werden. Wie mir erzählt wurde, hat unmittelbar nach jenem Ereignis ein Arbeiter namens Odger das Wort ergriffen und erklärt, dass es die arbeitenden Klassen nicht übelnehmen könnten, wenn man sie auf ihre Fehler aufmerksam mache; sie brauchten Freunde, keine Schmeichler, und jeder habe Anspruch auf ihren Dank, der ihnen die Mängel zeige, deren Beseitigung seiner ehrlichen Überzeugung nach wünschenswert sei. Seine Zuhörer zollten ihm herzlichen Beifall.

Wenn ich auch bei der Wahl durchgefallen wäre, so hätte ich doch keinen Grund gehabt, den Anlass zu bedauern, der mich mit großen Vereinigungen meiner Landsleute in Berührung gebracht hatte, da ich ihr nicht nur manche neue Erfahrung, sondern auch die Gelegenheit verdankte, meine politischen Ansichten weiter zu verbreiten; ich wurde dadurch in Kreisen bekannt, in denen man vorher nie von mir gehört hatte, und mit der zunehmenden Zahl der Leser musste auch der wahrscheinliche Einfluss meiner Schriften steigen. Diese Wirkungen wurden natürlich wesentlich verstärkt durch die mich und auch andere überraschende Tatsache, dass ich bei der Wahl einige hundert Stimmen mehr davontrug als mein konservativer Mitbewerber.

Ich war Unterhausmitglied während der drei Parlamentssessionen, in welchen die Reformvorlage durchging, und diese Zeit über, mit Ausnahme der Ferien, ganz von den Parlamentsgeschäften in Anspruch genommen. Ich sprach ziemlich oft, bisweilen in vorbereiteten Reden, bisweilen aus dem Stegreif; doch wählte ich die Anlässe dazu nicht so, wie ich es getan haben würde, wenn parlamentarischer Einfluss mein Hauptziel gewesen wäre. Nachdem ich einmal im Hause Gehör gefunden hatte, was durch eine erfolgreiche Rede über Gladstones Reformvorlage geschehen war, erfüllte ich meine Aufgabe weiter nach dem Grundsatz, dass ich mich nicht in Dinge einzumengen brauche, die ebenso gut oder wenigstens zureichend gut von andern Leuten vorgetragen werden konnten. Daher behielt ich mir im Allgemeinen die Arbeit vor, an die sich niemand sonst machen wollte; denn ein großer Teil meiner Reden betraf Punkte, zu denen die Mehrheit der liberalen Partei, selbst die fortschrittlichere Fraktion, entweder nicht mit mir übereinstimmte, oder sich verhältnismäßig gleichgültig verhielt. Mehrere meiner Reden, namentlich eine gegen den Antrag zur Abschaffung der Todesstrafe[1] und eine für die Wiederaufnahme des Rechts, Feindesgut aus neutralen Schiffen wegzunehmen, verstießen damals (und wahrscheinlich auch noch jetzt) gegen die

---

[1] [Mill argumentiert in dieser Rede für die Beibehaltung der Todesstrafe, unter anderem mit dem Hinweis, eine kurze Hinrichtung sei weniger schlimm als eine lebenslängliche Verwahrung, d. h. als »lebendig begraben zu sein«. Er ist in diesem Punkt anderer Meinung als Bentham und Beccaria.]

sogenannte fortschrittliche, liberale Anschauung. Meine
Vertretung des Frauenstimmrechts und der Personalrepräsentation erschien vielen als eine persönliche Grille; allein
der mächtige Aufschwung, welchen seitdem diese Ansichten gewonnen haben, und namentlich der Widerhall, den
die Forderung des Frauenstimmrechts in fast allen Teilen
des Königreichs gefunden hat, rechtfertigten die Aktuali-
tät [timeliness] jener Anträge vollständig und verschafften
dem, was als moralische und soziale Pflicht unternommen
worden ist, den Charakter eines persönlichen Sieges. Eine
weitere Pflicht, welche mir als einem der in London ansäs-
sigen Mitglieder zufiel, war der Versuch, für die Hauptstadt
eine kommunale Regierung zu erringen; doch über diesen
Punkt verhielt sich das Unterhaus so gleichgültig, dass ich
aus seinen Reihen kaum Unterstützung und Hilfe finden
konnte. Bezüglich dieser Angelegenheit war ich jedoch das
Organ eines Kreises von tätigen und intelligenten Personen außerhalb des Sitzungssaals, von denen der Plan angeregt, die Gesetzesvorlage abgefasst und die ganze Agitation
durchgeführt worden war. Ich brauchte dabei nichts zu tun,
als die bereits fertigen Anträge vorzulegen und während der
kurzen Zeit, welche ihrer Behandlung gestattet wurde, die
Diskussion aufrecht zu erhalten, nachdem ich vorher an der
Sache tätigen Anteil genommen hatte in einem von Ayrton
präsidierten Komitee, das sich während fast der ganzen Session von 1866 um Beschaffung von Begründungsmaterial
bemüht hatte. Die wesentlich veränderte Lage, in welcher
sich die Frage jetzt (1870) befindet, kann mit Recht der Vorbereitung zugeschrieben werden, die in jenen Jahren vor sich
ging und damals nur wenig sichtlichen Erfolg hatte; doch
alle wichtigen Angelegenheiten, bei denen ein mächtiges
Privatinteresse auf der einen, und nur das öffentliche Wohl
auf der andern Seite steht, haben einen ähnlichen Inkuba-
tionsprozess durchzumachen.

Derselbe Gedanke, mein Nutzen im Parlament bestehe darin, dass ich auf mich nehme, was andere nicht tun konnten oder wollten, ließ es mich auch als eine Pflicht erkennen, für die Verteidigung des fortschrittlichen Liberalismus einzustehen, wo es galt, einer üblen Nachrede Trotz zu bieten, der sich die meisten Liberalen des Hauses nicht aussetzen mochten. Mein erstes Votum diente der Unterstützung eines Zusatzartikels zugunsten Irlands, der von einem irischen Mitglied beantragt und für den nur fünf englische und schottische Stimmen, meine mit eingerechnet, abgegeben worden waren; die vier anderen waren die von Bright, M'Laren, T.B. Potter und Hadfield. Meine zweite Rede[1] galt der Gesetzesvorlage für Verlängerung der Habeaskorpus-Suspension in Irland. Als ich bei dieser Gelegenheit die Art, wie die englische Regierung gegen Irland verfuhr, tadelte, tat ich nichts weiter, als was jetzt die öffentliche Meinung allgemein als gerechtfertigt anerkennt; aber der Groll gegen den Fenianismus stand damals in seiner Blüte. Jeder Angriff auf eine Sache, die auch von den Feniern angegriffen wurde, erschien als Apologie derselben, und meine Worte fanden im Parlament eine so ungünstige Aufnahme, dass mehr als einer von meinen Freunden mir riet (und mein eigenes Urteil mussten ihnen recht geben), ich solle nicht eher wieder reden, bis mir die erste große Debatte über die Reformvorlage eine günstige Gelegenheit biete. Während meines Schweigens schmeichelten sich viele, dass ich mein Fiasko einsehe und sie nicht mehr durch mich behelligt werden würden; doch

---

[1] Die erste war eine Antwort auf Lowes Replik gegen Bright über die Vorlage zur Viehseuche und sollte in den Regierungsmaßnahmen eine Verfügung beseitigen helfen, welche den Landbesitzern eine nachträgliche Entschädigung zugewiesen haben würde, nachdem der durch den Verlust von Vieh erlittene Schaden durch den höheren Verkaufswert der ihnen verbliebenen Tiere bereits ersetzt war.

waren vielleicht gerade ihre gehässigen Bemerkungen schuld daran, dass ich kraft der Reaktion mit meiner Rede über die Reformvorlage einen solchen Erfolg errang. Meine Stellung im Haus gestaltete sich noch weiter zu meinen Gunsten durch einen Vortrag, in welchem ich auf die Pflicht hinwies, die Nationalschuld abzubezahlen, ehe unsere Kohlenvorräte erschöpft seien, und durch eine ironische Antwort an einige der Tory-Führer, welche gewisse Stellen aus meinen Schriften gegen mich zitiert hatten und für andere Rechenschaft von mir forderten, namentlich für eine in meinen *Betrachtungen zur repräsentativen Regierung,* wo es heißt, dass die konservative Partei schon wegen des Gesetzes ihrer Zusammensetzung die dümmste sei. Durch den Hinweis auf diesen Passus, der vorher nirgends Aufmerksamkeit erregt hatte, gewannen sie freilich nichts, als dass noch geraume Zeit der Schimpfname »die dumme Partei« [the stupid party] an ihnen haftenblieb. Da ich jetzt nicht mehr zu fürchten brauchte, ich möchte kein Gehör finden, so beschränkte ich mich fortan (vielleicht zu viel, wie mir jetzt vorkommt) auf Anlässe, für die meine Dienste besonders wertvoll zu sein schienen, und enthielt mich mehr als genug der Mitsprache in den großen Parteifragen. Mit Ausnahme der irischen Fragen und derer, welche die arbeitenden Klassen betrafen, war eine Rede über Disraelis Reformvorlage nahezu mein ganzer Beitrag zu den großen entscheidenden Debatten meiner letzten beiden von insgesamt drei Sessionen.

Mit Befriedigung kann ich übrigens auf den Anteil zurückschauen, den ich an den soeben erwähnten Themen nahm. In meiner Rede über Gladstones Reformvorlage machte die Forderung des Wahlrechts für die arbeitenden Klassen die Hauptsache aus. Etwas später, nach dem Rücktritt von Lord Russells Ministerium und dem Übergang der Regierungsgewalt an die Tories, ereigneten sich der Versuch der Arbeiter, im Hyde-Park eine Versammlung abzuhalten, der Ausschluss durch die Polizei und die Zerstörung des Parkgeländers durch die Menge. Obgleich Beales und die Führer der Massen gegen diesen Unfug protestiert und sich zurückgezogen hatten, folgte doch ein Kampf, in welchem viele unschuldige Personen durch die Polizei misshandelt wurden und der Groll der Arbeiter sich aufs höchste steigerte. Sie zeigten sich entschlossen, zum zweiten Mal eine Volksversammlung im Park zu versuchen, bei der sich wahrscheinlich viele bewaffnet eingefunden haben würden; die Regierung traf militärische Vorbereitungen zum Widerstand, und es schien etwas sehr ernstes bevorzustehen. In dieser Krise war ich, wie ich glaube, das Mittel, um großes Unheil zu verhüten. Ich war im Parlament auf die Seite der Arbeiter getreten und unterzog das Verhalten der Regierung einer scharfen Rüge. Ich wurde nun nebst mehreren anderen radikalen Mitgliedern eingeladen, mit den leitenden Mitgliedern des Reformbundesrats Kontakt aufzunehmen, und es fiel hauptsächlich mir die Aufgabe zu, diese zu veranlassen, dass sie das Hydepark-Projekt aufgaben und ihre Versammlung anderswo abhielten. Bei Beales und Oberst Dickson war kein Zuspruch nötig; im Gegenteil zeigte es sich, dass sie ihren Einfluss bereits in derselben Richtung auszuüben versucht hatten, aber leider ohne Erfolg. Die Arbeiter bestanden auf ihrem Ansinnen und waren so auf ihren ursprünglichen Plan erpicht, dass ich mich genötigt sah, zu den *grands moyens* meine Zuflucht zu nehmen. Ich sagte ihnen, dass ein Verhalten, das sicherlich einen Konflikt mit dem Militär herbeiführen werde, nur unter zwei Bedingungen sich rechtfertigen lasse – zuerst müsse die Lage der Dinge so sein, dass eine Revolution wünschenswert erscheine, und dann handle es sich um die Frage, ob sie sich für fähig hielten, eine Revolution durchzuführen. Nach langem Hin- und Herstreiten gaben sie endlich meinen Vorstellungen nach, und ich war imstande, Walpole mitteilen zu können, dass sie auf ihr Vorhaben verzichtet hätten. Ich werde nie vergessen, wie sehr er sich erleichtert fühlte und wie warm er seinen Dank gegen mich aussprach. Nachdem die Arbeiter mir so viel zugestanden hatten, konnte ich ihre Bitte nicht ablehnen, ihrer Versammlung in der Agrikulturhalle beizuwohnen und eine Rede zu halten; auch war dies das einzige Treffen der Reformliga, an dem ich je Teil nahm. Ein Mitglied derselben zu werden, hatte ich mich stets mit der Begründung geweigert, dass ich mit ihrem Programm wegen des Männerstimmrechts und des Wahlverfahrens nicht einverstanden sei. Letzteres verwarf ich gänzlich, und ich konnte mich nicht entschließen, dem Männerbund beizutreten, auch als man mir versichert hatte, dass damit nicht beabsichtigt sei, die Frauen auszuschließen; denn wenn man über das hinausgehen will, was unmittelbar erreicht werden kann, und sich dabei auf einen Grundsatz stützt, so muss man diesen Grundsatz auch in seiner ganzen Weite zur Richtschnur nehmen. Ich habe dies namentlich hervorgehoben, weil mein Verhalten bei jener Angelegenheit von der Tory- und der toryliberalen Presse sehr ungünstig beurteil worden ist, indem sie mir seitdem immer zum Vorwurf machte, ich hätte mich im kritischen Moment als leidenschaftlich und überspannt erwiesen. Ich weiß nicht, was man von mir erwartete; allein meine Gegner hätten alle Ursache gehabt, mir dankbar zu sein, wenn sie gewusst hätten, wovor sie wahrscheinlich durch mich bewahrt worden waren. Und ich glaube nicht, dass in jenem Augenblick jemand anders hätte erreichen können, was ich zustande brachte. Damals besaß meines Erachtens niemand den erforderlichen Einfluss, um die Arbeiter im Zaum zu halten, außer Gladstone und Bright; aber der erstere konnte aus offensichtlichen Gründen nichts tun, und der letztere war nicht in London.

Als einige Zeit nachher die Tory-Regierung einen Gesetzesvorschlag zu Verhinderung von Massenversammlungen in den Parken einbrachte, sprach ich nicht nur mit Entschiedenheit dagegen, sondern gewann auch für die Opposition eine Anzahl fortschrittlicher Liberaler, welche noch in der letzten Periode der Session mithalf, die Sache durch Reden zu verschleppen, und seitdem ist der Antrag nicht wiederaufgenommen worden.

Auch in den irischen Angelegenheiten hielt ich mich zu entschiedener Parteinahme verpflichtet. Ich war einer der Ersten in der Parlamentsmitglieder-Deputation, welche es gegen Lord Derby durchsetzten, das Leben des verurteilten Fenian-Aufständischen General Burke zu schonen. In der Session von 1868 wurde die Kirchenfrage von den Führern der Partei so nachdrücklich gestellt, dass ich mich nur ausdrücklich anschließen konnte; dagegen befand sich die Landfrage keineswegs in einem so vorgerückten Zustand. Die abergläubischen Vorurteile des Grundbesitzes waren damals namentlich im Parlament noch kaum herausgefordert worden, und wie wenig Sinn man dort für die Sache hatte, ergibt sich aus der Rückweisung der außerordentlich milden Maßnahme, welche von Lord Russells Regierung 1866 beantragt wurde. Über jene Gesetzesvorlage hielt ich eine meiner ausgearbeitetsten Reden, in welcher ich einige Prinzipien des Gegenstandes zu entwickeln versuchte, weniger um die Freunde der Sache anzuspornen, als um ihre Gegner zu versöhnen und zu überzeugen. Allein die Parlamentsreform nahm die Gemüter dermaßen in Anspruch, dass weder jene noch eine ähnliche Vorlage, die von Lord Derbys Regierung ausging, durchgesetzt werden konnte; beide gelangten nicht über die zweite Lesung hinaus. Inzwischen waren die Anzeichen der irischen Missstimmung viel entschiedener hervorgetreten; der Ruf nach vollständiger Trennung der beiden Länder hatte eine drohende Gestalt angenommen, und es gab nur wenige, welche nicht fühlten, dass die einzige Aussicht, Irland für den Verband mit Britannien wieder zu gewinnen, in umfassenderen Reformen der territorialen und sozialen Verhältnisse bestand, als es bisher in Aussicht genommen worden war. Jetzt schien mir die Zeit gekommen zu sein, in welcher es nützlich werden konnte, meiner Ansicht vollständig Ausdruck zu verleihen, und das Resultat davon war meine Schrift *England und Irland,* die ich im Winter 1867 verfasste und kurz vor dem Beginn der Session von 1868 der Öffentlichkeit überreichte. Die Hauptzüge des Pamphlets bildeten einerseits der Nachweis, wie wenig wünschenswert sowohl für England als auch für Irland eine Trennung der beiden Länder sei, und andererseits der Vorschlag, die Landfrage dadurch zu erledigen, dass man den Pächtern eine ständige Pacht unter Festsetzung einer gleichbleibenden Rente durch den Staat zugestehe.

Die Schrift fand außer in Irlands keine günstige Aufnahme, und ich erwartete dies auch nicht. Wenngleich auch keine Maßnahme, welche weniger als es die von mir beantragte leistete, Irland volle Gerechtigkeit widerfahren ließ oder eine Aussicht gewährte, die Masse des irischen Volkes zu versöhnen, so war die Pflicht, sie vorzuschlagen, doch um so gebieterischer, da ich wohl wusste, ich werde durch einen Antrag, den man für extrem hielt, einem Versuch, auf einem milderen Weg den Zweck zu erreichen, nicht nur nicht im Wege stehen, sondern denselben sogar erleichtern. Es ist sehr unwahrscheinlich, dass eine Maßnahme, welche den Pächtern so viel zugestand wie Gladstones irische Landbill, von einer Regierung vorgeschlagen oder im Parlament durchgesetzt worden wäre, wenn man dem britischen Publikum nicht klar gemacht hätte, es könnte der Fall eintreten, dass sich eine Partei bilde, welche viel weitergehende Forderungen stellen werde. Es liegt im Charakter des englischen Volkes, oder wenigstens der höheren und mittleren Klassen, die sich gerne für das Volk ausgeben möchten, dass es sich nur zu Änderungen entschließt, wenn man es bewegen kann, darin einen Mittelweg zu sehen; jeder Vorschlag erscheint ihnen als extrem und gewaltsam, bis sie von einem anderen hören, der noch weiter geht und an dem sie ihren Unmut über extreme Ansichten auslassen können. So geschah es auch im vorliegenden Falle; mein Antrag wurde verworfen, aber jeder Plan zu einer Reform der irischen Grundbesitzverhältnisse, der weniger forderte als der meinige, als vergleichsweise gemäßigt angesehen. Ich muss hier bemerken, dass die Angriffe, die mein Entwurf zu bestehen hatte, gewöhnlich einen sehr falschen Begriff von seinem Inhalt gaben. Man behandelte ihn gewöhnlich als ein Ansinnen an den Staat, das Land anzukaufen und sich als Universalgrundbesitzer einzusetzen, obschon ich in Wirklichkeit den einzelnen Grundbesitzern die Wahl überlassen wollte, ihr Land an den Staat zu verkaufen oder es unter den neuen Bedingungen zu behalten. Ich konnte mir auch wohl denken, dass die meisten Grundbesitzer ihre Stellung der von Rentnern unter der Krone vorziehen und lieber das bestehende Verhältnis zu ihren Pächtern beibehalten würden, oft sogar unter nachgiebigeren Bedingungen als jenen, welche die Regierung ihnen garantiert hätte. Diese und viele andere Erklärungen gab ich in einer Rede über Irland ab, als zu Anfang der Session von 1868 über Maguires Resolution debattiert wurde. Ein genauer Bericht über diese Rede zugleich mit einer anderen über Fortescues Gesetzesvorlage ist (nicht durch mich, aber mit meiner Erlaubnis) in Irland im Druck erschienen.

Während jener Jahre fiel es mir zu, innerhalb und außerhalb des Parlaments einer andern öffentlichen Pflicht von sehr ernster Art gerecht zu werden. Auf Jamaika hatte es in Folge einer Ungerechtigkeit Ruhestörungen gegeben, die unter dem Einfluss der Wut und des Schreckens in eine förmliche Rebellion ausarteten. Der Aufstand war bald gedämpft, aber noch wochenlang fuhr man fort, unschuldige

Menschen mit Waffengewalt oder durch sogenannte Kriegs-
gerichte abschlachten zu lassen; dazu kam noch vielfältig die
mutwillige Zerstörung von Eigentum; man peitschte sowohl
Frauen als auch Männer aus und ließ allgemein jene brutale
Rücksichtslosigkeit walten, die gewöhnliche um sich greift,
sobald Feuer und Schwert ihren Gang nehmen. In England
wurden diese Täter vom selben Menschenschlag gelobt und
verteidigt, welcher so lange für die Sklaverei [negro slavery]
eingestanden war, und es gewann anfangs den Schein, als
sei die britische Nation im Begriff, die Schmach auf sich
zu laden, dass sie gegen obrigkeitliche Ausschreitungen
nicht einmal ein Wort des Protestes habe, obschon dieselben von so empörender Natur waren, dass die Engländer,
wären sie von anderen Regierungen begangen worden, ihrem Abscheu in den unverhohlensten Ausdrücken Luft gemacht hätten. Bald erwachte jedoch das Gefühl der Entrüstung, und es bildete sich unter dem Namen des Jamaika-
Komitees aus allen Landesteilen eine Assoziation, welche es
sich zur Aufgabe machte, die geeigneten Schritte zu beraten
und umzusetzen. Ich war damals nicht in England, mel-
dete aber, sobald ich vom Komitee hörte, meinen Beitritt
an und nahm nach meiner Rückkehr tätigen Anteil an seinen Arbeiten. Es stand dabei mehr auf dem Spiel als nur die
Gerechtigkeit gegen die Sklaven [Negroes], so gebieterisch
diese auch war. Es handelte sich nämlich um die Frage, ob
die auswärtigen Kronlande und eventuell vielleicht Großbritannien selbst unter der Herrschaft des Gesetzes oder unter der einer militärischen Willkür standen – ob das Leben
britischer Untertanen dem Gutdünken von zwei oder drei
möglicherweise rohen und unerfahrenen oder brutalen, un-
bekümmerten Offizieren preisgegeben werden durfte, wenn
ein feiger Gouverneur oder sonstiger Würdenträger es für
angemessen hielt, ein sogenanntes Kriegsgericht zu bestel-
len. Diese Frage konnte nur durch eine Berufung an die

Gerichte entschieden werden, und das Komitee war entschlossen, eine solche Appellation durchzuführen. Dadurch wurde zunächst eine Änderung im Präsidium des Komitees veranlasst, da der seitherige Vorsitzende Charles Buxton eine gerichtliche Verfolgung des Gouverneurs Eyre und seiner Hauptgenossen nicht gerade für ungerecht, wohl aber für unzweckmäßig hielt. Die sehr zahlreich besuchte Generalversammlung der Assoziation war jedoch der gegenteiligen Ansicht, worauf Buxton aus dem Komitee austrat, nicht aber seine Mitwirkung für die Sache einstellte, und gegen all mein Erwarten wurde ich zum Präsidenten vorgeschlagen und gewählt. Damit fiel mir die Aufgabe zu, das Komitee im Unterhaus zu vertreten, bisweilen durch Fragestellungen an die Regierung, bisweilen durch Entgegennahme von mehr oder weniger provozierenden Fragen, welche die einzelnen Mitglieder an mich richteten, hauptsächlich aber als Wortführer in der wichtigen Debatte, die in der Session von 1866 durch Buxton herbeigeführt worden war. Die Rede, welche ich damals hielt, ist vielleicht die beste von allen meinen Parlamentsreden.[1] Wir führten den Kampf mehr als zwei Jahre fort und versuchten jeden gesetzlichen Zugang zu den Strafgerichtshöfen. Ein niedriger Gerichtshof in einer der von Tories dominierten Grafschaften wies uns mit unserer Klage ab; mehr erzielten wir bei den Richtern von Bow Street, indem sie dem Lord Oberrichter des Oucens Bench Sir Alexander Cockburn Gelegenheit zu Erlassung seines denkwürdigen Richterspruches [charge] gaben, welcher, soweit es in der Macht eines Richters lag, den gesetzlichen Standpunkt im Sinne der Freiheit auffasste. Damit endigte jedoch unser

---

[1] Zu den tätigsten Mitgliedern des Komitees gehörten P. A. Taylor, Parlamentsmitglied, stets ein treuer und rüstiger Mitstreiter, wenn es sich um die Prinzipien der Freiheit handelte, Goldwin Smith, Frederic Harrison, Slack, Chamerovzow, Shaen und Chesson, der Ehrensekretär der Assoziation.

Erfolg; denn da die große Jury von Old Bailey unsere Klage nicht annahm, so konnte der Fall nicht zu einer gerichtlichen Entscheidung kommen. Es war klar, dass die englischen Mittelklassen keine Lust hatten, sich auf eine Strafverfolgung von englischen Würdenträgern wegen Gewaltmissbrauchs, begangen an Negern und Mulatten, einzulassen. Wir hatten indes, soweit es an uns lag, die Ehre des Landes gerettet, indem wir zeigten, dass es in England immerhin noch eine große Anzahl von Personen gab, die entschlossen waren, alle gesetzlich zulässigen Mittel aufzubieten, um denen, die Unrecht erlitten, zu ihrem Recht zu verhelfen. In unseren Händen befand sich die maßgebende Erklärung des höchsten Strafrichters im Lande, dass das Gesetz so zu verstehen sei, wie wir behaupteten, und diejenigen, welche sich später zu einer ähnlichen Verschuldung versucht fühlen mochten, hatten eine nachdrückliche Warnung erhalten – eine Lehre, dass sie vielleicht eine wirkliche Verurteilung durch einen Strafgerichtshof nicht zu fürchten brauchten, aber doch nicht gefeit wären gegen Umtriebe und Kosten, die ihnen aus einer Anklage erwüchsen. Kolonialgouverneure und andere Personen in Amt und Würden werden sich daher fortan wohl besinnen, bevor sie zum Äußersten schreiten.

Kuriositätshalber habe ich einige Proben der meist anonymen Schimpfbriefe aufbewahrt, die mir während jener Verhandlungen zugesandt wurden, als Belege, welche Sympathien die auf Jamaika geübten Gräuel bei dem brutalen Teil von Englands Bevölkerung gefunden hatten; sie zeigen verschiedene Abstufungen, vom rohen Spaß und der Karikatur bis zur Bedrohung mit Meuchelmord.

Unter anderen wichtigen Dingen, an denen ich teilnahm, obschon sie beim Publikum nur wenig Interesse erregten, verdienen zwei eine besondere Erwähnung. Ich schloss mich mit mehreren unabhängigen Liberalen zu Vereitelung einer Auslieferungsbill zusammen, die erst gegen das Ende der Session von 1866 eingebracht wurde; vermöge derselben sollten nämlich politische Flüchtlinge, deren Auslieferung wegen politischer Vergehen durch unsere Gesetzgebung verboten war, gleichwohl an ihre Regierungen ausgeliefert werden können, wenn diese wegen Handlungen, die doch notwendig bei allen versuchten Aufständen vorkommen, gegen den Flüchtling Klage erhoben. Dadurch wäre die britische Regierung an den Racheakten eines ausländischen Despotismus mitschuldig geworden. Die Bekämpfung dieses Vorschlags führte zur Ernennung einer Parlaments-Kommission, in welche auch ich gewählt wurde, mit dem Auftrag, die Gesamtheit der Auslieferungsverträge zu prüfen und darüber Bericht zu erstatten. Das Resultat davon war, dass in der Auslieferungsakte, welche das Parlament genehmigte, nachdem ich bereits ausgetreten war, jedem, dessen Auslieferung verlangt wird, Gelegenheit geboten werden muss, vor einem englischen Gerichtshof den Beweis anzutreten, dass die Verfehlung, welche man ihm vorwirft, wirklich politischer Natur ist. So wurde denn die Sache der europäischen Freiheit vor einer schweren Niederlage bewahrt und unserem Lande eine große Ungerechtigkeit erspart. Das andere erwähnenswerte Thema, an dem ich mich sehr eifrig beteiligte, ist in der Session von 1868 durch eine Anzahl fortschrittlicher Liberaler vertreten worden: Der Kampf gegen die Korruptionsvorlage von Disraelis Regierung. Ich hatte mir bei mehreren Personen, welche in den Einzelheiten der Frage genau unterrichtet waren, zum Beispiel bei W. D. Christie, bei Sergeant Pulling und bei Chadwick, Rat geholt und die Sache auch selber sorgfältig überdacht, um Ergänzungen und zusätzliche Klauseln vorzuschlagen, damit die Gesetzesvorlage gegen die zahlreichen direkten und indirekten Bestechungsmethoden auch hinreichend wirksam werde, weil zu befürchten war, dass sonst das Übel durch die Reform eher vermehrt als vermindert würde. Auch beabsichtigten wir, der Gesetzesvorlage Vorkehrungen gegen die Exzesse einzuverleiben, welche in den sogenannten legitimen Wahlkosten bestehen. Unter unseren vielen Verbesserungszusätzen befand sich der von Fawcett, welcher die Kosten für den Wahlbeamten dem Fiskus, und nicht dem Kandidaten aufbürden wollte; ein anderer lautete auf Verbot der Aufstellung bezahlter Stimmenwerber und die Beschränkung der bezahlten Agenten auf einen für jeden Kandidaten; ein dritter befürwortete die Ausdehnung der Verwarnungen und Strafen wegen Bestechung auch auf die Gemeindewahlen, die bekanntlich nicht nur eine Vorbereitungsschule für die Korruption bei Parlamentswahlen, sondern gewöhnlich auch ein Deckmantel für dieselbe sind. Nachdem jedoch die konservative Regierung den Hauptpunkt ihrer Gesetzesvorlage, für den auch ich gestimmt und gesprochen hatte, die Übertragung der Gerichtsbarkeit in Wahlsachen vom Unterhaus auf die Richter durchgesetzt hatte, leistete sie gegen alle weiteren Verbesserungen einen entschlossenen Widerstand und bot, als Fawcetts Antrag wirklich eine Mehrheit fand, die ganze Kraft ihrer Partei auf, um ihn in einem späteren Stadium zum Fall zu bringen. Die liberale Partei des Hauses hat in dieser Angelegenheit wenig Ehre erlangt, indem viele ihrer Angehörigen dem Versuch, für eine ehrliche Volksvertretung die nötigen Bedingungen zu schaffen, durchaus keinen Beistand leisteten, während sie doch bei ihrer großen Majorität sämtliche Verbesserungsanträge hätten durchführen oder, wenn sie bessere wussten, diese an deren Stelle hätten setzen können. Die Session war allerdings schon weit vorgerückt; die Mitglieder dachten bereits an die Vorbereitungen für die nahe Generalwahl, und obschon einige, zum Beispiel Sir Robert Anstruther, ehrenhaft auf ihren Posten ausharrten, während ihre Wählerschaften bereits von rivalisierenden Kandidaten bearbeitet wurden, zog doch die Mehrzahl ihre Wahlinteressen der öffentlichen Pflicht vor. Vielen Liberalen lag auch nichts an einer Gesetzgebung zur Bestechung, weil sie glaubten, dass dadurch das öffentliche Interesse vom Wahlverfahren abgelenkt werde, in welchem sie – sehr irrtümlich, wie sich mit der Zeit wohl herausstellen dürfte – ein ausreichendes, und zwar das einzige Gegenmittel sahen. Aus diesen Gründen blieb unser Kampf, obschon wir ihn mehrere Abende mit aller Macht fortführten, völlig erfolglos, und die verwerfliche Praxis, welche wir zu erschweren getrachtet hatten, herrschte bei der ersten Generalwahl, die unter dem neuen Gesetz stattfand, schlimmer als je vor.

In den allgemeinen Debatten über Disraelis Reformvorlage beschränkte sich meine Teilnahme auf eine einzige – die bereits erwähnte Rede; allein die Gesetzesvorlage gab mir Gelegenheit, zwei der bedeutsamsten Verbesserungen, die in der Repräsentativregierung noch Platz finden müssen, vor das Haus und die Nation zu bringen. Im Parlament tat ich dies durch einen erläuternden und begründenden Vortrag über Hares Plan, und später wirkte ich im Interesse des sehr unvollkommenen Ersatzmittels für diesen Plan, welches das in spärlicher Anzahl vertretene Parlament anzunehmen sich bewegen ließ. Dieser armselige Notbehelf hatte keine andere Empfehlung als die, dass er teilweise das Übel anerkannte, gegen welches er so wenig Abhilfe bot; gleichwohl wurde er mit denselben Trugschlüssen angefochten und musste durch dieselben Prinzipien verteidigt werden wie eine wirklich gute Maßnahme; auch hat seine Anwendung in einigen Parlamentswahlen sowie die spätere Einführung des sogenannten Kummulativ-Votums in die Wahlen des Londoner Schulrats die günstige Wirkung gehabt, dass der gleichmäßige Anspruch aller Wähler auf einen verhältnismäßigen Anteil an der Repräsentation viel früher, als es sonst der Fall gewesen wäre, aus einem Stoff bloßer spekulativer Erörterung in eine Frage der praktischen Politik umgewandelt wurde.

Dieser Behauptung meiner Ansichten über persönliche Repräsentation kann ich kein beträchtliches oder greifbares praktisches Resultat an die Seite stellen. Nicht so verhält es sich mit der anderen Motion, welche ich in der Form eines Zusatzes zur Reformvorlage vorbrachte und die bei weitem der wichtigste, vielleicht der einzige wichtige öffentliche Dienst war, welchen ich in meiner Eigenschaft als Parlamentsmitglied leistete – meinem Antrag nämlich, die Worte zu streichen, welche man als Beschränkung des Wahlrechts auf Männer deuten konnte, und damit dieses Recht auch allen Frauen zuzugestehen, welche als Hausfrauen oder sonst die Qualifikation besäßen, die von männlichen Wählern gefordert sind. Die Ansprüche der Frauen nicht geltend zu machen in einer Zeit, in welcher das Wahlrecht eine große Ausweitung erfuhr, wäre mit einem völligen Verzicht gleichbedeutend gewesen, und die Bewegung begann 1866, als ich eine Petition für das Wahlprivilegium einreichte, die durch viele angesehene Frauen unterzeichnet war. Es war zwar noch unsicher, ob der Antrag im Haus mehr als vereinzelte Stimmen auf sich vereinigen werde, und erst als nach einer Debatte, in welcher die Sprecher der Opposition durch die Schwäche ihrer Gründe glänzten, die Anzahl der Ja-Stimmen 73 betrug (wenn man die gepaarten Stimmen mitrechnet, waren es 80 und mehr), war das Staunen allgemein, und der Mut wuchs um so mehr, weil zu den für den Antrag Stimmenden auch Bright gehörte. Man konnte diese Tatsache nur dem Eindruck zuschreiben, welchen die Debatte auf ihn gemacht hatte, denn er hatte noch zuvor öffentlich erklärt, dass er mit dem Vorschlag nicht einverstanden sei. Die Zeit erschien meiner Tochter, Helen Taylor, fällig zu sein, eine Gesellschaft zur Einführung des Frauenstimmrechts zu gründen. Die Existenz dieser Gesellschaft ist der Initiative meiner Tochter zu verdanken; ihre Begründung wurde von ihr allein geplant, und sie war die Seele der Bewegung während ihrer ersten Jahre, obwohl sie ihr Gesundheitszustand und Überbelastung veranlasste, aus dem Exekutivkomitee auszutreten. Viele ausgezeichnete Parlamentarier, Professoren und andere, und einige der hervorragendsten Frauen, deren sich das Land rühmen kann, wurden Mitglieder der Gesellschaft, ein großer Teil davon direkt oder indirekt durch den Einfluss meiner Tochter; sie war es auch, welche die meisten und besten Briefe verfasste, die zu Anhängern führten, selbst wenn diese Briefe meine Unterschrift trugen. In den beiden bemerkenswerten Fällen von Miss Nightingale und Miss Mary Carpenter waren es auch solche Briefe, welche eine anfängliche Scheu – Meinungsunterschiede gab es keine - überwinden halfen. Assoziationen zum gleichen Thema bildeten sich in verschiedenen örtlichen Zentren von Manchester, Edinburgh, Birmingham, Bristol, Glasgow und anderen, die viel wertvolle Arbeit zur Sache leisteten. Alle Gesellschaften tragen den Titel von Zweigen der nationalen Gesellschaft für Frauenstimmrecht; aber jede hat ihre eigene Regierung und handelt in vollständiger Unabhängigkeit von den anderen.

Ich glaube, jetzt alles berührt zu haben, was von meiner Tätigkeit im Unterhaus Erwähnung verdient; doch würde selbst eine vollständige Aufzählung nur einen unvollkommenen Begriff geben von meiner Beschäftigung in jener Periode und von der Zeit, welche ich auf Korrespondenz verwenden musste. Schon viele Jahre vor meiner Wahl ins Parlament erhielt ich ohne Unterlass Briefe von Fremden, die in mir eben den philosophischen Schriftsteller sahen und sich in Schwierigkeiten bei mir Rat holten, oder mir ihre Gedanken über Gegenstände der Logik und der politischen Ökonomie mitteilen wollten. Vermutlich ist es allen Lehrern der Ökonomie ergangen wie mir: ich wurde überschwemmt mit all den seichten Theorien und ungereimten Vorschläge, mit denen die Leute sich tragen, wenn sie in irgendeiner künst-

lichen Reorganisation der Zirkulationsmittel den Weg zum
Reichtum und zum Glück für Alle gefunden zu haben glauben. Waren in den Briefen Zeichen von hinreichendem Verstand zu bemerken, dass es sich lohnte, sich mit den Verfas-
sern einzulassen, so unterzog ich mich der Mühe, sie auf ihre
Irrtümer aufmerksam zu machen, bis die Korrespondenz mir
dermaßen über den Kopf wuchs, dass ich mich genötigt sah,
dergleichen Personen mit sehr kurzen Erwiderungen abzu-
speisen. Doch gingen mir auch Mitteilungen von wertvoller
Beschaffenheit und Hinweise auf manches Versehen in den
Details meiner Schriften zu, so dass ich in der Lage war, es
zu verbessern. Ein solcher Briefwechsel musste natürlich in
jenem Maß zunehmen, in welchem sich das von mir bearbei-
tete Material vermehrte, namentlich in den metaphysischen
Themen. Als ich aber Parlamentsmitglied war, begannen
Schreiben über Privatbeschwerden und über alle erdenklichen Gegenstände, die irgendeine Beziehung zu öffentlichen
Angelegenheiten hatten, wie fern sie auch dem Kreis meines Wissens und Treibens lagen, bei mir einzulaufen. Nicht
meine Wähler in Westminster waren es, welche mich mit
dieser Würde behelligten; denn diese hielten sich mit bemer-
kenswerter Treue an das Übereinkommen, auf Grund dessen
ich ihnen zu dienen eingewilligt hatte. Hie und da wandte
sich allerdings ein treuherziger Jüngling mit der Bitte an
mich, ihm zu einem Regierungspöstchen zu verhelfen; doch
kam dies nur selten vor, und man kann die Einfalt und Unwissenheit der Gesuchsteller aus der Tatsache entnehmen,
dass die Gesuche keine Rücksicht darauf nehmen, welche
Partei eben an der Macht war. Meine unabänderliche Antwort lautete, dass es gegen die Grundsätze, auf welche hin
ich die Wahl angenommen, verstoße, von irgendeiner Regierung eine Gunst zu erbitten. Im Ganzen aber wurde ich
kaum von einem Teil des Landes weniger belästigt als eben
von meinen Wählern. Die Gesamtmasse meiner Korrespon-

denz schwoll jedoch zu einer drückenden Bürde an. Zu dieser Zeit und seither verfasste nicht ich, sondern meine Tochter einen großen Anteil meiner Briefe, auch jene, die Eingang in Zeitungen fanden; anfänglich geschah dies lediglich durch ihre Bereitschaft, mir bei der Bewältigung einer Masse von Briefen zu helfen, die ich nicht mehr ohne Unterstützung zu bewältigen vermochte, danach aber auch, weil ich die Briefe, die sie verfasste, besser fand als meine eigenen, und auch mehr im Verhältnis zur Schwierigkeit und Wichtigkeit der Gelegenheit. Selbst jene Briefe, die ich selber verfasste, wurden von ihr beträchtlich verbessert; so verhält es sich auch mit allen neueren Vorbereitungen zu Reden, von denen ebenso wie von manchen Passagen meiner veröffentlichten Schriften nicht wenige von ihr stammten.

So lang ich im Parlament war, musste ich natürlich meine schriftstellerische Tätigkeit auf die Ferien beschränken. Während dieser Zeit schrieb ich außer der bereits erwähnten Schrift über Irland eine Abhandlung über Platon (erschienen im *Edinburgh Review* und wieder abgedruckt im dritten Band der *Dissertations and Discussions*) und, dem Brauch gemäß, eine Antrittsrede an die Universität St. Andrews, deren Studenten mir die Ehre erwiesen hatten, mich zu ihrem Rektor zu wählen. In dieser Ansprache gab ich vielen während meines Lebens gesammelten Gedanken und Ansichten über die verschiedenen Studien, die zu einer freisinnigen Erziehung gehören, Ausdruck, über ihren Nutzen und Einfluss, desgleichen über die Art Ausdruck, wie man sie betreiben müsse, um diesen Einfluss besonders wohltätig zu machen. Indem ich in gleicher Weise den hohen Bildungswert der alten Klassiker sowie der neueren wissenschaftlichen Studien sogar mit stärkeren Gründen, als gewöhnlich vorgebracht werden, verteidigte und dabei die Behauptung aufstellte, dass ihre geringe Wirksamkeit nur eine Folge der törichten Lehrmethode sei, welche dergleichen Studien nicht als Verbündete, sondern als Konkurrenten behandle, zielte meine Stellungnahme darauf, nicht nur dem Aufschwung, welcher glücklicherweise in den nationalen Institutionen für höhere Erziehung begonnen hat, Beistand zu leisten und einen neuen Antrieb zu geben, sondern auch darauf, über die Bedingungen der höchsten Geisteskultur angemessenere Ideen zu verbreiten, als wir sie so häufig selbst bei sehr gebildeten Personen vorfinden.

Während dieser Periode begann und vollbrachte ich bald nach meinem Austritt aus dem Parlament die Erfüllung einer Pflicht gegen die Philosophie und das Andenken meines Vaters, indem ich eine Ausgabe der *Analysis of the Phaenomena of the Human Mind* mit Anmerkungen, durch welche dieses bewunderungswürdige Werk der Höhe der neueren wissenschaftlichen Spekulation angepasst werden sollte, vorbereitete und der Öffentlichkeit übergab. Zur Arbeit hatten vereinigte Kräfte mitgewirkt; die Anmerkungen zur Psychologie stammten ungefähr zu gleichen Teilen von Bain und mir, während Grote einige wertvolle Beiträge zur Philosophiegeschichte lieferte, und Dr. Andrew Findlater den Mängeln des Buches abhalf, welche in den unvollkommenen philologischen Kenntnissen der Zeit, in der es geschrieben wurde, ihren Grund hatten. Das Werk erschien zum ersten Mal in einer Periode, in welcher der Strom der metaphysischen Spekulation ganz in der entgegengesetzten Richtung floss, als es die war, welche die Psychologie der Erfahrung und Assoziation nahm; es hatte daher nicht den unmittelbaren Erfolg, den es verdiente, obschon es auf viele individuelle Geister Eindruck machte und durch diese wesentlich dazu beitrug, dass für die Assoziations-Psychologie die günstigere Atmosphäre geschaffen wurde, deren wir uns jetzt erfreuen. Da es sich hervorragend dazu eignete, in Schulen als Handbuch der Erfahrungsmetaphysik zu dienen, bedurfte es nur der Bereicherung und in einzelnen Punkten der Verbesserung durch die Resultate der neueren Arbeiten aus derselben Denkschule, um, wie es jetzt der Fall ist, in Gemeinschaft mit Bains Abhandlungen an der Spitze der systematischen Werke über analytische Psychologie zu stehen.

Im Herbst 1868 wurde das Parlament, welches die Reformakte annahm, aufgelöst, und bei der neuen Wahl für Westminster fiel ich durch. Es überraschte mich und, wie ich glaube, meine Anhänger nicht, obschon sie in den paar Tagen vor der Wahl zuversichtlicher geworden waren als vorher. Wenn ich nie gewählt worden wäre, so hätte sich dies leicht erklären lassen; doch mag es befremdlich erscheinen, dass ich, nachdem ich einmal gewählt war, bei der zweiten Wahl unterlag. Allein die Anstrengungen, welche bei der zweiten Wahl gegen mich unternommen wurden, waren weit nachdrücklicher als bei der ersten. Einmal handelte es sich bei der Tory-Regierung um einen Existenzkampf, weshalb für sie der Sieg auch in den einzelnen Wahlbezirken von größerer Wichtigkeit war. Dann grollten mir sämtliche Gesinnungsgenossen der Tories weit mehr als bei meiner früheren Bewerbung, und viele, die bei der ersten gleichgültig oder mir sogar geneigt gewesen waren, traten jetzt mit Ungestüm gegen meine Wiederwahl auf. Ich hatte in meinen politischen Schriften gezeigt, dass mir die schwachen Seiten in den demokratischen Meinungen nicht entgangen waren, und einzelne Konservative bauten darauf, wie es scheint, die Hoffnung, in mir einen Gegner der Demokratie zu finden; da ich für die konservative Seite der Frage nicht blind war, so wähnten sie, ich müsse, wie sie, auch die ganze andere Seite über Bord werfen. Freilich hätten sie, wenn sie meine Schriften wirklich gelesen hätten, wissen müssen, dass ich mich, wenn ich auch allem volle Rechnung trug, was mir in den Argumenten gegen die Demokratie begründet zu sein schien, doch entschieden zu ihren Gunsten aussprach, indem ich nur empfahl, ihr solche Institutionen hinzuzufügen, die, ohne dem Prinzip selbst Abbruch zu tun, den Missständen abzuhelfen geeignet wären; und eines der hauptsächlichen Gegenmittel schien mir die proportionale Repräsentation zu sein, für die kaum ein einziger Konservativer mir Beistand leistete. Einige Tories haben offensichtlich Erwartungen auf den Beifall gebaut, welchen ich unter gewissen Bedingungen einem Mehrfachstimmrecht [plural voting] zollte, und es wurde vermutet, dass die darauf abzielende Anregung in einer der Resolutionen, welche Disraeli als Vorbereitung auf seine Reform-Bill vor das Haus brachte (die Anregung wurde nicht weiter verfolgt, da sie keine günstige Aufnahme fand), durch das veranlasst worden sei, was ich über diese Frage geschrieben hatte; allein wenn es sich wirklich so verhielt, so vergaß man meine ausdrücklich gestellte Bedingung, dass ein Anrecht an mehrere Stimmen nur der besseren Erziehung, nicht dem Eigentum zugewiesen werde, und zwar unter der Voraussetzung des allgemeinen Stimmrechts. Wie unzweckmäßig solches Mehrfachstimmrecht unter dem Stimmrecht der gegenwärtigen Reformakte sein würden, ergibt sich für jeden, der daran zweifeln könnte, aus dem geringen Gewicht, das die arbeitenden Klassen bei den Wahlen haben, selbst unter einem System, das keinem einzelnen Wähler mehr Stimmen zuteilt als dem andern.

Ich war sonach den Tories und vielen konservativen Liberalen weit anstößiger geworden, als ich es vorher gewesen war; auch hatte ich im Parlament einen Weg verfolgt, der nicht geeignet war, den Liberalen im Allgemeinen eine Begeisterung für mein Wirken einzuflößen. Es ist bereits erwähnt worden, wie oft mein Auftreten im Parlament Fragen betraf, in welchen die meisten Angehörigen der liberalen Partei nicht mit mir übereinstimmten oder doch sich gleichgültig verhielten, während im Ganzen nur wenig vorkam, was ihnen hätte Anlass geben können, auf mich als auf ein Organ ihrer Ansichten einen großen Wert zu legen. Außerdem hatte ich vieles getan, wodurch ich ein persönliches Vorurteil gegen mich erregte. Manche fühlten sich verletzt über das, was sie Eyres [des Gouverneurs von Jamaica] Verfolgung nannten, und noch mehr verargte man es mir, dass ich zu den Wahlkosten Bradlaughs einen Beitrag unterzeichnet hatte. Nachdem ich alle Ausgaben für meine eigene Wahl abgelehnt und die Kosten andere Leute hatte bezahlen lassen, hielt ich mich besonders zur persönlichen Teilnahme in einem Fall verpflichtet, wo es an Geldmitteln fehlte, um einen wünschenswerten Kandidaten durchzubringen; mein Name stand daher auf allen Subskriptionslisten, vermittelst welcher die Kosten für die Erwählung eines von den arbeitenden Klassen begünstigten Kandidaten gesammelt wurden, darunter auch auf der für Bradlaugh. Ich hatte ihn sprechen hören und in ihm einen tüchtigen Mann erkannt, der nichts weniger als ein Demagoge war, wie er in seiner kräftigen Opposition gegen die vorherrschende Ansicht der demokratischen Partei über zwei wichtige Gegenstände bewies: den Malthusianismus und die Personalrepräsentation. Derartige Leute, welche, während sie die demokratischen Gefühle der arbeitenden Klassen teilten, politische Fragen selbständig beurteilten und den Mut besaßen, ihre individuellen Überzeugungen einer populären Opposition gegenüber festzuhalten, standen meiner Ansicht nach dem Parlament recht wohl an, und ich glaubte nicht, dass in Bradlaughs antireligiösen Meinungen, wenn er sie auch etwas leidenschaftlich ausgedrückt haben mochte, ihn vom Unterhaus auszuschließen sollten. Als ich übrigens meinen Beitrag zu diesen Wahlkosten unterzeichnete, würde ich freilich einen sehr unklugen Schritt begangen haben, wenn ich es bloß auf meine eigene Wiederwahl abgesehen hätte, da voraussehbar war, dass man ihn auf faire und unfaire Weise möglichst dazu benutzen werde, die Wähler von Westminster gegen mich zu verhetzen. Diesen Ursachen nebst der bedenkenlosen Nutzung der gewöhnlichen Geld- und anderer Einflüsse von Seiten meines Tory-Mitbewerbers ist es zuzuschreiben, dass ich, nachdem ich bei der ersten Wahl gesiegt hatte, bei der zweiten unterlag. Kaum war das Resultat bekannt, als mir von drei oder vier Seiten her Einladungen zugingen, mich anderen, hauptsächlich Wählerschaften von Landkreisen, als Kandidat vorzustellen; aber selbst wenn mit Erfolg, und zwar ohne Kosten, zu rechnen gewesen wäre, hatte ich doch keine Lust, mir die Erleichterung einer Rückkehr ins Privatleben zu versagen. Es lag kein Grund vor, mich durch den Abfall meiner Wähler gedemütigt zu fühlen, und selbst wenn es der Fall gewesen wäre, so wäre dieses Gefühl weit überwogen worden durch die zahlreichen Kundgebungen des Bedauerns, die mir von Personen und Orten aller Art, namentlich aber in höchst auszeichnender Weise von den Mitgliedern der liberalen Partei im Parlament zugingen, mit denen ich gemeinsam gewirkt hatte.

Seit jener Zeit ist wenig mehr vorgefallen, was an dieser Stelle einer Erwähnung bedarf. Ich kehrte zu meinem alten Treiben und zu den Freuden des Landlebens im Süden von Europa zurück, die ich nur zweimal im Jahr mit einem Aufenthalt von einigen Wochen oder Monaten in der Umgebung von London vertauschte. Ich habe unterschiedliche Artikel geschrieben für Zeitschriften (hauptsächlich für das *Fortnightly Review* meines Freundes Morley), bei öffentlichen Anlässen eine kleine Anzahl von Reden gehalten, das einige Jahre früher geschriebene Buch *Die Hörigkeit der Frauen* mit Zusätzen von meiner Tochter und mir veröffentlicht - - - und Stoff für künftige Bücher vorbereitet, von denen ich weiter sprechen will, wenn ich es schaffe, sie abzuschließen. Daher mag diese Denkschrift hier schließen.

1806   Am 20. Mai wird John Stuart Mill in London geboren, als erster Sohn von James Mill, einem engen Freund und Mitstreiter des Utilitaristen Jeremy Bentham.

1809   Beginn der strengen Ausbildung durch seinen Vater nach den Maximen Benthams – der dreijährige John Stuart erhält Unterricht in klassischem Griechisch, der siebenjährige dann in Latein etc.

1820   Einjähriger Studienaufenthalt in Frankreich im Hause Samuel Benthams.

1823   Eintritt als Clerk in die East India Company, in der er Karriere macht und die ihm bis zu seinem Ausscheiden im Jahre 1858 ein komfortables und gesichertes Einkommen und danach eine auskömmliche Pension garantiert.

1824   Erste journalistische Arbeiten.

1826   Schwere depressive Erkrankung.

1830   Beginn der Verbindung mit Harriet Taylor, der Ehefrau von John Taylor, mit der er von da an in enger Beziehung steht – persönlich und intellektuell. Die Beziehung galt in den gesellschaftlichen Kreisen als skandalös.

1836   Begründer und Herausgeber der *London and Westminster Review* (bis 1840). – Rezension des ersten Bandes von Alexander Tocquevilles *De la démocratie en Amérique* (1835); die Auseinandersetzung mit diesem Werk hat die Entwicklung seines Denkens nachhaltig beeinflusst.

1840   Rezension des zweiten Bandes von Tocquevilles *De la démocratie en Amérique*.

1843 *A System of Logic, Ratiocinative and Inductive.* London: John W. Parker and Son.

1844 *Essays on Some Unsettled Questions of Political Economy.* London: John W. Parker and Son.

1848 *Principles of Political Economy.* London: John W. Parker and Son.

1851 John Stuart Mill schließt die Ehe mit der langjährigen Freundin und seit dem Tod von James Taylor 1849 verwitweten Harriet Taylor.

1854 Beginn der Ausarbeitung seiner beiden Hauptwerke *Utilitarianism* und *On Liberty*.

1858 Beendigung der Tätigkeit für die East India Company und Tod seiner Ehefrau Harriet Taylor-Mill während eines Aufenthalts in Avignon.

1859 John Stuart Mill publiziert *On Liberty* und widmet den Essay seiner verstorbenen Ehefrau. London: John W. Parker and Son.

1861 *Considerations of Representive Government.* London: Parker, Son & Bourn; erste Publikation von *Utilitarianism* in *Fraser's Magazine*.

1863 *Utilitarianism.* London: Parker, Son & Bourn.

1865 *Auguste Comte and Positivism.* London: Trübner; *An Examination of Sir Hamilton's Philosophy.* London: Longmans, Roberts, and Green. – Wahl in das Parlament for Westminster und Wahl zum Lord Rektor der St. Andrews University.

1867 John Stuart Mill unternimmt – erfolglos – eine Gesetzesinitiative zur Einrichtung des Wahlrechts für Frauen.

1868 Verlust des Mandats im Parlament for Westminster.

1869   *England and Ireland*. London: Longmans, Green, Reader,
        and Dyer; *The Subjection of Women*. New York: D. Apple-
        ton & Co.

1873   Am 3. Mai stirbt John Stuart Mill in Avignon, wohin
        er sich zurückgezogen hatte, um in der Nähe der Grab-
        stätte seiner Weggefährtin und späteren Ehefrau Harriet
        Taylor sein Leben zu beschließen.

1874   Posthum publiziert seine Stieftochter Helen Taylor 1873
        Mills *Autobiography*, deren erste Niederschrift er 1853 ver-
        fasste, und 1874 seine *Three Essays on Religion*, beide Lon-
        don: Longmans, Green, Reader, and Dyer.

BIBLIOGRAPHISCHE HINWEISE

Mill, John Stuart (1963–1991): *Collected Works*, ed. J. M. Robson, Toronto: University of Toronto Press, London: Routledge and Kegan Paul, 33 vols. [Überblick über diese Ausgabe auf: http://oll.libertyfund.org/title/165 [[22.06.2010].

Mill, John Stuart (1969): *Autobiography*. Edited with an Introduction and Notes by Jack Stillinger, New York: Houghton Mifflin Company.

Mill, John Stuart (1981): *Autobiography*. In: *Collected Works*, vol. 1, ed. John M. Robson and Jack Stillinger, Toronto: University Press of Toronto.

Mill, John Stuart (1984): *Drei Essays über Religion. Natur – Die Nützlichkeit der Religion – Theismus*. Auf der Grundlage der Übersetzung von Emil Lehmann neu bearbeitet und mit Anmerkungen und einem neuen Nachwort versehen von Dieter Birnbacher, Stuttgart: Reclam.

Mill, John Stuart (1989): *Autobiography*. Edited with an Introduction by John M. Robson, London: Penguin Books.

Mill, John Stuart (1993): *Autobiographie*. Traduit de l'anglais par Guillaume Villeneuve. Introduction et notes de John M. Robson, Paris: Aubier [französische Übersetzung].

Mill, John Stuart (2006): *Utilitarismus*. Übersetzt, mit einer Einleitung und Anmerkungen hrsg. v. Manfred Kühn, Hamburg: Felix Meiner (PhB Band 581).

Mill, John Stuart (2009): *Über die Freiheit*. Auf der Grundlage der Übersetzung von Else Wentscher neu hrsg. v. Horst D. Brandt, Hamburg: Felix Meiner (PhB Band 583).

★ ★ ★

Mill, James (1829): *Analysis of the Phenomena of the Human Mind*, ed. J. St. Mill 1869.

Mill, James (1992): *Political Writings*. Edited by Terence Ball (Cambridge Texts in the History of Political Thought) Cambridge: UP [enthält auch die Kontroverse mit T. B. Macaulay].

Albee, Ernest (1902): *A History of English Utilitarianism*, London: Swan Sonnenschein, New York, Macmillan, Neudruck Thoemmes Antiquarian Books 1990.

Capaldi, Nicholas (2004): *John Stuart Mill: A Biography*, Cambridge UP.

Carlisle, Janice (1991): *John Stuart Mill and the Writing of Character*, Athen, Georgia: University of Georgia Press.

Chambost, Anne-Sophie (2009): *Proudhon. L'enfant terrible du socialisme*, Paris: Armand Colin.

Claeys, Gregory (1987) (Hg.): *Der soziale Liberalismus John Stuart Mills*, Baden-Baden: Nomos Verlagsgesellschaft.

Donner, Wendy/ Fumerton, Richard (2009): *Mill* (Blackwell Great Minds), Malden, Oxford: Wiley-Blackwell.

Gaulke, Jürgen (1996): *John Stuart Mill* (rororo monographien), Reinbek bei Hamburg.

Hauptmann, Pierre (1980): *La philosophie sociale de Pierre-Joseph Proudhon*, Grenoble: Presses universitaires de Grenoble.

Höffe, Otfried (2003) (Hg.): *Einführung in die utilitaristische Ethik*, 3. Auflage, Tübingen und Basel: A. Francke.

Jacobs, Jo Ellen/ Payne, Paula Harms (1998) (eds.): *The Complete Works of Harriet Taylor Mill*, Bloomington and Indianapolis: Indiana University Press.

Jacobs, Jo Ellen (2002): *The Voice of Harriet Taylor Mill*, Bloomington and Indianapolis: Indiana University Press.

James, William (1977): *Der Pragmatismus. Ein neuer Name für alte Denkmethoden*, Hamburg: Meiner (PhB Band 297). [Das Buch erschien 1907; eine Neuausgabe mit neueren Deutungen erschien 1992 bei Routledge: William James: *Pragmatism in focus*, edited by Doris Olin.]

Kinzer, Bruce L. / Robson, Ann. P. / Robson, John M. (1992):

A Moralist In and Out of Parliament. John Stuart Mill and West-minster, 1865–1868, Toronto: UP.

Kinzer, Bruce L. (2007): *J. S. Mill Revisited. Biographical and Political Explorations*, New York, Palgrave, Macmillan [enthält u.a. zahlreiche Hinweise zur Erforschung der Biographie und Autobiographie und abgewogene Stellungnahmen zu den umstrittenen Fragen des Verhältnisses zum Vater und zu Harriet Taylor].

Lévy-Bruhl, Lucien (1899) (éd.): *Lettres inédites de John Stuart Mill à Auguste Comte*, Paris: Alcan, Neuauflage L'Harmattan, Paris 2007.

Narewski, Ringo (2008): *John Stuart Mill and Harriet Taylor Mill. Leben und Werk* (Politik und Geschlecht), Wiesbaden: Verlag für Sozialwissenschaften.

Popp, Jerome A. (2007): *Evolution's First Philosopher. John Dewey and the Continuitity of Nature*, Albany: State University of New York Press.

Packe, Michael St. John (1954): *The Life of John Stuart Mill.* With a Preface by Professor F. A. Hayek, New York: Macmillan.

Proudhon, Pierre-Joseph (1853/1946): *Philosophie du progrès*, Paris: Librairie Marcel Rivière 1946.

Proudhon, Pierre-Joseph (1989/1992/1999): *Über das föderative Prinzip*, drei Bände, Frankfurt a.M. u.a.: Peter Lang [erschien im Original 1863].

Proudhon, Pierre-Joseph (2004): *Carnets.* Dijon: Les Presse du Réel.

Pyle, Andrew (1998) (ed.): *Utilitarianism*, vol. 1: 1800–1851; vol. 2: 1852–1869; vol. 3: 1869–1875; 1876–1900, London: Routledge/ Thoemmes Press.

Rinderle, Peter (2000): *John Stuart Mill*, (Beck'sche Reihe Denker) München: Beck.

Saenger, Samuel (1901): *John Stuart Mill. Sein Leben und Lebenswerk* (Frommans Klassiker der Philosophie XIV), Stuttgart: Fr. Frommans.

Sanchez-Valenzia, Victor (2002) (ed.): *The General Philosophy of John Stuart Mill* (The International Library of Critical Essays in the History of Philosophy) Darmouth: Ashgate.

Schumacher, Ralph (1994): *John Stuart Mill*, (Reihe Campus Einführungen), Frankfurt a. M.

Smith, G. W. (1998) (ed.): *John Stuart Mill's Social and Political Thought. Critical Assessments*, 4 volumes, London: Routledge.

Stephen, Leslie (1900): *The English Utilitarians*, 3 volumes, London: Duckworth, Neudruck Thoemmes Antiquarian 1991.

Urbinati, Nadia/ Tajarasm Akex (2007): (eds.): *J. S. Mill's Political Thought. A Bicentennial Reassessment*, Cambridge: UP.

Waldron, Jeremy (1987): Mill and the value of Moral Distress, in: *Political Studies* 35, pp. 410–423, reprinted in Waldron: *Liberal Rights: Collected Papers 1981–1991*, Cambridge: UP 1993.

Weinberg, Adelaide (1963): *Theodor Gomperz and John Stuart Mill*, Paris, Genève: Librairie Droz [englischer Text].

West, Henry R. (2006) (ed.): *The Blackwell Guide to Mill's Utilitarianism*, Malden, Oxford, Carlton, Victoria: Blackwell.

White, Morton (1989): The Politics of Epistemology, Kyoto 1986, wieder abgedruckt in White: *From a Philosophical Point of View. Selected Studies*, Princeton, Oxford: Princeton UP 2005, 255–269.

Wolf, Jean-Claude (1992): *John Stuart Mills »Utilitarismus«. Ein kritischer Kommentar*, Freiburg / München: Alber. Aktualisierte Neuauflage 2011.

Wolf, Jean-Claude (2006): Die liberale Paternalismuskritik von John Stuart Mill, in: *Paternalismus und Recht*, hg. von Michael Anderheiden, Peter Bürkli, Hans Michael Heinig, Stephan Kirste und Kurt Seelmann, Tübingen: Mohr Siebeck 2006, 55–68.

Wood, John Cunning (1988) (ed.): *John Stuart Mill. Critical Assessments*, 4 volumes, Croom Held. Reprinted 1991 by Routledge, London.